VIE

DE

MME DE SAINT-LÉONARD

A. SAVARY
Directeur du Petit Séminaire
Collège diocésain de Saint-Lo

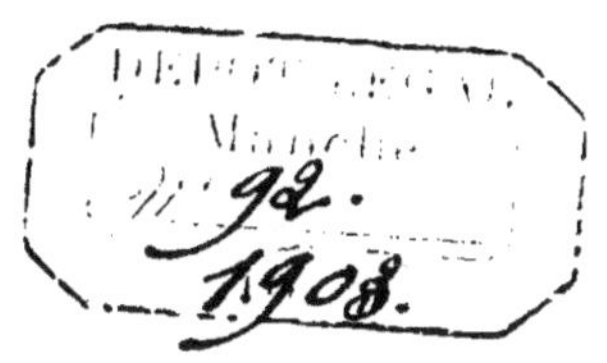

VIE

DE

Mme DE SAINT-LÉONARD

EN RELIGION

La Mère du Saint-Cœur de Marie

Précédée de Lettres
de S. Em. le Cardinal PERRAUD, Évêque d'Autun,
Membre de l'Académie française
et de NN. SS. GUÉRARD, Évêque de Coutances et Avranches
et AMETTE, Évêque de Bayeux.

A. JACQUELINE

IMPRIMEUR

23, RUE DES IMAGES, 23

SAINT-LO

1903

MADAME DE SAINT-LÉONARD

en religion

MÈRE DU SAINT-CŒUR DE MARIE.

A. SAVARY

*Directeur du Petit Séminaire
et Collège diocésain de Saint-Lo*

VIE

DE

MME DE SAINT-LÉONARD

EN RELIGION

La Mère du Saint-Cœur de Marie

Précédée de Lettres

de S. Em. le Cardinal PERRAUD, Évêque d'Autun,
Membre de l'Académie française

et de NN. SS GUÉRARD, Évêque de Coutances et Avranches

et AMETTE, Évêque de Bayeux.

1903

A. JACQUELINE

IMPRIMEUR

23, RUE DES IMAGES, 23

SAINT-LO

ÉVÊCHÉ
D'AUTUN

Autun, le 26 Mars 1903.

MON CHER AMI,

Vous avez repris, pour la développer et la compléter par de nouveaux documents, la vie que M. l'abbé Mabire avait donnée d'une vénérable religieuse, fondatrice dans le diocèse de Bayeux d'une Congrégation qui, depuis plus de soixante ans, a fait beaucoup de bien.

La Mère du Saint-Cœur de Marie appartenait à une noble famille, et, comme notre sainte Chantal, elle avait été mariée, mère et veuve, avant de quitter le monde et d'embrasser l'état religieux.

Elle y a donné constamment les plus édifiants exemples de l'humilité, de la charité, du zèle ; et la sagesse surnaturelle de sa conduite, comme Supérieure, peut servir de modèle à tous ceux et à toutes celles qui ont à exercer le ministère délicat de l'autorité et à porter le fardeau, parfois très lourd, des responsabilités du commandement.

Je ne doute pas que votre travail ait été accueilli avec une vive reconnaissance par les Religieuses de la Miséricorde du Saint-Cœur de Marie. Leur fondatrice et mère revit dans votre livre et il les aidera puissamment à marcher sur les traces de ses vertus.

Recevez, mon cher ami, l'affectueuse assurance de mes sentiments très dévoués en Notre Seigneur.

    † ADOLPHE-LOUIS-ALBERT Cardinal PERRAUD,

        Évêque d'Autun,

          de l'Académie française.

ÉVÊCHÉ

DE

COUTANCES

ET

AVRANCHES

Coutances. le 6 Mai 1903.

Mon cher Ami,

J'admire votre ténacité au labeur. Préfet des Etudes, parfois de Discipline, et à l'occasion professeur de Belles Lettres dans un important collège ; en un mot, absorbé par un travail sans trève, vous trouvez encore le temps de composer de nombreux Articles, nécrologiques et autres, qui sont fort appréciés. Vous faites aussi des livres ! N'est-ce pas la preuve évidente de ce que peut produire un homme dont l'activité intellectuelle ne connaît pas le repos, et toujours prêt au dévouement ?

Quelle leçon précieuse vous donnez à vos élèves ! Je vous en félicite, mon cher Ami, et vous en remercie : vous servez bien le diocèse.

Je suis heureux de vous dire que votre « Vie de Madame de Saint-Léonard, » en religion, la Mère du Saint-Cœur de Marie, est une œuvre excellente, pleine d'édification et d'intérêt, où vous avez su joindre dans une complète harmonie l'utile à l'agréable. — L'utile, ici, ce sont les exemples de hautes vertus offerts aux âmes chrétiennes par la pieuse fondatrice des Filles de la Miséricorde de Blon : Enfant, Épouse, Veuve, Mère, Religieuse, elle apparaît dans chacune des phases de son existence comme un parfait modèle à imiter ; — L'agréable, c'est la forme attrayante et distinguée sous laquelle se poursuit d'un bout à l'autre votre récit.

Je vous souhaite donc une légion de lecteurs : quels qu'ils soient, ils auront un grand avantage spirituel à recueillir les enseignements en paroles et en actions, contenus dans votre livre, et beaucoup de profit littéraire à retirer du style, à la fois élégant et simple, qui le caractérise.

Je vous bénis, mon cher Ami, en vous renouvelant l'assurance de ma paternelle affection.

† JOSEPH,

Évêque de Coutances et Avranches.

Bayeux, *le 18 Avril* 1903.

MONSIEUR LE DIRECTEUR,

J'ai lu avec autant d'édification que d'intérêt votre « Vie de Madame de Saint-Léonard, en religion, Mère du Saint-Cœur de Marie. »

Dans ces pages, écrites avec un art sobre et discret, vous avez su faire revivre la jeune fille accomplie, l'épouse modèle, l'admirable religieuse et fondatrice que fut cette âme d'élite.

Vous avez tenu à la laisser le plus possible parler elle-même. Vous avez reproduit et enchâssé dans votre récit les lettres intimes, les instructions et les conseils où se révèlent si bien les secrets de la perfection qu'elle enseignait après l'avoir pratiquée la première.

Je vous remercie de ce beau travail, nouveau gage de votre intelligent dévouement à notre chère Congrégation de Blon.

Il va paraître à une heure où elle est cruellement éprouvée : il soutiendra le courage de ses membres.

La vénérée Fondatrice disait : « Que je vous bénisse d'aussi bon cœur, ô mon Dieu, des adversités qui frappent notre Institut que des prospérités que vous lui avez accordées ». Ses filles s'uniront à ces dispositions héroïques. Elles entendront la voix de leur sainte Mère leur redire à travers la tombe, ou plutôt du haut du Ciel : « Confiance encore, confiance toujours et malgré tout. »

Agréez, cher Monsieur le Directeur, l'assurance de mes sentiments distingués et bien dévoués en Notre Seigneur.

† LÉON-ADOLPHE,

Évêque de Bayeux.

PRÉFACE

C'est pour la seconde fois que la Vie de Madame de Saint-Léonard, née Léontine de Germiny, Fondatrice de l'Institut des Filles de la Miséricorde du Cœur Immaculé de Marie, dans la Communauté de Blon, près de Vire, Calvados, est donnée au public.

Un Vicaire général de Bayeux, M. l'abbé Mabire (1), en avait retracé, il y a vingt-neuf ans, les incidents principaux. L'Auteur, prêtre éminent, éducateur émérite, orateur distingué, également versé dans les sciences profanes et sacrées, possédait quelques-unes des plus rares qualités de l'écrivain. Il ne lui a manqué que de vivre un quart de siècle après la mort de Madame de Saint-Léonard, en religion la MÈRE DU SAINT-CŒUR DE MARIE, dont il racontait l'histoire, pour être en mesure de composer une œuvre parfaite.

---

(1) Il reste de M. Mabire, une *Traduction des Psaumes sur l'Hébreu*, dont les connaisseurs louent à l'envi l'exactitude et l'élégance. M. l'abbé Mabire fonda le Collège de Sainte-Marie, près de Caen. Après la mort du P. Madelaine, directeur de Mme de Saint-Léonard, l'autorité diocésaine le désigna comme Supérieur de la Communauté de Blon. Ce fut l'un des Prêtres qui firent le plus d'honneur dans la génération contemporaine au clergé de Bayeux, si riche cependant en hommes distingués. Lorsqu'il mourut, Mgr Hugonin lui décerna, dans une lettre circulaire, de justes éloges.

La conduite de M^mo de Saint-Léonard avait encore besoin, semble-t-il, d'être expliquée et sur certains points même justifiée, lorsque M. l'abbé Mabire écrivit sa Vie. Il s'est employé à cette tâche; et, divers chapitres de son livre s'en trouvent un peu surchargés.

Depuis, les résultats obtenus par l'Institut des Filles de la Miséricorde du Cœur Immaculé de Marie défendirent et légitimèrent surabondamment l'entreprise de Mme de Saint-Léonard. On crut, en conséquence, qu'il était à propos de supprimer dans le récit de sa Vie des explications devenues inutiles. La première idée de cet ouvrage n'allait pas au-delà. Il ne s'agissait que d'une révision à opérer. On aurait réimprimé, en le remaniant un peu, le travail de M. l'abbé Mabire. Mais, après un examen attentif des manuscrits, laissés par la Mère du Saint-Cœur de Marie, il a paru meilleur d'entreprendre une œuvre nouvelle et toute différente de l'ancienne.

La Vie de la Mère du Saint-Cœur de Marie n'a pas été mêlée aux grands évènements de l'époque contemporaine. Toutefois, dans notre âge inquiet, un charme discret et pénétrant n'émane-t-il pas du souvenir des esprits élevés et des cœurs généreux, qui ont caché volontairement et concentré, sous le regard de Dieu, leurs héroïques efforts pour accomplir le bien dans quelque coin écarté de leur pays?

Combien de gens sont écrasés, ou tout au moins diminués par le cadre au milieu duquel ils ont mené leur existence. Leur insuffisance éclate à tous les yeux. Il en va bien autrement des personnes, dont les vertus et les qualités dépassent, et de beaucoup, le théâtre sur lequel elles ont agi.

La Mère du Saint-Cœur de Marie ne songeait dans ses instructions et ses pieux conseils qu'à l'utilité de ses Filles spirituelles et des Enfants qu'elles élevaient. Mais, ses paroles peuvent servir de guide et sa conduite d'exemple à d'autres âmes qu'elle n'a pas connues : Dieu ne garde pas seulement les ossements de ses Justes (1) : Il perpétue encore et multiplie après leur mort l'efficacité de leurs enseignements et de leurs actions.

Ce volume est destiné dans l'esprit de son Auteur à favoriser, autant que possible, l'accomplissement de ce dessein providentiel. Les écrits de Mme de Saint-Léonard remplissent à peu près les trois quarts de l'ouvrage. Ces écrits méritent d'être lus et médités. On ne connaîtra pas sans devenir meilleur, nous l'espérons, les grâces mystérieuses dont le Ciel a enrichi l'âme de Mme de Saint-Léonard, Comtesse de Germiny, Fondatrice et première Supérieure générale des Filles de la Miséricorde du Cœur Immaculé de Marie.

A. S.

Fête de Sainte-Thérèse, 15 Octobre 1902.

L'Auteur déclare, qu'en parlant des hautes vertus sacerdotales du P. Madelaine ou de la Mère du Saint-Cœur de Marie (Mme de Saint-Léonard), il n'a voulu préjuger en rien les décisions de l'Église, encore moins porter atteinte à son droit exclusif de prononcer sur la sainteté de ses Membres.

---

(1) Ps. XXXIII. 20.

VIE DE Mme DE SAINT-LÉONARD

CHAPITRE Ier

LA FAMILLE, L'ENFANT, LA JEUNE FILLE
1803-1821

Henriette-Julie-Léontine Le Bègue, comtesse du Saint-Empire et de Germiny, fondatrice et première supérieure de l'Institut des Filles de la Miséricorde du Cœur Immaculé de Marie à la communauté de Blon, près de Vire (Calvados), naquit dans la ville épiscopale de Bayeux, le 10 août 1803. Elle fut baptisée, le lendemain, dans l'église cathédrale qui était redevenue paroisse, depuis que le Concordat en avait rouvert les portes au culte catholique.

Léontine Le Bègue de Germiny appartenait par sa naissance à l'ancienne noblesse de Normandie. Une lettre du 25 janvier 1349, adressée au bailli de Caen, nomme, en le qualifiant de Chevalier, l'un de ses ancêtres, Thomas Le Bègue, seigneur d'Hannerville. Les Le Bègue cependant n'ont point conquis en Normandie leur titre nobiliaire. L'un d'eux, Antoine, dit Pistor, passa vers la fin du xvie siècle dans la dépendance des ducs de Lorraine et entra de la sorte au service du Saint-Empire Romain Germanique. Ses descendants méritèrent dans ce pays d'adoption par leurs vertus et leur piété, par leur science du droit et leurs talents militaires ou diplomatiques, de remplir les premières charges dans l'Administration, l'Armée et l'Église.

En 1712, l'empereur Charles VI décerna au représentant de la famille, le chef de la branche aînée, Joseph, le titre de Comte du Saint-Empire. Douze ans plus tard, des lettres patentes, conservées aux archives de Nancy, accordèrent au même personnage une faveur nouvelle. La terre de Germiny, qu'il possédait, fut érigée en Comté, et ses héritiers directs, « mâles et femelles », obtinrent le droit de porter à perpétuité le titre de Comtes et de Comtesses de Germiny.

Lorsque la Lorraine revint à la France, à la mort de Stanislas Leczinski, les de Germiny rentrèrent dans leur province d'origine. Le comte Antoine-Raoul-Gabriel Le Bègue établit alors sa résidence, vers 1772, au pays de Caux, en Normandie, dans l'ancienne propriété de Mme de Motteville, l'amie dévouée de la reine Anne d'Autriche.

Ce comte de Germiny eut deux fils. L'aîné, Henry, devint successivement, sous Louis XVIII, préfet, député et pair de France. Le second, auquel on imposa au baptême les prénoms paternels, le comte Antoine Raoul aurait pu prétendre aux mêmes dignités. Il se confina dans la défense des intérêts de son département et de la commune de Vaubadon, son séjour préféré. Le comte Antoine-Raoul fut le père de Léontine Le Bègue de Germiny, dont nous écrivons l'histoire.

On nous pardonnera d'avoir rappelé brièvement les mérites et l'ancienneté des Le Bègue. Deux Évangélistes n'ont-ils pas introduit dans leurs textes inspirés la généalogie royale du Sauveur ? Jamais d'ailleurs Léontine ne se prévalut de sa noblesse que pour s'obliger à plus de labeurs et de perfection. « Il y a quelque chose au-dessus d'un grand poète, disait un des plus célèbres écrivains de notre siècle, c'est un Saint. » (1) Si l'homme en effet naît poète, il ne devient saint que par un effort méritoire de sa volonté. Léontine de Germiny estima bien au dessus de la noblesse du sang l'éclat tout personnel de la vertu.

Le comte Antoine Le Bègue de Germiny résidait à Bayeux, lorsqu'il épousa dans sa vingtième année Mˡˡᵉ Aglaé-Charlotte-Henriette de Bricqueville. Ce fut seulement en 1819 qu'il acheta le château de Vaubadon (2) pour y demeurer pendant l'été.

La confiance du gouvernement de la Restauration l'investit des fonctions de colonel de la Garde nationale de Bayeux, de Conseiller général du Calvados et de maire de Vaubadon. Mais le père de Léontine ne désira vivement, à vrai dire, qu'une seule charge. Il ambitionna dans un temps d'épidémie, pour le danger même qui l'accompagnait, l'honneur de siéger dans la commission des hospices de Bayeux. Ce

---

(1) *Paroles de V. Hugo à M. H. de Bornier.*
(2) Canton de Balleroy (Calvados).

dévouement satisfaisait à la fois la générosité de son âme et la sincérité de sa foi chrétienne.

La comtesse de Germiny partageait les goûts charitables et les nobles sentiments de son mari. Elancée de taille, distinguée de visage et de manières, elle unissait en sa personne les qualités de l'esprit et les dons extérieurs de la nature. Son air digne et réservé imposait tout d'abord le respect. Ses enfants euxmêmes ne se sont pas toujours défendus avec elle d'un peu de crainte. Léontine l'avoue ingénument dans les notes que l'obéissance la força de rédiger sur les premiers temps de sa vie, lorsqu'elle fut religieuse. « J'ai été élevée avec un peu de sévérité, écrit-elle, mais avec beaucoup de justice. » A l'âge de treize ans, tout sentiment de crainte s'évanouit. La jeune fille comprit la grâce que Dieu lui avait faite en lui donnant une telle mère. Elle dut en effet aux leçons maternelles, aussi bien qu'aux exemples de son père, le germe de ses meilleures qualités. « Ma sœur, écrit avec raison son frère, M. le comte Léon de Germiny, a été l'élève de son père et de sa mère : elle a appris à les imiter pour parvenir à les surpasser : ils l'ont enfantée **non** seulement à la vie, mais à la vertu. »

L'instruction de Léontine commença presque dès le berceau. Son grand-père maternel, M. de Bricqueville, fut son premier maître. Il eut lieu d'être fier de son élève. L'enfant avait à peine trois ans et demi qu'elle savait lire. Dans la suite, sa vive intelligence et la position de sa famille lui permirent d'acquérir un ensemble fort précieux de connaissances variées.

Non seulement elle étudia sa langue maternelle; mais encore, elle se rendit familière la langue anglaise. Elle profita même des études classiques, auxquelles on appliquait ses frères, pour apprendre les éléments du latin. Son but, en se livrant à cette étude, n'était pas de lire, comme Mme de Sévigné ou Mme de Lafayette, « *Tite-Live* et *Virgile* dans la majesté de l'original », mais bien plutôt de comprendre les prières de la Messe et les hymnes de la Liturgie chrétienne.

Léontine de Germiny manifestait ainsi le goût des choses de Dieu qui fut, dès ses premiers ans, l'un des traits distinctifs de son caractère. « Dès ma plus petite enfance, raconte-t-elle dans ses *Souvenirs manuscrits*, j'ai toujours eu du penchant pour la piété. J'aimais à prier Dieu, à aller à l'église : je ne me rappelle pas m'y être ennuyée... je me plaisais, ajoute-t-elle, à voir toutes les cérémonies de l'Eglise. Losque j'assistais, soit aux Saints-Offices, soit aux processions, quoique curieuse de ce qui se passait, comme bien d'autres enfants, je m'efforçais cependant de prier. »

La jeune fille priait au milieu même de ses promenades et des ses récréations. Une après-midi qu'elle avait joué longtemps avec ses frères dans la chambre de sa bonne, elle se sentit fatiguée. Son frère Maxime éprouva la même lassitude. Léontine s'en aperçut. Le tirant alors à l'écart, elle lui proposa de « s'amuser ensemble à prier Dieu ». Maxime y consentit. Aussitôt les deux enfants tournèrent le dos à ce qui se passait dans l'appartement. Ils prirent l'un et l'autre un Diurnal et l'ouvrirent, sans s'être concertés, au psaume 132me « *Ecce quam bonum et quam jucundum habitare fratres in unum.* Qu'il est bon, qu'il est doux pour des frères d'habiter ensemble ! » La pieuse lecture combla de joie les deux enfants. La Mère du Saint-Cœur-de-Marie et son frère, M. Maxime de Germiny, se rappelèrent souvent depuis la sereine douceur de cette prière qu'ils avaient récitée comme en se jouant.

Mme de Germiny laissait volontiers sortir ses enfants sous la surveillance d'une vieille domestique entièrement digne de la confiance que la famille lui témoignait. On appelait cette servante « la Bonne Voisin ». Elle n'avait guère qu'un défaut. « La vieillesse est conteuse », a dit le poète. La mère Voisin était en cela, paraît-il, extraordinairement vieille. Les paroles tombaient de ses lèvres en flots intarissables. « Allons, ma bonne, lui disait doucement Léontine dès l'âge de cinq à six ans, lorsqu'elle commençait un de ces monologues où les mots et les idées — sans s'appeler — se succédaient sans fin, prions d'abord un peu. Récitons notre chapelet, tu parleras ensuite tout à ton aise ».

Mme de Germiny acceptait elle-même que sa fille, écho fidèle au reste des sentiments de son âme, l'invitât à la prière. « Disons notre chapelet, conseillait respectueusement l'enfant, cela nous portera bonheur ».

Léontine n'avait encore que huit ans, lorsqu'une maladie de sa mère imprima un essor extraordinaire à sa piété. Mme de Germiny fut atteinte d'une fièvre milliaire si violente que ses jours parurent en danger. La famille redoutait une agonie prochaine. Sous le coup de cette crainte, M. de Germiny éloigna Léontine de sa demeure. Il l'estimait trop jeune pour qu'elle pût assister sans inconvénient au douloureux spectacle de la mort de sa mère. Un vieil ami du comte de Germiny, M. de Bonvouloir, offrit à l'enfant l'hospitalité dans son hôtel et l'associa aux récréations et aux études de sa propre fille. « Or, lorsque Léontine, racontait plus tard cette dernière, apprit qu'on avait administré le Sacrement de l'Extrême-Onction à sa mère, elle se mit à genoux, me demanda de prier avec elle et jeta vers Dieu une de ces ardentes supplications dont l'Esprit-Saint a dit qu'elles pénètrent les Cieux. Je ne me souviens plus des paroles qu'elle prononça, mais je n'oublierai jamais son attitude suppliante et la façon dont elle offrit toutes ses actions pour la guérison de sa mère ». La prière de l'enfant fut entendue : Mme de Germiny revint à la santé.

Léontine apportait le même sérieux et le même esprit de piété précoce à tous ses actes de religion. Dès ses premières confessions, « elle éprouve une surnaturelle satisfaction à remplir ce devoir ». Du reste, « je ne crois pas, ajoute-t-elle, avoir jamais fait cette action avec légèreté, mais toujours avec foi ». Elle n'eut qu'un regret sur ce point, celui de n'avoir pu recevoir dans sa jeunesse, aussi souvent qu'elle l'aurait souhaité, le Sacrement de Pénitence.

Cependant, au cours de l'année qui précéda sa Première Communion, les confessions de Léontine

devinrent plus fréquentes. Un vicaire de la cathédrale, M. l'abbé Lebourgeois, ancien Confesseur de
la foi, pour lequel elle conserva toujours un grand
respect et une sainte affection, dirigeait sa conscience.
Ce prêtre zélé eut après Dieu, sous le regard attentif
des parents, tout le mérite de la préparation de la
jeune fille à sa première entrevue avec Notre-Seigneur
dans l'Eucharistie. Non seulement il la soutint par
les conseils qu'il lui prodiguait au Saint Tribunal;
mais encore, la Providence voulut qu'il reçût pendant
l'année, comme catéchiste, la mission d'instruire les
Premiers Communiants des vérités de la foi.

Lorsque Léontine de Germiny s'approcha de la
Sainte Table pour la première fois, le Lundi de
Pâques 1813, elle goûta, dit-elle, « un grand bonheur,
mais un bonheur calme et exempt de toute exaltation. » « Ce bonheur consistait, ce sont ses paroles,
« dans une profonde paix intérieure, résultant de la
« pensée que Dieu était content de moi. » Chaque
nouvelle communion rendit plus vif en elle le sentiment de cette paix de Dieu, qui passe toute pensée
et toute parole humaines. Elle ne communiait guère
qu'aux grandes Fêtes; mais « si j'avais été entièrement libre, se plaît-elle à répéter, je l'aurais fait, je
crois, plus souvent. »

La joie de son âme, nourrie de Dieu, se traduisit
un certain jour d'une façon sensible. Elle revoyait
encore dans son souvenir, après de longues années,
l'endroit où elle se promenait avec sa bonne, sous
un beau ciel étoilé, au soir d'un jour de communion,
quand son âme, — comme celles d'Augustin et de

Sainte Monique sur les rivages d'Ostie, — s'éleva du spectacle de la beauté terrestre à la contemplation des splendeurs immortelles. Elle laissa tout son être et ses sens eux-mêmes participer, si j'ose dire, à la joie surnaturelle dont elle était envahie : « Je pensais alors, écrit-elle, qu'il ne pouvait y avoir de bonheur plus grand que celui de regarder un si beau ciel par un jour de communion. » Cette croyance répondait dans son esprit à l'idée de sentir son âme exempte de reproches ou réconciliée avec Dieu.

Mgr Brault, évêque de Bayeux, et depuis archevêque d'Alby, n'avait pas attendu que Léontine eût communié pour lui conférer le sacrement de Confirmation. Les dispositions pieuses de sa jeune diocésaine l'avaient souvent édifié. Il l'appelait en plaisantant « Ma petite religieuse ». « J'en étais bien aise, « écrira la Mère du Saint-Cœur-de-Marie, sans « attacher à la parole aucune espèce d'importance. »

Léontine fut confirmée en 1812, à l'âge de neuf ans, dans la chapelle de l'Évêché. Un incident, survenu au cours de la cérémonie sainte, manifesta la confiance qu'on avait déjà dans la maturité de son jugement. L'un des confirmands, son cousin, placé tout près d'elle, s'alarma d'une pensée soudaine qui lui traversa l'esprit. Il aurait souhaité de s'en ouvrir à sa mère ; mais celle-ci se trouvait trop éloignée. Dans son embarras de conscience, l'enfant se pencha sans hésiter vers sa jeune parente et lui dévoila son inquiétude. Léontine eût bientôt dissipé d'une parole un trouble sans fondement et rendu à son voisin le calme et la paix. Que de fois ne procurera-t-elle pas à d'autres âmes un semblable bienfait ! Sa mère elle-même ne dédaigna point de rechercher et de suivre ses avis. Elle prit garde, il est vrai, dans sa maternelle prudence, de laisser apercevoir à Léontine « l'étendue de la confiance qu'elle avait en elle. » Cette discrétion préservait l'enfant de toute pensée téméraire ou présomptueuse.

La piété de Léontine de Germiny n'était pas une dévotion de tête ou de sentiment. Elle se traduisait par des prières, mais aussi par des actes de charité et des sacrifices volontaires. Ses frères, ses parents, ses compagnes ont loué à l'envi son grand amour du prochain.

Avec quelle délicatesse elle s'entremettait pour dissiper les malentendus ou calmer les mécontentements qui se produisaient entre les personnes de sa connaissance ! On aurait pu lui appliquer la parole divine que répétait le roi Saint Louis : « Bénis soient les apaiseurs ! » (1)

Dans sa conduite personnelle, Léontine se faisait une règle de moins songer à sa propre satisfaction qu'à l'intérêt ou à l'agrément des autres. « Il m'a toujours été très facile, dit-elle, de sacrifier mes désirs et mes goûts à ceux d'autrui, non que je n'en eusse pas ; mais la satisfaction de faire plaisir aux personnes que j'aimais était naturelle et très vive en moi. J'ai toujours par le même sentiment souffert beaucoup des peines des autres ; j'aurais préféré les éprouver moi-même... j'ai toujours eu beaucoup de

---

(1) *Beati pacifici.* S. Matth. v. 9.

dévouement pour ceux que j'aimais... » Son frère, le comte Léon de Germiny, confirmait dans une lettre écrite après la mort de sa sœur le témoignage que la Mère du Saint-Cœur-de-Marie rendait aux sentiments charitables qui l'animaient dans son enfance. Il disait : « Elle était pour moi d'une complaisance qui lui attirait parfois certaines moqueries de ses compagnes ; elle agissait ainsi, non pour me gâter, mais pour condescendre à mes désirs. Pour jouer avec moi, elle sacrifiait les plaisirs qui auraient été plus en rapport avec son âge et avec ses goûts. » Pourquoi ne pas tout dire ? — On n'avait pas renoncé encore dans la famille de Germiny aux formes un peu rudes de l'ancienne éducation. « Je veux et vous commande, ordonnait Henri IV· à Mme de Mont-glas, gouvernante de Louis XIII, de fouetter mon fils toutes les fois qu'il fera l'opiniâtre en quelque chose de mal, sachant bien par moi-même qu'il n'y a rien au monde qui fasse plus profit que cela. » Les Anglais, des gens libres et fiers, s'il en fut, ne sont pas revenus aujourd'hui même de ces coutumes. Sans regretter leur disparition de nos mœurs, il nous sera permis de rappeler que Léontine consentit un jour à recevoir le fouet pour l'éviter à l'un de ses frères. — Touchante fraternité que celle où l'innocence se plaît à payer ainsi la dette du coupable !

La jeune fille n'a-t-elle donc jamais eu de reproches à recevoir pour son propre compte durant ses premières années ? Sa mère lui « trouvait des dispositions extraordinaires. À un âge où les autres enfants n'ont que de la légèreté ou de l'insouciance, Léontine était déjà réfléchie... » Nul ne s'étonnera cependant, même après ces paroles qui sont l'expression de la plus exacte vérité, que nous répétions la naïve histoire d'une espièglerie de l'enfant, âgée de quatre ans environ. Sa grand'maman lui avait défendu par mesure de précaution et d'hygiène de toucher aux divers fruits du jardin. Or, ces fruits, comme ceux du Paradis sans doute, étaient beaux et « d'un goût à les voir non pareil ». Ils descendaient à portée de la main et semblaient inviter les promeneurs à les cueillir : la tentation était trop forte ; Léontine n'y résista pas. Enlevant une pomme à la dérobée, elle la cacha dans sa robe et se promit de la manger quand elle serait seule. L'enfant, toute à cette pensée, rentre en courant dans la maison ; mais, la présence de sa grand'mère la contrarie dans son dessein. Elle patiente quelques instants, puis n'y tenant plus : « Bonne maman, dit-elle, voulez-vous sortir ! — Pourquoi donc, ma fille, repartit l'aïeule ? — « Pour que je mange la petite pommette que j'ai dans ma poche. » La franchise de la demande et la grande jeunesse de l'enfant obtinrent facilement pardon, je le pense, pour cette fredaine.

Léontine nous rapporte dans ses *Souvenirs*, que sa mère lui reprochait une certaine indolence dans ses études. Elle ajoute, — et on peut l'en croire, aussi bien quand elle reconnaît avec une sincérité modeste ses qualités que lorsqu'elle se plaît à dévoiler ses imperfections : — « Le plus habituellement, la pensée de mon devoir combattait avec succès mon penchant à la paresse : je n'en éprouvais que le combat sans y céder. » Le sentiment du devoir exerça toujours sur elle un grand empire. Si elle ressentait très vivement une contrariété, elle savait, aidée de la grâce de Dieu, se préserver de la colère, de l'entêtement ou du mauvais vouloir.

Avec ces dispositions, « les années qui se sont écoulées entre sa Première Communion et son mariage ont été, dit-elle, très douces et très heureuses. »

Lorsque Léontine eût atteint l'âge de dix-sept ans, ses parents la conduisirent dans le monde. La beauté de son visage, la finesse de son esprit, la grâce de ses manières, son aimable charité et la douce modestie qui semblait, en les voilant, rehausser encore ses mérites personnels, lui valurent dans les salons qu'elle fréquenta de brillants succès. « Elle vit le monde, elle en fut vue, s'écriait Bossuet en parlant d'Anne de Gonzague : bientôt elle sentit qu'elle plaisait et vous savez le poison subtil qui entre dans un jeune cœur avec ces pensées. » Il fut aisé à Mlle de Germiny de s'apercevoir qu'elle plaisait; mais elle ne laissa point pénétrer dans son âme « le poison subtil » dont parle Bossuet.

Une fois cependant, il se présenta dans sa vie de jeune fille une occasion dangereuse pour sa vertu. Heureusement la Providence veillait sur elle avec un soin jaloux. Dieu écarta le péril de sa route, avant même que Léontine en eût vu toute l'étendue : l'affection qui menaçait d'être déréglée périt sans avoir eu le temps de se développer. Le ciel récompensait ainsi l'ordinaire réserve de Mlle de Germiny. La jeune

fille confesse en effet avec son habituelle loyauté
« qu'elle aimait la toilette, qu'elle était sensible aux,
compliments, qu'elle concevait un peu de vanité de
ses talents pour la danse et la musique ; » mais, elle
observait jusqu'au scrupule dans sa tenue, dans ses
vêtements, ses regards, ses pensées, les règles de la
pudeur chrétienne.

Une parole légère, ne fût-elle dite qu'en passant,
jetait le trouble dans son âme. Lorsqu'elle visita Paris
pour la première fois avec sa mère, elle entendit des
inconnus louer en anglais les grâces de sa personne.
Ces inconnus s'étaient sans doute exprimés très libre-
ment dans la pensée qu'ils ne seraient pas compris.
Ils se trompaient. Léontine saisit leur conversation,
et, s'adressant à sa mère : « Avez-vous entendu,
maman, les propos que l'on vient de tenir tout près
de nous ?— Non, ma fille, répondit Mme de Germiny.—
Je le crois bien, continua Léontine, sans cela nous
aurions déjà quitté cet endroit. »

L'extrême réserve, dont Mlle de Germiny se fit une
règle, la préserva des séductions du mal. Elle ne se
livra jamais au plaisir jusqu'à l'enivrement. Avant
et après les soirées ou les réunions mondaines, auxquelles il lui fallut assister, elle se retrouvait fort
calme. « J'étais toujours contente de revenir à la
maison, écrit-elle, et le désir que j'avais alors que
ma mère, et plus tard mon mari pussent jouir de
mes succès était pour beaucoup dans la satisfaction
qu'ils me causaient. »

La jeune fille sut donc se prêter au monde et se
montrer à lui dans tout son éclat sans rien perdre de

sa virginale pureté. Aussi, on ne se défendait pas, lorsqu'on l'avait vue et fréquentée, de l'affectionner et de l'admirer. Que de fois n'a-t-on pas félicité Mme de Germiny d'être la mère d'une telle fille ! Il n'y avait qu'harmonie et beauté dans son extérieur ; et, tout était douceur, esprit, bonté dans ses entretiens et dans ses pensées ! Mlle Léontine Le Bègue de Germiny, soumise à ses parents, avait grandi, comme le Sauveur Enfant ou sa Sainte Mère, la Vierge Marie, « en âge, en grâce et en sagesse devant Dieu et devant les hommes. » (1)

____

(1) S. Luc ii. 52.

CHAPITRE II

L'EPOUSE. — 1821-1835

Léontine de Germiny avait dix-sept ans et demi, lorsque sa mère, s'entrenant un jour avec elle, lui demanda sans préparation d'aucune sorte, si elle voulait se marier. La première pensée de la jeune fille à cette proposition « fut de croire que sa mère se moquait d'elle. » Elle n'avait encore, ni de près, ni de loin, songé au mariage. Il lui avait suffi jusque-là pour satisfaire à tous les vœux de sa nature de vivre d'une existence paisible, sous le regard de Dieu, dans l'affection de ses parents.

On lui vanta, non sans raison, le caractère loyal, la distinction personnelle et l'honorabilité de la famille du jeune homme qu'on lui destinait. Son mariage avec M. le comte Gaëtan Valois de Saint-Léonard paraissait à tous les intéressés ce qu'on appelle une union bien assortie.

Mlle de Germiny versa des larmes en écoutant les ouvertures de sa mère ; mais, si elle s'abandonna au chagrin que lui causait la pensée de quitter ses parents, elle accepta cependant le parti qu'on lui proposait, car elle crut reconnaître dans les désirs des siens la volonté de la Providence.

Léontine résolut de se préparer avec un soin religieux à la vie nouvelle, qui devait être la sienne six mois plus tard. « Je commençai, écrit-elle, à prier pour être une bonne femme, comme je l'entendais, c'est-à-dire bien douce et bien dévouée ». Tous les devoirs de l'épouse modèle se résumaient à son avis dans ces deux mots. Elle s'aperçut dans la suite qu'il n'était pas aussi simple d'être une parfaite maîtresse de maison et une excellente mère de famille.

Au début d'une vie, que sanctifiera l'une des plus rares tendresses conjugales qui se puisse rêver, il ne sera pas sans intérêt de rappeler les souvenirs et les aveux ingénus de notre fiancée. Mme de Saint-Léonard nous apprend, en revenant sur sa jeunesse, qu'elle avait vu très peu son mari avant le jour de leur union. « Il me plaisait, dit-elle, mais je ne l'aimais pas avant de l'épouser ; j'avais seulement envie de l'aimer, parce que je sentais qu'il fallait cela pour être une bonne femme. » — L'affection désirée ne tarda pas à naître inaltérable et profonde entre les deux époux. « Je m'attachai promptement à mon mari, écrit toujours Mme de Saint-Léonard, et très fortement. Je ne crois pas qu'il soit possible d'éprouver à un plus haut degré le sentiment de l'amour conjugal. Cet amour fut d'autant plus solide qu'il était chaste ; il provenait d'un mélange de confiance, d'estime et de quelques qualités bien attachantes que Dieu avait données au comte de Saint-Léonard. Je lui avais de la reconnaissance de tous les sentiments que je lui savais pour moi ».

Les cérémonies nuptiales furent célébrées à Bayeux, dans la chapelle de l'Evêché, le 6 septembre 1821. Mgr Brault bénit lui-même l'union de Mlle de Germiny avec le comte de Saint-Léonard. La famille de la fiancée méritait à ses yeux cette marque d'estime. Lorsque la jeune femme s'avança vers le sanctuaire, souriante et modeste, le front pur et le regard limpide, toute pâle dans la blancheur de sa robe et sous les plis de son voile de noces, elle ravit par sa grâce et sa beauté l'assistance entière. On murmurait au passage dans l'assemblée, s'il faut en croire un témoin : « Ce n'est pas une femme, c'est un ange..» Beaucoup de malheureux répéteront un jour cette même parole, en songeant non plus aux charmes de la Comtesse, mais à sa bonté.

Ce fut à Vaubadon que Mme de Saint-Léonard prit congé de ses parents. Elle pleura comme à l'annonce de son mariage, lorsque sonna l'heure de la séparation. L'affection dont son mari l'entourait, la connaissance qu'elle avait acquise de ses qualités et les liens d'attachement qui l'unissaient déjà très intimement à lui, depuis que les mille rapports de la vie quotidienne avaient mêlé leurs deux existences, n'empêchaient pas le souvenir des années qu'elle avait vécu dans sa famille d'aller au cœur de la jeune femme et de l'émouvoir jusqu'aux larmes. Ces témoignages de regret n'étaient point pour déplaire au comte de Saint-Léonard. Il apprenait ainsi de quelle tendresse la Comtesse environnait ceux qui occupaient une place légitime dans ses affections.

Les nouveaux mariés se rendirent dans la famille de Saint-Léonard pour y passer quelques semaines. Ceux qui ont l'expérience du monde prétendent avec une pointe d'ironie qu'on peut appliquer à l'habitation en commun des brus et des belles-mères la parole de l'*Imitation* : « Notre communauté de vie est notre plus grande pénitence »[1]. Les froissements naissent des différences d'âge, de goûts et d'habitudes, des défauts et parfois des qualités mêmes. La Comtesse était décidée à vivre en bonne intelligence avec la mère de son mari. Elle ne songea qu'à s'oublier elle-même, afin de plaire aux autres et de maintenir autour d'elle la plus complète harmonie. Elle réussit facilement à se faire aimer. Son beau-père ne la traitait pas autrement que si elle eût été sa propre fille. Il disait à son sujet : « J'avais toujours demandé à Dieu de me donner une belle-fille que je pusse aimer de toute mon âme ; mais, j'avoue que dans mes rêves je ne l'avais jamais faite si aimable et si vertueuse. Elle me rend la vie si douce que je ne voudrais la quitter qu'avec elle... »

La société de la petite ville de Falaise, où M. Gaëtan de Saint-Léonard établit sa résidence, ne ménagea pas à la comtese les témoignages de sympathie. Elle fut avec son mari de toutes les fêtes. Elle ne dissimule pas dans ses *Mémoires manuscrits*, qu'elle prenait plaisir aux réunions diverses qu'on organisait dans les salons, mais il lui déplaisait extraordinairement d'y participer sans être accompagnée du comte de

---

[1] *Mea maxima pœna vita communis* (Imit.).

Saint-Léonard. Un jour cependant, elle dut s'y résoudre et paraître seule dans une grande soirée que donnait son oncle, le comte de Falconer. Or, pendant qu'elle se préparait pour cette fête et qu'elle disposait avec un art délicat les fleurs et les dentelles qui lui servaient de parure, l'aînée de ses filles ne put retenir cette exclamation : « O maman, que vous êtes donc jolie ! » La mère, se retournant aussitôt, répliqua : « Qu'importe, puisque ton père ne me verra pas ! Rappelle-toi, mon enfant, qu'une femme ne devrait jamais aller dans le monde sans son mari : aujourd'hui en me rendant chez ton oncle, j'accomplis un devoir, dont ma position de famille me fait une indispensable obligation. »

Le comte de Saint-Léonard appréciait mieux encore que sa fille aînée Césarine tout le charme de la comtesse. Il l'aimait telle que le Ciel l'avait faite et se montrait en ce point mieux inspiré que son propre père. Celui-ci prétendait en effet triompher des répugnances de sa belle-fille et l'obliger, selon la mode du temps et suivant l'expression du poète, « à peindre et orner son visage. » Madame de Saint-Léonard semblait à son mari de figure assez agréable, pour que les hommes n'eussent pas la risible prétention de l'embellir, en la soumettant à des usages que condamnaient à la fois ses sentiments chrétiens et son bon goût.

Les qualités morales de la comtesse lui conquirent plus d'amitiés encore que sa grâce et ses manières extérieures. « J'étais assez sensible aux compliments, écrit-elle, mais je n'ai jamais éprouvé le moindre sentiment de jalousie. Je me réjouissais du succès des autres ; et, comme on le savait bien, je ne crois pas, non plus, avoir été l'objet de la jalousie d'autrui. » Bienheureuses les âmes pour lesquelles se réalise aussi fidèlement la parole du Maître : « Ne jugez pas et vous ne serez pas jugés ! »

Dans les années mêmes où Mme de Saint-Léonard était obligée par situation de participer aux réjouissances de la Société, il y eut toujours une époque pendant laquelle elle s'interdisait tous les amusements profanes : c'était le temps du carême. Ces jours de pénitence, en mettant fin aux divertissements mondains, lui laissaient plus de temps pour la prière et autorisaient de sa part de plus nombreuses pratiques de piété.

Les missionnaires de France prêchèrent à Falaise, durant le premier carême que Mme de Saint-Léonard vécut dans cette ville, les exercices d'une Mission. L'épouse chrétienne se félicitait de cette bonne fortune ; mais elle comprit bientôt qu'il ne lui serait guère facile de répondre, comme elle l'aurait désiré, aux inclinations de son cœur et aux attraits de la grâce. Les préjugés que son mari nourrissait alors contre la piété l'en empêchèrent. M. de Saint-Léonard jugeait de la dévotion par les petitesses, les travers ou les ridicules de certaines personnes qui en faisaient profession. Il prétexta des raisons de santé pour tenir, autant que possible, la comtesse éloignée de l'église. Mme de Saint-Léonard ne fut pas dupe : elle devina très aisément le mobile auquel obéissait son mari. Il lui en coûta de s'abstenir : elle le fit toutefois, pensant que le meilleur moyen de ramener M. de Saint-Léonard à de plus saines idées sur la dévotion, c'était de ne pas rendre la sienne ennuyeuse et de ne point procurer à son époux, suivant le mot de saint François de Sales, « l'occasion de s'en cabrer. » La fondatrice des filles de la Miséricorde du Cœur Immaculé de Marie se souviendra de cette épreuve et des faux jugements du monde pour mettre ses religieuses en garde contre les étroitesses d'esprit ou de cœur, qui seraient capables de rabaisser dans la pensée des hommes la grandeur de la Religion.

Mme de Saint-Léonard unissait à Falaise, comme autrefois à Bayeux et à Vaubadon, selon le précepte de l'Évangile, la charité envers le prochain à l'amour de son Dieu. « Pendant plusieurs années, il lui fut comme impossible de refuser l'aumône aux pauvres qu'elle rencontrait. » Il lui venait en pensée que « c'était Notre Seigneur Jésus-Christ Lui-même qu'elle aurait refusé. » Elle entra dans cette disposition, après avoir entendu à la cathédrale de Bayeux un sermon de Mgr de Quélen, archevêque de Paris. Les pauvres connurent bientôt son esprit de charité : Ils en profitèrent.

La comtesse ne se bornait pas à distribuer aux nécessiteux de l'argent ou des secours matériels ; elle aimait à les visiter et à leur témoigner de mille manières la profondeur et la sincérité de son affection pour eux. « Lorsque vous faites l'aumône, a dit Notre-Seigneur, ne sonnez pas la trompette devant vous ; mais que votre droite ignore les bienfaits de votre main gauche. Et le Père qui voit dans le secret, vous le rendra. » (1) Ce fut la pratique de Mme de Saint-Léonard. Pendant deux années entières, elle prodigua ses soins à une vieille femme aveugle et remplit auprès d'elle avec répugnance, mais grande fidélité, par amour pour Dieu, les rôles les plus humiliants : elle dressait le lit, nettoyait l'appartement, se chargeait elle-même du linge à blanchir. Elle portait chaque jour, caché sous son manteau, le potage qu'elle destinait à la pauvre infirme. » Cependant toutes les précautions étaient prises pour qu'on ne soupçonnât point cette bonne œuvre. L'aveugle même ignora longtemps la qualité de la personne qui la visitait. Mais, quand des voisins l'en informèrent, elle se confondit en remerciements. La comtesse se reprochait plus tard d'avoir éprouvé un premier mouvement irréfléchi de vaine gloire, lorsque sa protégée l'avait connue et appelée par son nom.

Les trop courts *Mémoires* de la Fondatrice de Blou nous ont conservé le récit d'un autre acte de charité, qui rappelle d'assez près la parabole évangélique du Bon Samaritain. « Il y a peu d'années à Vaubadon, écrit Mme de Saint-Léonard, comme je revenais au château en cabriolet par un temps de neige, je rencontrai un mendiant gisant à terre au milieu de la route. La nuit tombait, et je ne reconnus pas, dans ce que j'avais entrevu, une forme humaine. Le domestique qui me conduisait me prévint qu'un homme était étendu sans mouvement sur le chemin. Je me sentis comme forcée de revenir sur mes pas, afin de

---

(1) S. Matth. vi. 4.

porter secours à l'infortuné. » La volonté de la comtesse domina la frayeur que lui causait la crainte de ne trouver devant elle qu'un cadavre. Elle descendit de voiture, s'approcha du malheureux, s'assura qu'il vivait encore et le fit transporter dans une maison voisine. Le premier propriétaire auquel on s'adressa refusa d'ouvrir. La comtesse saintement obstinée courut frapper à une autre porte ; cette demeure fut moins inhospitalière. Le possesseur mit une étable à la disposition de Mme de Saint-Léonard. Là, une heure durant, jusqu'à l'arrivée du curé de la paroisse, elle resta seule auprès de l'infirme qu'elle avait recueilli. « Il me dégoûtait bien, ajoute-t-elle dans son récit, mais je n'aurais pu supporter le reproche de ma conscience, si je l'avais laissé sans secours. »

La charité toujours active de Mme de Saint-Léonard lui gagna le respect et l'admiration des habitants de Falaise. Les gens les moins religieux répétaient à son propos : « C'est une dévote aimable et sans petitesses : elle ferait vraiment aimer la piété ! » Quant aux bons chrétiens ils se félicitaient, si le sort leur attribuait dans quelque Loterie de charité l'un des objets que la comtesse avait confectionnés pour la circonstance. « Ils l'emportaient, dit un contemporain, comme une précieuse relique. »

Le monde cependant ne connut point tout le mérite de Mme de Saint-Léonard. Sa vertu ne parut entière que dans le secret du foyer conjugal parmi les dures épreuves, auxquelles la soumit une mystérieuse maladie de son mari. Elle était mariée depuis trois ans, quand le malheur devint pour une douzaine

d'années l'inséparable compagnon de son existence.
L'épouse fidèle et généreuse gravit sans faiblesse les
rudes sentiers de son calvaire domestique. Elle souffrit cruellement ; mais sa résignation fut admirable.

La comtesse était à Bayeux dans sa famille, lorsque
les premiers symptômes d'une maladie noire se
manifestèrent chez M. de Saint-Léonard. Aussitôt
qu'elle fut prévenue, elle rentra dans son hôtel de
Falaise pour y consacrer son temps et ses forces au
soulagement de son mari. Elle garda, durant quelques semaines, l'espérance d'une guérison, mais cet
espoir ne tarda pas à s'évanouir. Il lui fallut s'avouer
avant six mois que le mal était sans remède, et par
suite en envisager, pour les accepter, les redoutables
conséquences.

Le caractère naturellement très vif du comte de
Saint-Léonard s'emporta dans la souffrance jusqu'à la
plus extrême violence. Des idées sombres hantèrent
son cerveau et des accès de délire lui enlevèrent par
intervalles l'usage de la raison. Il fut nécessaire
d'exercer pendant ces moments sur le malade une
surveillance continuelle. La patience et la constance
de la comtesse ne se démentirent pas un instant.
« J'ai toujours gardé avec mon mari, écrit-elle, une
très grande douceur et beaucoup de complaisance.
Je ne me rappelle pas lui avoir jamais parlé avec
vivacité, même dans les moments où mon cœur était
le plus froissé. »

Il ne suffisait pas à Mme de Saint-Léonard d'être
résignée : il lui fallait en outre cacher sa tristesse et
lutter par une sérénité apparente, que la grâce de

Dieu lui permettait de simuler, contre la désespérance de son époux malade. « Du matin au soir, écrit-elle encore, je lui faisais le sacrifice de tous mes goûts : je me suis tellement habituée à dominer ma douleur, que jamais ou presque jamais je n'ai pleuré devant lui. » Elle finit par s'interdire de pleurer en secret et loin des regards du comte, car elle avait remarqué que « rien ne lui faisait autant de mal, lorsqu'il s'en apercevait. »

Une seule fois la comtesse crut avoir à se reprocher dans sa mission douloureuse l'omission volontaire d'un acte de dévouement. Durant les premiers temps de la maladie elle céda, n'en pouvant plus de fatigue, aux instances de ceux qui l'entouraient, et quitta pour une nuit la chambre du comte de Saint-Léonard. La violence du remords qu'elle éprouva de cette détermination l'empêcha de dormir. « Je passai cette nuit, déclare-t-elle, comme en enfer. » Dès lors sa résolution fut arrêtée : elle partagera la chambre de son mari, le veillera seule et ne s'accordera un instant de repos que très tard, sur le matin, quand la domestique qui reposait dans l'appartement voisin serait éveillée. La prière de Mme Elisabeth ne sortit guère à cette époque de sa pensée, et, dans ses longues insomnies son cœur et ses lèvres aimèrent à la répéter : « Que m'arrivera-t-il aujourd'hui, ô mon Dieu ! »

L'état déplorable, où la maladie avait réduit M. de Saint-Léonard préoccupait la comtesse : mais, la situation des deux petites filles, que le Ciel lui avait données dans les premières années de son mariage, augmentait encore ses inquiétudes. Le spectacle de l'ordinaire tristesse et des fréquents désespoirs de leur père n'exercerait-il pas sur l'esprit des enfants une influence fâcheuse ? La comtesse voulut à tout prix éviter à ses filles des impressions trop pénibles et ne pas les sevrer des caresses et des joies, dont nos premiers ans ne seraient point privés sans dommage. Elle éloigna ses enfants aux heures critiques et leur montra toujours un visage assuré, quand son propre cœur était, à trop juste titre, broyé par d'indicibles tortures.

Pourquoi n'est-il pas possible et permis de transcrire ici littéralement les pages que la Mère du Saint-Cœur-de-Marie consacrait, à de longues années de distance, au récit de ces jours d'amertume ? Sa main trembla sans doute plus d'une fois en les écrivant et ses yeux se mouillèrent de larmes. Mais, parmi tant de sanglots étouffés, des paroles d'amour conjugal et des actes de soumission à la volonté divine reviennent incessamment sous la plume de la narratrice, comme un refrain consolateur. « Je ne cherchai qu'en Dieu ma force et ma consolation, dit-elle dans un endroit, et je lui dus un courage et un calme que je sentais bien qui ne me venaient que de Lui... Pour connaître toute l'étendue du secours qu'Il m'a fait trouver dans mes sentiments de résignation, et combien il a fallu qu'il agisse en moi pour les y établir, il faudrait que je pusse dire aussi de quels sentiments de douleur, d'humiliation, de frayeur, de tristesse ils ont été victorieux. »

Elle écrit un peu plus loin : « J'avais déjà connu

le prix de la Croix. Je portais au doigt une bague qui m'était plus chère que tout et sur laquelle il y avait écrit : *Dieu le veut !* Cette pensée me rendait possible, et même beaucoup plus aisé qu'on ne saurait le croire, des choses impossibles à la nature. »

« C'était toujours dans la prière que je me calmais, ajoute-t-elle ; je baisais ma croix, je disais mon chapelet et Dieu me donnait la consolation d'encourager ceux qui étaient autour de moi et qui se sentaient accablés de fatigue ou à bout de patience. »

Les pratiques de piété de Mme de Saint-Léonard diffèrent peu, jusqu'en 1831, de celles que se prescrivent assez ordinairement dans le monde les personnes vraiment chrétiennes. Elle se contentait de l'assistance journalière à la messe, de quelques lectures spirituelles choisies dans l'*Imitation de Jésus-Christ* ou dans l'*Introduction à la vie dévote*, et de la Communion mensuelle qu'elle accompagnait des exercices du Chemin de la Croix. La comtesse s'humiliait dans la suite d'avoir si peu fait pour son Dieu. L'amour divin cependant, on le devine en lisant ses *Souvenirs,* éclairait et vivifiait déjà de son ardente flamme toutes les actions de sa vie.

L'heure était venue, où la grâce céleste engagerait sans retour cette âme d'élite dans les voies de la perfection.

Mme de Saint-Léonard profita d'une légère amélioration dans la santé de son mari pour se rendre auprès de ses parents, à Bayeux, et s'y reposer durant quelques jours de ses extrêmes fatigues.

Un ancien missionnaire de France, de la Congré-

gation de l'abbé Rauzan, dispersée en 1830, le Père
Madelaine, du diocèse de Bayeux, prêchait en 1831
avec M. l'abbé Falize, vicaire général de Mgr Dan-
cel, dans la Communauté de la Charité que dirigeait
Mme Saint-Dosithée, une retraite pour les Dames du
monde. Mme de Germiny avait résolu d'y prendre
part. Elle offrit à sa fille d'en suivre avec elle les
exercices. La comtesse de Saint-Léonard accepta de
grand cœur la proposition : elle entra en retraite
avec sa mère. Après deux jours de pieuses réflexions,
quand elle jugea le moment opportun de se confesser,
un sentiment intérieur, dont elle n'aurait pu expliquer
ni l'origine ni le motif, la mena aux pieds du Père
Madelaine. Cet excellent prêtre entendit sa confession générale. L'accusation fut pénible ; mais, « la
consolation qui suivit, immense. »

Que dire des effets de cette mystérieuse entrevue,
dans laquelle la grâce d'en haut réunit à jamais ici-
bas ces deux âmes pour fonder, au jour marqué dans
les desseins de la Providence, une nouvelle communauté religieuse ! Telle fut jadis, sans doute, la rencontre de saint François de Sales et de Mme de
Chantal.

« Lorsque Dieu le veut, écrivait à ce propos la
mère du Saint-Cœur-de-Marie, une chose de bien peu
d'importance produit un effet bien inattendu. Je ne
pourrai jamais dire tout ce qu'a opéré dans mon âme
de m'entendre appeler par mon confesseur : « mon
« enfant. » Dès ce moment... Je fus pénétrée pour lui
d'un vif sentiment de confiance et de respect, et il
s'y joignit une profonde reconnaissance de tout ce

que Dieu lui inspira de patience et de zèle pour l'avancement de mon âme. » M{{me}} de Saint-Léonard comprit que le Père Madelaine serait pour elle « l'organe de la volonté divine. » Elle se soumit à sa conduite avec un abandon filial. Le ciel lui avait envoyé un guide expérimenté, et résolu à la pousser, comme cela convient aux âmes fortes et généreuses, par tous les moyens dans les voies de Dieu.

La Providence ménagea, durant les années 1832 et 1834, à M{{me}} de Saint-Léonard les loisirs et les grâces de deux autres retraites à la Charité de Bayeux. Rien de plus édifiant que les notes qu'elle rédige alors à genoux devant Dieu, et dans lesquelles la comtesse étudie sa propre nature, détaille ses imperfections et s'anime à la vertu. Nulle vaine sentimentalité ; point de rhétorique pieuse. Tout tend à la pratique : « Je me souviendrai, écrit-elle, que je me tromperais étrangement sur le caractère de la piété et que je n'en aurais qu'une fausse, si Dieu n'était le principal mobile et l'unique but de toutes mes actions... La vertu consiste à remplir parfaitement les devoirs de mon état, préférablement aux pratiques de piété qui pourraient m'attirer ou me plaire davantage. Je m'efforcerai de faire aimer à mon mari, à mes enfants, et à tout ce qui m'entoure ou dépend de moi, la vertu et la piété par une douceur inaltérable... Je veillerai surtout sur ma vivacité vis à vis de mes enfants ; je voudrais ne jamais les reprendre avec humeur. »

A l'exemple de tous les saints, M{{me}} de Saint-Léonard poursuit en elle sans relâche et combat sans

faiblesse, dès cette époque, les moindres indices
d'amour-propre et de vanité. Elle condamne l'involontaire satisfaction qu'elle ressent à la pensée que
l'on peut concevoir de sa personne une idée avanta-
geuse. Pour vaincre ce qu'elle nomme son orgueil,
elle n'omet aucune occasion de s'anéantir devant la
grandeur infinie de Dieu. Bientôt des remords injus-
tifiés et des troubles de conscience tiennent son âme
humiliée et la plongent par moments dans les plus
douloureuses perplexités. Les souffrances morales
s'ajoutent ainsi aux fatigues que causaient à Mme de
Saint-Léonard l'état de santé de son mari. Heureusement, comme elle le remarquait dans sa retraite de
1835, Dieu « ne lui a jamais envoyé de peine, sans
avoir mis à côté la consolation. » Elle avait demandé
au Père Madelaine l'autorisation de lui écrire quelquefois. La correspondance de son directeur la consola souvent, la fortifia toujours. La nature n'avait
du reste aucune place dans cette amitié surnaturelle.
Mme de Saint-Léonard recevait les réponses de son
guide spirituel avec joie, mais elle ne le consultait
que pour aller plus sûrement à Dieu. Elle n'était
point de ces femmes que La Bruyère [1] criblait d'épi-
grammes pour la sotte vanité qu'elles tirent de la sainteté et du relief du prêtre qui les dirige. « J'ai toujours
détesté, écrivait-elle, le ridicule des personnes qui
sont uniquement occupées de leur confesseur. » Il lui
déplaisait de parler avec les autres de la paix intérieure qu'elle puisait dans ses rapports avec le sien.

____

(1) *Caractères.* — De la mode.

Le Père Madelaine était par nature plus énergique et plus ferme que sensible et tendre ; mais, la parole de l'Écriture revient à la pensée, quand on lit ses conseils à Mme de Saint-Léonard dans l'affliction : « La douceur est sortie du fort. » (1) Qu'on en juge ! « Dieu veut vous posséder tout entière, lui écrit-il, il a résolu de vous enlever au monde et à ses vanités en vous faisant passer par le creuset des grandes tribulations. C'est ainsi qu'a toujours traité ses élus Celui dont la vie fut un martyre et une Croix continuelle. » Et dans une autre circonstance : « Vous aussi, vous vous ferez victime, vous offrirez votre cœur à Jésus par Marie, vous le dévouerez à la souffrance et aux croix que la Providence voudra vous ménager. Vous accepterez d'avance toute la part du calice d'amertume qui vous est réservée ; et vous demanderez non seulement la grâce de souffrir avec résignation, mais même avec joie, et de bien comprendre le prix de cet héritage de tribulations et de douleur que le Dieu du calvaire a légué particulièrement à ses enfants de prédilection. »

Une autre fois, bien avant la mort du comte de Saint-Léonard, il lui disait avec un sentiment presque prophétique : « Que le bon Maître vous soutienne dans les grandes tribulations qu'Il vous a préparées, afin qu'un jour, pure comme l'or qui a passé par le creuset, vous soyez digne d'être reçue dans ses tabernacles éternels... Il vous reste encore bien des combats à soutenir, et ces combats vous prépareront

---

(1) *De forti egressa est dulcedo*. Juges xiv. 14.

peut-être à de grandes choses que Dieu veut opérer par vous. Qui sait les desseins de Dieu?... Travaillez constamment, courageusement à vous sanctifier par l'accomplissement des devoirs de votre état... chaque chose se développera en son temps. »

N'est-ce pas dans le même esprit qu'après une retraite à Moutiers il lui adresse de la Savoie ces paroles : « Vous n'avez point été oubliée sur le tombeau de l'aimable saint François de Sales. Puisse-t-il vous obtenir la grâce de devenir, dans votre position, une autre sainte Chantal ! »

Quelque temps après cette lettre, le père Madelaine remplissait envers sa pénitente un pénible devoir. Il accepta la mission douloureuse de lui apprendre la mort de son mari. Pendant que la comtesse, profitant d'une accalmie relative dans l'état de santé de M. de Saint-Léonard, conduisait ses deux filles à Bayeux chez leur grand'mère, Mme de Germiny, une crise imprévue précipita le dénouement fatal. C'était le 29 mai 1835.

La catastrophe fut si soudaine que les serviteurs ne purent rappeler Mme de Saint-Léonard ni la prévenir à temps. Son absence, à cette heure dernière, accrut sa tristesse.

La maladie avait ramené M. de Saint-Léonard aux pratiques de la foi chrétienne. Sa veuve « pouvait donc espérer pour lui en l'étendue des miséricordes divines. » Malgré tout, elle ne se consola ni de son éloignement à l'heure du dernier soupir, ni surtout de ses affections brisées... Elle demeura « six semaines dans un état d'accablement et d'indifférence, » d'où l'obéissance à son Dieu et la nécessité de se dévouer à l'éducation de ses enfants l'obligèrent seules à sortir. Elle ressemblait de la sorte à cette veuve antique des Saintes Écritures, dont l'*Introduction à la vie dévote* nous rappelle le souvenir. « Quand Noëmy revint de Moab, écrit saint François de Sales, les femmes de la ville qui l'avaient connue au commencement de son mariage, s'entredisaient l'une à l'autre : N'est-ce point ici Noëmy ? Mais elle répondit : Ne m'appelez point, je vous prie, Noëmy, (car Noëmy veut dire gracieuse et belle) ; ains appelez-moi Mara, car le Seigneur a rempli mon âme d'amertume. »

Mme de Saint-Léonard ajoutera bientôt, comme le même Saint le conseillait aux veuves de son temps : « O Seigneur, (1) maintenant que je suis toute mienne, recevez-moi pour toute vôtre. »

---

(1) *Introduction à la Vie dévote,* IIIe Part. Ch. 40.

CHAPITRE III

LA VEUVE ET LA MÈRE
1835-1838

Education de ses filles. — Vie chrétienne. — Vocation.

« Honorez les veuves qui sont vraiment veuves », (1) disait saint Paul à son disciple Timothée. Or, l'apôtre demandait à la veuve véritable et désolée « d'espérer en Dieu et de s'adonner jour et nuit aux supplications et aux prières. » Mme de Saint-Léonard entra d'elle-même, après la mort de son mari, dans ces sentiments.

Dès le mois de novembre 1835, elle recherchait pendant une retraite à la Délivrande, comment elle « dédommagerait Dieu, (ce sont les expressions que lui suggère son humilité), de ses ingratitudes passées ». Désormais elle ne connaîtra d'autre règle que la volonté de Dieu. « Parlez, parlez-moi, s'écrie-t-elle, ô mon Dieu ! Je veux dire que votre Saint Nom soit béni ! Vous m'avez ôté mon mari : sans

_____

(1) *Epit. à Tim.*, v. 3 et suiv.

doute je l'aimais trop et cette tendresse nuisait à l'amour que je vous dois... Dans ma douleur que votre Saint Nom soit béni ! Vous permettez que je sois agitée de peines intérieures, sans doute pour me montrer mon néant et ma faiblesse, en punition de mon orgueil passé... Que votre Saint Nom soit béni !... Affligez-moi de toutes manières, je l'ai bien mérité : que votre justice s'exerce sur moi pendant toute ma vie, si vous le voulez ; mais, que l'enfer ne soit point mon partage et que votre jugement sur moi soit un jugement miséricordieux... »

« Je tâcherai de rappeler bien souvent en ma mémoire, dit-elle dans un autre endroit, tant de bienfaits que j'ai reçus de Dieu. Lorsqu'il m'a frappée le plus rudement, Il me voulait appeler à Lui... Il l'a fait pour me désabuser du monde, pour me faire penser que cette vie n'est qu'un passage, une route pour nous mener à Lui !... » « Je veux bénir Dieu, lit-on encore dans son cahier de retraite, de tout ce que l'avenir pourra m'apporter de contrariétés et de malheurs... Je serais fâchée de redevenir heureuse, si cela était possible : je suis si faible, je redouterais le monde et ses illusions. »

La retraitante n'oublie pas toutefois qu'elle ne s'appartient pas sans réserve. Deux jeunes filles, l'une de quatorze ans, l'autre de treize, ont droit de compter sur son dévouement maternel. Leur souvenir l'accompagne devant Dieu et elle s'effraie de sa responsabilité . « J'ai tant de peine à me conduire moi-même, dit-elle, comment guiderai-je mes filles ? Je demanderai souvent à Dieu qu'il veuille bien m'éclairer. » « O Marie, écrira-t-elle dans une autre occasion, je vous donne mes filles : c'est par votre cœur et par vos conseils que je veux les guider : ou plutôt je vous prie de les guider vous-même ; je les donne au Cœur de votre divin Fils. Ne cessez de le conjurer d'oublier les fautes de leur mère et de les combler de miséricorde. »

Mme de Saint-Léonard, aussi prompte à dévoiler ses imperfections que d'autres le sont à s'excuser de leurs fautes, se reproche plusieurs fois dans ses *Mémoires* d'avoir montré trop de vivacité, lorsqu'elle traitait avec ses enfants. De légers mouvements d'impatience troublèrent peut-être de temps à autre le calme habituel de son âme : mais de quel amour n'entoura-t-elle pas ses deux filles, Césarine et Léontia. L'une et l'autre ont su discerner dès leur jeune âge les qualités éminentes dont leur mère était douée. Un jour que la comtesse enseignait à son aînée, Césarine, les éléments du catéchisme, elle lui demanda : « Quelle est la plus parfaite créature de Dieu ? » L'enfant, après avoir hésité, plongea son clair regard dans les yeux de sa maman, puis répondit tout heureuse : « C'est ma petite Mère ! »

La comtesse fécondait par ses exemples les leçons de vertu qu'elle donnait à ses filles. Elle leur apprit ainsi avec l'amour de Dieu la charité envers le prochain. Ce n'était pas assez à son gré de les faire travailler au profit des malheureux, elle voulut leur montrer dans une circonstance mémorable, à la veille de leur Première Communion, combien elle estimait, suivant le mot si chrétien de

Bossuet, « l'éminente dignité des pauvres » (1).

Le Curé de Saint-Gervais de Falaise avait réglé que les deux sœurs, qui communiaient en même temps pour la première fois, s'accompagneraient mutuellement. La charité de Mme de Saint-Léonard modifia l'ordre établi. Lorsque tous les rangs furent assignés, deux petites filles, également déshéritées du côté de la naissance, de l'intelligence et de la fortune, demeurèrent sans places et sans compagnes. Le prêtre craignait, s'il les laissait ensemble, d'accuser leur infortune et leur origine irrégulière. La comtesse, remarquant l'embarras du catéchiste, s'avance alors et lui dit : « Ne soyez pas inquiet, Monsieur le Curé, mes enfants les accompagneront. » — Mais, reprit le prêtre, vos enfants sont les premières et celles-ci... — « Mes filles descendront aux derniers rangs, » se hâta d'interrompre Mme de Saint-Léonard. La phrase n'était pas achevée que Césarine et Léontia se plaçaient, sur un signe de leur mère, aux côtés des pauvres communiantes. Mme de Saint-Léonard fit davantage : elle commanda pour les malheureuses enfants deux toilettes blanches, semblables à celles que portaient ses filles ; et au matin de la cérémonie, elle les envoya prendre dans sa voiture. Le soir, au dîner, ses protégées occupèrent la place d'honneur à droite et à gauche de Mgr Daneel, évêque de Bayeux, grand-oncle de Césarine et de Léontia, qu'on avait prié de présider la solennité. La bienveillance de la comtesse rassura promptement les deux petites

---

(1) Discours sur l'éminente dignité des pauvres dans l'Église.

filles que cet honneur inattendu aurait trop aisément intimidées.

Sa conduite ne fut guère différente, le surlendemain, pendant la Confirmation. Monsieur le Curé de Saint-Gervais avait mis à l'écart et un peu en vue les nièces de l'Evêque. Leur mère ne le souffrit pas : elle rappela doucement ses filles et les perdit dans le rang parmi leurs compagnes. Elle les façonnait ainsi à son image, charitables, humbles, modestes.

Mme de Saint-Léonard, qui se révèlera bientôt comme une incomparable institutrice, ne s'estimait point alors capable de terminer seule l'éducation de ses enfants. Après la mort de leur père, elle décida de les confier aux Religieuses de la Congrégation de Notre-Dame, Chanoinesses de Saint-Augustin, dans le couvent des Oiseaux, à Paris. La comtesse, il est vrai, ne s'éloignera point de ses filles. Puisque le couvent reçoit des Dames Pensionnaires, elle sollicitera la faveur d'être admise à ce titre dans la Communauté.

Lorsqu'on eut exaucé sa requête, Mme de Saint-Léonard abandonna Falaise pour se fixer à Paris. Dans sa nouvelle situation, les exercices de piété, le souci de la formation de ses enfants et la pratique constante de la charité remplirent ses journées. Elle s'empressait assidue, tantôt le matin et tantôt le soir, au chevet des infirmes que soignaient les Sœurs de Charité dans l'Hospice des Incurables. Aucun service ne la rebutait malgré les instinctives révoltes de sa nature.

Elle consentit un jour à panser la jambe et le pied

d'une pauvre femme que rongeait un ulcère dégoûtant. Au premier abord, son cœur se souleva ; l'odeur et la vue de la plaie lui inspirèrent une répugnance presque invincible. Mme de Saint-Léonard, s'armant alors de courage, saisit le membre gangrené et le baisa tout auprès de l'ulcère. C'était le procédé qu'avait employé au treizième siècle, pour triompher de sa délicatesse native, l'admirable saint François-d'Assise.

La vue d'un cadavre bouleversait bien davantage encore à cette date Mme de Saint-Léonard. La pieuse femme domptera, coûte que coûte, cette sensibilité : elle ensevelira les morts ; elle forcera ses yeux à les regarder, et, poussant jusqu'au bout sa victoire, elle embrassera des lèvres que le trépas aura glacées. On devine jusqu'à quel degré de perfection atteignit une charité aussi résolue.

Les malades de l'hospice des Incurables, gagnés par la bonté de leur visiteuse, s'enhardirent avec elle jusqu'à la familiarité. Elle les aimait ; ils la payèrent de retour. Plusieurs s'ingénièrent à lui témoigner de façon naïve leur attachement. Une femme âgée, dont elle démêlait tous les matins la chevelure, lui remit un jour, comme gage de sa reconnaissance, deux vieux sous tout rouillés, en lui disant à l'oreille : « Tenez, ceci, c'est pour vous ! » La comtesse accepta l'offrande. En la refusant, elle aurait craint d'humilier, de contrarier du moins sa protégée. Une autre fois, l'une des infirmes dont elle s'occupait la pria de partager son modeste repas. Mme de Saint-Léonard s'y serait prêtée de bonne grâce, si l'heure n'avait sonné de rentrer à la communauté des Oiseaux. Là, on connaissait son exactitude et un retard dans son retour aurait inquiété les religieuses.

En 1838, des affaires et des deuils de famille rappelèrent et retinrent pendant assez longtemps Mme de Saint-Léonard en Normandie. Elle résida de nouveau dans la paroisse de Vaubadon, et s'y exerça, comme à Paris, à la pratique de la charité. Elle soigna les corps pour gagner les âmes à Jésus-Christ.

Ayant appris qu'un malade à toute extrémité s'opiniâtrait à écarter le prêtre de son lit de mort, elle se dirigea vers la demeure de l'agonisant, s'agenouilla près de son lit et lui déclara qu'elle venait solliciter une grande faveur de sa bonne volonté. Le malheureux tout surpris d'apercevoir à genoux, à ses pieds, une femme qu'il avait toujours respectée, la pressa de se relever en protestant à haute voix qu'il ne saurait rien refuser à Mme de Saint-Léonard. « Eh bien, dit-elle, puisque vous consentez à m'exaucer, je vous conjure de faire au plus tôt votre confession. » Le malade se rendit à cette prière et mourut chrétiennement.

Nous ne poursuivrons pas le récit déjà long des actes de charité de Mme de Saint-Léonard. Le nombre des personnes que son âme compatissante a soulagées fut considérable. Ses propres souffrances lui avaient valu le don de consoler les tristesses des cœurs affligés.

Madame de Saint-Léonard ne vécut pas éloignée, ce semble, sans un secret dessein providentiel de Paris et de ses deux enfants. L'une de ces dernières, l'aînée, Césarine, dont nous avons rapporté plus haut une si jolie parole, avait laissé percer, en grandissant, dans ses relations quotidiennes avec sa mère, je ne sais quel fond d'humeur contredisante. La jeune fille, que le ciel avait d'ailleurs fort bien douée, manifestait dans ses bons moments des regrets sincères de sa conduite. Hélas ! la nature l'emportait trop souvent sur les désirs intermittents qu'elle formait de se montrer plus filialement expansive !

Mme de Saint-Léonard souffrait de cette disposition ; mais elle n'osait sur ce point user envers sa fille de sévérité. Elle craignait de l'aigrir par des réprimandes, sans la corriger. Or, à distance, Césarine, quand elle écrivait, n'était plus la même. Ses lettres ne respiraient que respect, affection et confiance pour sa mère. L'amour maternel satisfait se dédommage alors dans les réponses, que Mme de Saint-Léonard adresse à sa fille, de la contrainte ordinaire qui règne dans leurs rapports. Elle se sent aimée et multiplie les témoignages de son affection.

Au mois de janvier 1839, dans ses vœux de nouvel an, Césarine s'excuse de sa conduite passée : « Oui, bien certainement, ma chère fille, répond la mère, j'ai oublié, à plus forte raison pardonné ce que ton souvenir et ton cœur te reprochent par rapport à moi. Je n'y pense pas plus que si cela n'avait jamais existé. Chaque jour, ajouté à notre existence, resserrera de plus en plus les liens déjà si doux qui nous unissent. » « J'ai besoin, ma chère fille, dit-elle deux semaines plus tard, de venir causer avec toi. Je me sens dans mes jours de tendresse et de bavardage. » Et encore :

« Lorsque je suis loin de vous, je n'ai pas le cœur
« gai, et j'ai besoin de vous lire. » Le 29 mars enfin :
« Adieu, ma bien aimée, mon cœur est tout plein de
« toi. »

Les lettres que Mme de Saint-Léonard envoie à
Léontia, sa seconde fille, traduisent les mêmes sentiments. Toutefois, si l'affection n'est pas plus grande,
la sympathie se manifeste plus vive entre les deux
natures.

Les enfants ne savent pas assez tout le bonheur que
leurs mères éprouvent de céder à leurs importunités
amoureuses. Léontia le connut mieux que son aînée,
car elle osa plus demander à la tendresse maternelle.
Elle aimait à retrouver partout, — dans ses jouets
mêmes et ses objets de fantaisie, — les marques et
les gages de la bonté de sa mère. Un jour qu'elle
inaugure un album, elle veut que Mme de Saint-Léonard écrive en tête, sur la première page, quelques
mots de sa propre main. Exigence bénie ! Elle nous
valut les lignes qu'on va lire : « Tu me demandes un
souvenir, mon enfant, tu as raison. Le passé n'est plus
à nous ; l'avenir ne nous appartiendra peut-être
jamais : profitons donc du présent et traçons ces
lignes, auxquelles ton cœur attache du prix. Elles
n'auront, comme tout ce qui nous plaît ici-bas, qu'une
courte durée. Mais, à quelque époque de ta vie que
tu y jettes les yeux, ton cœur se souviendra de ma
tendresse, de mes conseils, de tes promesses et de
mes mauvais jours, dont la Providence t'a destinée à
être la consolation. Tu n'oublieras pas que je fus pour
toi la plus fidèle, la plus indulgente amie. Si je suis

près de toi, tu m'aimeras : et si Dieu m'a retirée de cette terre, battue de si cruelles tempêtes, tu prieras pour ta mère. »

Les épîtres familières que la comtesse écrivait à ses filles s'analyseraient aussi malaisément qu'une conversation d'amis intimes. La mère annonce des envois d'argent ; parle détails de toilette ; demande des renseignements sur les occupations et les études du pensionnat ; renouvelle l'expression de son respect et de sa reconnaissance pour les Maîtresses, les mères Sophie, Aglaé, Joseph, Augustine ; manifeste enfin son inquiétude quand Césarine et Léontia prennent la rougeole et souffrent de névralgies... Lorsque ses filles sont indisposées, Mme de Saint-Léonard écrit : « Mon corps est ici, mais mon cœur et mon esprit sont autant à Paris qu'à Vaubadon... Ce n'est pas ma faute, si les maux de mes enfants me tourmentent mille fois plus que les miens. »

La comtesse, après s'être informée de la santé et des jeux de ses enfants, les associe par son récit à tous les incidents de la vie qu'elle mène dans sa famille. Elle s'amuse avec Léontia des espiègleries de son neveu Raymond et des exigences de ses nièces, Marguerite, Charlotte et Fanny, « auxquelles elle s'est livrée pieds et poings liés pour faire leurs quatre volontés, c'est-à-dire pour jouer avec elles pendant toute la matinée ; » car, l'excellente tante ne veut pas qu'une femme pieuse « ait l'air de ne pas savoir rire. »

Les pages mélancoliques, hélas ! ne sont pas absentes de ces lettres. De pénibles circonstances

amènent la comtesse à parler maladies, deuils et
morts. Mais dans la tristesse et dans la joie, la pensée
de Dieu revient sans cesse à l'esprit de Mme de Saint-
Léonard. Elle n'écrit pas une lettre sans y révéler
d'une façon ou d'une autre ses sentiments religieux.
« Nous sommes trois têtes dans un bonnet, dira-t-elle,
ainsi que le veut le vulgaire proverbe, ou trois cœurs
en un pour aimer et servir Dieu de toutes nos
forces. » Ses filles en effet seraient, dans ses desseins, instruites et distinguées, mais avant tout
sérieusement chrétiennes.

Si Madame de Saint-Léonard aidait la grâce dans
la formation de ses enfants, elle se défendit de hâter
jamais l'accomplissement des décrets de la Providence. Césarine et Léontia n'ignoraient pas qu'elles
rendraient leur mère heureuse en s'exerçant à la
piété; mais, la comtesse ne leur imposa jamais rien
en dehors des pratiques d'obligation. Elle modifiait
au besoin par condescendance à leur égard le règlement qu'elle avait adopté pour elle-même.

La grâce lui ménageait dans son entourage d'autres
occasions de renoncer à sa volonté propre. Mme de
Saint-Léonard avait auprès d'elle, à son départ pour
Paris, une femme de chambre d'humeur acariâtre,
qu'elle garda durant sept ans entiers. Vis-à-vis des
étrangers, cette domestique aurait défendu sa maîtresse de tout son pouvoir; mais, en tête-à-tête, elle
critiquait sa conduite avec une amertume pleine d'in-
convenance et d'injustice. Essayer de plaire à cette
fille, c'eût été tenter l'impossible. La fausseté manifeste de son jugement blessait à chaque instant le

sens droit et l'esprit juste de la comtesse. Mme de Saint-Léonard supportait difficilement cette façon d'agir. Son sang bouillonnait dans ses veines : il lui fallait des prodiges de patience pour ne pas éclater. Afin de se mieux contenir et de dompter sa nature, elle poussa la condescendance jusqu'à prier sa femme de chambre de lui pardonner une réprimande trop sévère. Son confesseur dut lui interdire, dans l'intérêt même de sa domestique, de renouveler un pareil acte d'humiliation. Mais, Mme de Saint-Léonard, de venue religieuse, remerciera Dieu de lui avoir fourni cette occasion de modérer « les trop vives ardeurs de son tempérament. »

La femme chrétienne soutenait au dedans d'elle-même des luttes bien autrement pénibles et redoutables. « La part que Dieu lui a faite, écrivait à ce propos son directeur, le Père Madelaine, n'a pas été abondante en consolations, mais en amertumes. A l'époque de son mariage, Il a planté la croix dans son cœur, et elle n'en est pas ressortie. »

Comment exprimer les tourments intérieurs que Mme de Saint-Léonard endurait au milieu des rigueurs d'une conscience trop délicate ! Ses meilleures résolutions lui paraissaient stériles et ses plus saints désirs étaient si violemment combattus qu'elle doutait de sa bonne volonté. La vie lui était à charge comme à Saint-Paul. Qui donc la délivrerait du poids de ses misères ?... Nous n'avons plus les lettres dans lesquelles Mme de Saint-Léonard exposait au Père Madelaine ses anxiétés ou ses doutes ; mais, les réponses qu'elle en recevait suffisent à nous renseigner sur les tortures morales dont son âme eut à souffrir. « Souvenez-vous, lui écrit son directeur, que Dieu vous a appelée à la liberté de ses enfants et qu'un réglement n'est pas une chaîne de fer, dont on ne puisse jamais s'écarter. » « Dieu demande votre cœur, dit-il un autre jour, le 7 juillet 1839, pour lui unir son divin Cœur, et vous ne lui offrez que des doutes et des craintes. Souffrir, c'est le partage de cette vie et les moments de satisfaction ne nous sont donnés que pour reprendre haleine. »

Il serait aisé d'extraire des lettres adressées par le Père Madelaine à la comtesse, — dans les années qui vont de 1833 à 1842, — tout un petit traité de direction à l'usage des âmes que le scrupule inquiète et tourmente... Le Père explique avant tout à Mme de Saint-Léonard que l'amour de Dieu n'est pas fait de sensibilité, mais de volontaires sacrifices : « Je suis tenté de sourire, note-t-il en 1833, lorsque vous me dites si naïvement : il me semble que tel jour j'ai aimé le bon Dieu. Cela produit sur moi le même effet que si vous me disiez : tel jour, j'ai bien aimé mes deux enfants, parce que vous auriez ressenti pour elles quelque chose de plus tendre. Vous les aimez tous les jours, indépendamment de la sensibilité, parce que tous les jours, vous êtes disposée à vous sacrifier pour elles. » L'angoisse du reste, quand Dieu la permet, sert toujours utilement les intérêts de ses élus. « A mesure que vous grandirez, Dieu vous enverra des ennuis, des dégoûts, des sécheresses dans vos exercices, afin de vous déterminer à Le chercher purement pour Lui-même et non pour les douceurs qu'Il vous distribue... Cela paraît dur à notre nature qui a bien de la peine à renoncer aux espérances de cette vie et à n'avoir d'autre espoir que dans le Ciel. »

Mais pourquoi la comtesse s'étonnerait-elle de son imperfection ? « Petite enfant encore, lui écrit son directeur, toute enveloppée de langes, vous voudriez vous en débarrasser tout à coup et marcher d'un pas ferme... Vous n'êtes qu'une enfant qui commence à marcher seule et qui a toujours peur de faire un faux pas. »

Si le P. Madelaine relève le courage abattu de sa pénitente, il prend toujours soin de la maintenir dans l'humilité : « Je vous assure que vous ne valez rien, lui mande-t-il dans une lettre, et que, si l'on ôtait la part de sa divine miséricorde et celle de vos misères, il resterait moins que rien. » Et le 15 juin 1839, il datait ces paroles d'Orléans : « Les bonnes Sœurs des Oiseaux ne vous voient qu'à travers le prisme de la charité : elles sont trop vertueuses pour pouvoir supposer des défauts chez les autres. Surtout ne les croyez pas en ce qui vous concerne. Elles n'y entendent rien quand elles veulent faire de vous une perfection. »

Mme de Saint-Léonard avait l'âme assez forte pour entendre de pareilles leçons. Elle se traitait plus rudement que son directeur, toujours Père et par conséquent toujours miséricordieux dans sa sévérité même. Dans l'une de ses retraites, elle fulmine contre sa prétendue vanité un réquisitoire analogue à celui que saint Vincent de Paul prononçait contre ce qu'il nommait son insondable orgueil : « O mon Dieu, dit-elle, si ceux qui me donnent des marques d'estime, voyaient le fond de mon cœur, comme vous le voyez, s'ils savaient tout ce qu'il y a d'humain dans ma charité, de trompeur dans mon humilité, de recherche de moi-même dans mon occupation des autres ; s'ils connaissaient ces sentiments de satisfaction, lorsque je découvre que l'on apprend de moi quelque bonne œuvre, cet empressement qui me les fait entreprendre avec si peu de sagesse, que j'ai tout lieu de craindre que la vaine gloire n'y ait une trop grande part... S'ils savaient les infinies miséricordes du Ciel à mon égard, cette protection constante au milieu de mes infidélités, ces secours toujours plus abondants à mesure qu'ils m'étaient plus nécessaires... tant de confessions, de communions surtout... O mon Dieu, combien l'on trouverait que je suis ingrate et indigne de vos bontés et de l'estime des gens de bien. »

Un dernier passage des lettres du P. Madelaine résumera tout l'esprit des conseils qu'il donnait à Mme de Saint-Léonard : « Imitons le jardinier, dit-il, qui élague toutes les branches, afin de fortifier le tronc et de le faire monter plus haut. N'ayons qu'un désir, qui est de n'en avoir aucun, si ce n'est celui de faire le bon plaisir de Dieu. »

La comtesse se rangeait docilement à ces règles de conduite : le P. Madelaine avait visiblement grâce d'état pour la diriger. L'une de ses joies, lorsqu'elle vint à Paris, fut de penser qu'elle y retrouverait son directeur. Au bout d'un an, cette consolation lui était enlevée. Le P. Rauzan, supérieur du P. Madelaine, le désigna pour fonder une résidence de missionnaires dans l'ancienne abbaye de Sainte-Euverte, à Orléans. Le saint prêtre quitta Paris. Mme de Saint-Léonard souffrit beaucoup de ne plus avoir le secours de ses lumières et le soutien de sa présence, mais elle ne pria jamais pour son retour. Elle s'en remettait à la Providence et ne se souciait « que de la gloire de Dieu, de la sanctification de son directeur et de la sienne. »

Elle pratiquait ainsi, avant de l'avoir écrit, l'acte d'abandon à Dieu, dont nous retrouvons la formule aux notes de sa retraite du mois de février 1838. « Je m'abandonne entièrement et pour toujours, écrivait-elle, à l'adorable Providence, disposée, ou plutôt lui demandant en grâce d'être disposée à recevoir d'elle avec une égale reconnaissance le bien et le mal, la santé et la maladie, la mort et la vie, les sécheresses dans mes pratiques de religion et la consolation, la jouissance et la privation des secours spirituels, le bonheur et le malheur temporel de ma famille et de mes enfants, en un mot tout ce qui peut me rendre heureuse ou malheureuse ici-bas. »

Lorsqu'une âme se maintient dans ces dispositions, elle est digne de servir d'instrument aux plus nobles et aux plus difficiles desseins de son Dieu. Mme de Saint-Léonard avait toujours considéré sa position, depuis son veuvage, comme provisoire. Mais ce provisoire la fatiguait ; elle désirait s'exercer à la vie parfaite dans une règle monastique. « Je regardais, déclare-t-elle, comme un grand bonheur d'être simple religieuse, soumise à l'obéissance la plus absolue, cachée dans un petit coin. »

Elle s'ouvrit au Père Madelaine, le 13 novembre 1836, jour de saint Stanislas Kostka, de ses pensées d'avenir : « Non, répondit le Père, non, vous ferez plus de bien dans le monde... *Si vous étiez religieuse,* ajouta-t-il, *votre tâche devrait être d'aller dans les campagnes instruire les petites filles pauvres.*

Les goûts et l'éducation de la comtesse ne l'avaient nullement préparée à cette vocation. Elle n'eut d'abord d'autre sentiment que celui de la surprise. Mais la parole du prêtre, comme une semence féconde, était tombée dans une bonne terre... elle germera... La fête de saint Stanislas Kostka devint dès lors pour Mme de Saint-Léonard l'objet d'un culte spécial. Toutefois, le dessein providentiel, dont son confesseur l'avait entretenue, ne se précisa que durant la première moitié de 1838.

Cette année là, une nouvelle maladie grave faillit enlever de ce monde la comtesse de Saint-Léonard. Son mal résistait aux soins affectueux des Religieuses du couvent des Oiseaux et à la science consommée de deux célèbres praticiens, les docteurs Cruveilher et Récamier. Lorsque la situation parut désespérée, les Sœurs de la Congrégation de Notre-Dame commencèrent une neuvaine au Bienheureux Pierre Fourier, leur fondateur ; et, la comtesse promit à Dieu, si la santé lui était rendue, de s'employer à l'instruction des enfants pauvres de la campagne. « Ce ne fut pas par entraînement, expliquait-elle dans des *Notes sur sa vie,* que je fis cette promesse, mais d'une volonté bien délibérée. Je me déterminai à remettre entièrement sur ce point mon avenir entre les mains de mon directeur. »

Le Père Madelaine résidait alors à Paris. Il reçut lui-même les serments de Mme de Saint-Léonard. L'intercession du Bienheureux Pierre Fourier et le complet acquiescement de la comtesse aux desseins de Dieu ne demeurèrent pas sans effet. Après que la malade eût formulé le vœu d'élever les petites filles pauvres de la campagne, son état de santé s'améliora presque subitement. Quelques jours plus tard, Mme de Saint-Léonard était guérie, et, du même coup, sa vocation religieuse décidée. L'engagement qu'elle prit devant Dieu ne cessa plus d'être présent à son esprit. « Il devint, assure-t-elle, l'âme de sa vie : son exécution fut le terme de tous ses désirs. »

La comtesse n'avait pas attendu de s'être engagée ainsi au service des pauvres, pour se dévouer plus étroitement en son particulier au service de Dieu. Dès 1836, elle avait fait le vœu de ne pas se remarier, et dans la fête du 15 août 1837, elle promettait aux pieds de la Sainte Vierge de garder la chasteté perpétuelle. Quelques semaines auparavant, le 24 juin, Mme de Saint-Léonard avait écrit de sa main la formule d'un acte de consécration sans réserve au Sacré-Cœur de Jésus : « Jésus, dit-elle, mon doux et aimable Maître, dans le dessein de rendre tous les hommages que je puis à votre Sacré-Cœur consumé d'amour pour moi, je consacre à ce divin Cœur tout ce que j'ai et tout ce que je suis, mon corps et mon âme, ma mémoire et mon entendement, ma volonté et ma liberté, mon cœur et toutes ses affections, toutes mes peines et toutes mes souffrances, toutes mes consolations et toutes mes bonnes œuvres, tous mes mérites présents et à venir pour le temps et pour l'éternité ». Elle ajoute à cet acte une promesse de spéciale dévotion au Cœur Immaculé de la Très Sainte-Vierge. Marie doit la mener à Jésus. C'est la tradition de l'Eglise d'aller au Fils par la Mère. La piété de Mme de Saint-Léonard s'inspire de cette coutume. Les amabilités et les perfections du Cœur de la Très Sainte-Vierge seront l'objet le plus prochain de son amour et de son imitation. Peut-être même a-t-elle déjà rêvé de s'appeler plus tard, en religion, la mère du Saint-Cœur de Marie !

Ces dernières pratiques, vœux, consécrations, promesses, obligeaient la conscience de Mme de Saint-Léonard ; mais, n'entraînaient aucun changement dans ses habitudes et ses relations extérieures. Il n'en était pas de même de l'engagement solennellement formé de s'employer à l'instruction des petites filles pauvres de la campagne. Quand le jour sera venu d'en poursuivre la réalisation, il faudra que dans une large mesure, en vraie religieuse, d'après le mot de Saint-Jean-de-la-Croix (1), elle « dise adieu à toutes choses et que toutes choses aussi lui disent adieu. »

---

(1) Saint-Jean-de-la-Croix. Lettres — cité par le P. Lescœur, de l'Oratoire : *Pensées du Ciel.*

CHAPITRE IV

LA VEUVE ET LA MÈRE
1839-1842

Deuils et renoncements. — Les Orphelines de Blou.

Mme de Saint-Léonard renouvela dans une retraite qu'elle commençait le 14 août 1839, à Orléans, sous la direction du P. Madelaine, le vœu de se consacrer à l'éducation des enfants pauvres de la campagne. Cette retraite de 1839 exerça sur sa vie une influence décisive. La grâce opéra en elle, durant ces jours de solitude, un mystérieux travail. Son âme — éclairée d'en haut — connut, à n'en pouvoir douter, que son vœu s'accomplirait et que la Providence lui en marquerait le temps et le lieu par son Directeur.

Dans cette vue, Mme de Saint-Léonard se fortifia par la prière contre tous les sacrifices à venir. « O ma Mère, dit-elle à la Sainte Vierge, votre cœur n'a pas hésité, quand vous avez prononcé : « Voici la « servante du Seigneur, qu'il me soit fait selon votre « parole. » Dites donc pour moi maintenant : « Voici « la servante du Seigneur. Parlez-lui, mon Fils, car elle « vous écoute. » « Je ne craindrai pas, continue-t-elle.

à quelques lignes de distance. Plus je me sentirai accablée sous le poids de ma misère, plus les obstacles, les difficultés me sembleront insurmontables... plus je veux croire d'une foi ferme que Dieu m'appelle, parce que je suis plus misérable qu'une autre et qu'il veut tout faire en moi. » La confiance de la comtesse, on le voit, ne naît pas d'elle-même ni de ses qualités personnelles. Elle s'estime trop peu pour compter sur les ressources de sa nature. Elle ne s'appuie que sur Dieu et sur la Très Sainte Vierge. « O bonne Mère, s'écrie-t-elle, donnez-moi votre cœur pour le mettre à la place du mien. Qu'il dirige et guide toutes mes actions. C'est par Lui que je veux aimer et prier. C'est en Lui et avec Lui que je veux souffrir et mourir à tout. »

Jamais prière ne fut plus opportune ; car, Mme de Saint-Léonard méditait une œuvre humainement si difficile qu'elle pouvait presque passer pour impossible. La Providence lui accordera cependant de la réaliser avant trois ou quatre ans révolus, mais au prix de quels deuils et de quels renoncements !!!

Déjà, le 4 août 1838, la mort avait brisé l'un des liens les plus forts qui rattachaient au monde Mme de Saint-Léonard. Son père, le comte Antoine de Germiny, terminait sa vie.

Quelque temps après, pendant que Mme de Saint-Léonard demeurait à Vaubadon pour consoler sa mère et régler ses affaires de famille, sa fille aînée, Césarine, lui demandait toute jeune encore la permission d'entrer au noviciat des religieuses de la Congrégation de Notre-Dame du Bienheureux Pierre

Fourier, dans le couvent des Oiseaux. Cette vocation servait les desseins de Mme de Saint-Léonard en lui rendant une nouvelle part de sa liberté. Mais, la grâce inspirait-elle ce pieux désir; ou bien, pareille idée ne venait-elle pas d'une effervescence passagère d'imagination juvénile? L'affaire méritait d'être mûrement pesée; et, la mère se croyait le droit et le devoir d'y présenter les objections que lui suggérait sa prudence. « Peux-tu, disait-elle à l'enfant, t'arrêter sérieusement à la pensée de te condamner à demeurer toute ta vie dans un couvent, lorsque tu as eu tant de peine à te résoudre d'y passer le temps nécessaire à ton éducation?... Tu ne dois pas te dissimuler que, si tu entres en communauté, il faudra faire mourir totalement l'esprit d'indépendance qui t'est si naturel; ne connaître que la volonté de tes Supérieures, sans te permettre de les juger. »

Mme de Saint-Léonard songea d'abord à éprouver sa fille en la menant une année dans le monde. Elle ne refusait pas de croire au sérieux de sa vocation, mais, le caractère de Césarine lui donnait quelques craintes à ce sujet. Ce fut seulement quand les maîtresses de Césarine eurent éclairé sa religion, qu'elle se désista de ses exigences premières. Elle reconnut que sa fille, une fois dans le cloître, saurait obéir et se montrer vertueuse, suivant le mot du P. Madelaine, « à la pointe de l'épée ». L'enfant fut en conséquence autorisée par sa mère à commencer son temps de probation, le 4 octobre 1840, lorsque s'achevaient les vacances de sa dernière année d'études. « J'accepte, lui écrivit quelques mois auparavant, le

9 mars, Mme de Saint-Léonard, ce que ta détermination a de pénible pour mon cœur maternel et ce qu'elle pourra m'apporter de difficultés et d'embarras. »

Les ennuis prévus ne tardèrent pas à se produire. Le monde blâma la conduite de la comtesse. Il redoubla ses critiques avec une particulière amertume, lorsque Mme de Saint-Léonard manifesta le projet qu'elle avait formé d'établir les Religieuses du Cœur Immaculé de Marie. La fondatrice de la communauté de Blon entendit les mêmes reproches qu'au xviie siècle une veuve illustre entre toutes, la fondatrice de la Visitation de Sainte-Marie, Jeanne-Françoise Frémyot, baronne de Chantal.

Il nous suffirait, s'il était encore utile de justifier la conduite de Mme de Saint-Léonard, de rappeler ici les simples paroles que Césarine, devenue Mme Saint-Jean-Chrysostome, adressait à sa mère, consacrée comme elle à la vie religieuse : « Bénissons Dieu de la part qui nous a été faite ! »

Lorsque l'aînée des filles de Mme de Saint-Léonard entrait au Noviciat, Léontia, sa cadette, n'avait plus que quelques mois à vivre dans le pensionnat des Oiseaux. La mère ne doutait pas que cette seconde fille ne fût destinée à rester dans le monde. Elle se préoccupa donc de l'y introduire et de vaquer à ce devoir présent, en remettant l'avenir à la Providence : « Je me serais reproché très vivement, dit-elle, d'agir en pareille matière sous l'influence du désir d'avoir plus tôt, en me hâtant de marier Léontia, ma liberté d'action pour mes projets personnels. »

La comtesse était résolue à ne divulguer ses pensées de vie religieuse qu'au moment où leur réalisation deviendrait prochaine. A quoi bon contrister par avance le cœur des siens? Elle ne parvint toutefois qu'imparfaitement à dérober son secret à son frère Maxime. Lorsqu'il l'interrogea sur les mesures qu'elle comptait prendre pour régler sa situation présente, elle répondit que rien n'était encore arrêté dans ses résolutions. Elle caressait, il est vrai, pour son avenir quelque chose comme le projet d'une vie de retraite loin du monde; mais, elle priait qu'on différât de lui demander rien de précis à ce sujet avant une époque qu'elle déterminait à l'avance.

Mme de Saint-Léonard s'aperçut par cet entretien qu'elle aurait besoin de force, non pas tant pour se soumettre elle-même au bon plaisir divin, que pour porter à l'affection des siens un coup douloureux. C'est dans cette pensée qu'elle invoque en ces termes la protection de la Vierge que l'Eglise honore sous le vocable de Secours des Chrétiens : « Marie, ma Mère, supplie-t-elle, il me faut un grand accroissement de foi, d'amour, de courage. J'attends tout cela de votre cœur. Protégez ma mère, tous les membres de ma famille : préparez-les aux desseins de Dieu sur moi. Obtenez-leur la grâce d'y contribuer. Obtenez-moi la force pour suppléer à ma faiblesse. »

Les délais que Mme de Saint-Léonard avait fixés expirèrent, et l'explication qu'elle avait retardée dut avoir lieu. Elle confia sous le secret le plus absolu à son frère, Maxime, et ses désirs, et ce qu'elle croyait être les vues de Dieu sur elle. Elle expliqua douce-

ment que sa vie, lorsqu'elle aurait établi sa seconde
fille Léontia, appartiendrait tout entière aux bonnes
œuvres. « Son cher Maxime n'ignorait pas, disait-elle,
combien elle aimait les enfants. Il ne serait donc pas
surpris d'apprendre que sa sœur avait décidé de se
livrer à l'éducation des petites filles pauvres de la
campagne... » Elle découvrait ses pensées à ce propos
avec une charité d'autant plus affectueuse que chacune de ses paroles blessait au cœur son frère bien-
aimé.

Sa nature délicate et sa faible santé avaient obligé
Maxime de Germiny à briser sa carrière en abandon-
nant son grade de lieutenant de vaisseau. Doux, sensible, pieux, il s'était promis sans doute de renouer
avec sa sœur au foyer domestique, sous les regards de
sa mère à peine vieillie, leurs causeries d'autrefois,
leurs prières et leurs bonnes œuvres en commun.
Léontine soufflait sur ce beau rêve et le faisait
s'évanouir.

La comtesse essaya d'amortir la violence du coup
qu'elle portait à son frère, en ajoutant que ses vœux
ne se réaliseraient que dans un temps éloigné, à une
date indéterminée. Elle se contenterait jusque-là de
visiter l'école de Sœurs que sa mère soutenait au
Tronquay, et continuerait de partager en tout la vie
et les occupations de la famille.

Un moment, Maxime de Germiny eut le droit
d'espérer que sa sœur fournirait auprès de lui toute
sa destinée. Il avait acheté, non loin de Bayeux, la
propriété du Beauregard. Or, dans les dépendances
du château, s'élevaient des bâtiments d'exploitation

d'une assez grande importance. M{{me}} de Saint-Léonard estima que ces maisons un peu délabrées seraient aisément transformées en école. Elle entreprendrait avec joie l'œuvre qu'elle méditait dans l'humble logis que lui préparait la générosité fraternelle. Quelques femmes pieuses, trois ou quatre seulement, seraient associées à ses travaux. Sa pensée n'osait encore aspirer au-delà.

Il était écrit que « ni la chair ni le sang, » n'auraient de part à la fondation de l'Institut des Filles de la Miséricorde du Cœur Immaculé de Marie.

Le projet d'une école au Beauregard était à peine conçu, que la mort prématurée de Maxime de Germiny le réduisit à néant. M. Maxime traînait, depuis des années déjà, une santé chancelante; son état cependant ne causait à son entourage aucune inquiétude immédiate. Hélas! la mort le surprit au commencement de Février 1841. Il reçut l'Extrême-Onction; mais, il ne lui fut pas possible de se confesser. La maladie lui avait enlevé la parole. Sa vie était heureusement si réglée et si chrétienne que les larmes de ses proches ne tombèrent point sur son sépulcre sans consolation ni sans espérance. La comtesse n'en fut pas moins vivement affectée par cette perte imprévue. « Tu devines tout mon chagrin, écrit-elle à Césarine. Tu connaissais mon affection pour lui. Il avait aimé ton pauvre père; il n'avait pas un secret pour moi; il savait mes plus intimes pensées. Après ma mère, je crois que j'étais la personne qu'il aimait le plus au monde. » « Pour nous, ma bonne fille, marque-t-elle dans une autre lettre, pour moi sur laquelle il comptait pour l'avertir à ce dernier moment et qui ne l'ai pu faire, puisque je l'ai trouvé sans connaissance, pour nous est l'épreuve, la douleur, et cependant j'accepte, je bénis, j'adore la sainte, l'adorable volonté de Dieu. Si cette soumission lui est agréable, Il daignera en faire retomber la récompense sur tous ceux que j'ai perdus et sur ceux qui me restent. »

Mme la comtesse de Germiny était parmi les âmes sur lesquelles Mme de Saint-Léonard implorait par sa résignation les plus fortifiantes bénédictions d'En-Haut. La disparition subite de son fils Maxime avait si durement frappé la pauvre mère que sa fille retarda, pour rester auprès d'elle et relever son courage, le voyage qu'elle avait réglé de faire à Paris, afin de ramener à Bayeux sa fille Léontia.

Mme de Saint-Léonard prévoyait que la mort de son frère augmenterait son sacrifice, quand elle quitterait le monde. Il en coûtera cent fois plus à son amour filial de s'éloigner de sa mère désormais seule ici-bas, et de lui révéler sa vocation religieuse.

Si l'idée de l'œuvre, que Dieu demandait d'elle, se manifestait chaque jour plus nette à l'esprit de Mme de Saint-Léonard, chaque jour aussi, les obstacles se multipliaient pour en retarder l'exécution. La comtesse avait toujours été convaincue que Dieu lui déclarerait ses volontés par l'entremise de son Directeur. Elle ne serait « que l'exécutrice de ses pensées, l'écho de sa voix ». Or, une maladie faillit emporter le père Madelaine, quand il n'avait pu suggérer encore que la pensée générale, un peu vague et incertaine, de la fondation religieuse à intervenir. La Providence ne trancherait-elle pas prématurément le fil de ses jours ?

Le P. Madelaine, dans les angoisses de la souffrance, parut un moment déconcerté. Mme de Saint-Léonard le consola et l'encouragea dans ses douleurs avec une sainte hardiesse. « Je fus un peu honteuse, dit-elle, de l'avoir ainsi prêché ». Toutefois, l'abattement du P. Madelaine dura peu. Il n'était pas de ceux qui se défient de la Providence. Aussi écrivit-il à la comtesse lorsqu'il se retrouva capable de tenir une plume : « Ou Dieu me laissera sur la terre pour coopérer à l'œuvre dont il vous a chargée, ou il vous donnera un meilleur guide : tenez-le pour constant ».

Cependant Mme de Saint-Léonard, pour remplir en conscience ce qu'elle regardait comme son devoir maternel, avait repris ses relations avec la société de Bayeux. Elle introduisit dans le cercle de ses anciennes connaissances sa fille Léontia, qu'elle avait retirée du couvent des Oiseaux. Elle montra de nouveau au milieu des salons la bonne grâce qu'on avait admirée en elle dans les jours d'autrefois. Elle évita les amusements trop frivoles ou trop légers ; mais, ses manières avenantes et sa gaieté donnèrent à tous l'impression qu'elle prenait plaisir aux fréquentations du monde. Elle cherchait « à faire voir qu'une personne pieuse peut être aimable ». Elle ajoute dans ses Mémoires : « Ce genre de vie eût été loin cependant de satisfaire les désirs de mon âme, si je n'avais senti que j'accomplissais la volonté de Dieu et que cette position n'était que provisoire ».

Dans sa pensée, le provisoire se prolongerait jusqu'au mariage de sa fille. Un parti avantageux se présenta pour son enfant plus vite que Mme de Saint-Léonard ne l'espérait. M. Anatole de Picquot de Magny demanda la main de Léontia. Ce jeune homme joignait à un esprit solide, à un caractère affectueux et à une instruction variée, non seulement des croyances, mais encore des pratiques religieuses. Il offrait donc toutes les garanties désirables. Mme de Saint-Léonard opposait au mariage de sa fille une première objection. Léontia lui paraissait trop jeune. « Mon Dieu, s'écriait-elle dans une lettre à son aînée Césarine, que la vie va vite et que les évènements se pressent.! » Un autre scrupule empêchait encore Mme de Saint-Léonard d'octroyer son consentement à l'union projetée. Elle craignait d'agir avec l'arrière-pensée, même involontaire, de recouvrer son entière indépendance et de servir ses vues personnelles. Aussi, ne voulut-elle se résoudre qu'après avoir pris conseil de ses proches et de ses amis. Leur avis fut unanime. Puisque les jeunes gens se plaisaient l'un à l'autre, il y avait lieu de permettre et de conclure le mariage.

La comtesse se plia dès lors avec la sollicitude la plus maternelle à toutes les exigences de la situation. Ce ne sont pas seulement les intérêts temporels et les affaires sérieuses qui la préoccupent. La mère écoute encore volontiers les plus humbles et les plus naïves confidences de sa fille. « Au milieu de tout ce que Léontia veut me dire d'utile, écrit-elle le 15 janvier 1842, à Mme Saint-Jean Chrysostome, sa fille

aînée, elle joint aussi quelques inutilités : tantôt c'est
à faire le feu, pour mieux causer après, qu'elle passe
un temps infini ; tantôt c'est à me regarder écrire ou
à me faire parler en écrivant, ce qui n'avance pas la
besogne ; mais, comme son but est toujours bon, et
que nos conversations pour commencer à bâtons
rompus, finissent, j'espère, par lui être profitables,
j'écoute tout avec intérêt, je réponds à tout... elle se
soulage le cœur et la tête, en me disant ce qui
l'occupe. »

Des gens malintentionnés ne manquèrent point
pour blâmer ce projet de mariage, comme si Mme de
Saint-Léonard l'eût approuvé à la hâte et sans
réflexion, avec la secrète pensée de satisfaire ses
aspirations religieuses.

Le mariage de sa fille la placerait plutôt dans l'impossibilité matérielle de réaliser son œuvre ; car, elle
ne prétendait se réserver qu'un revenu très mo-
dique. La comtesse se résignerait, si les circonstances l'y contraignaient, à retarder l'exécution de
ses desseins ; non pas à les perdre de vue.

Le P. Madelaine, du reste, ne lui aurait permis ni
de les oublier, ni de succomber à la crainte des difficultés. En 1839, il l'encourageait en lui rappelant
l'origine plus que modeste des Sœurs de Saint-
André, fondées en 1805, dans le midi de la France.
Au début, une mère et sa fille étaient les seules
religieuses ; trente-cinq ans plus tard, la Congrégation comprenait une centaine d'établissements et plus
de cinq cents sujets.

En 1840, pendant une maladie de Mme de Saint-

Léonard, le P. Madelaine lui écrit le 7 janvier : « Que le désir de servir le bon Maître dans les enfants vous fasse seul supporter cette vie misérable qui nous éloigne de Lui. » Il lui recommande sans cesse et de mille façons l'œuvre à établir pour le bien des petites filles pauvres. L'appel de Dieu n'a jamais fait doute à ses yeux. Non seulement il affirme le caractère surnaturel de la vocation de Mme de Saint-Léonard, mais il en tire des arguments capables d'entraîner la comtesse à la perfection et de développer en elle les qualités morales qui conviennent aux supérieures de communauté. « Apprenez à compatir aux faibles, lui mande-t-il, ce sera pour vous une vertu bien nécessaire. Vous la puiserez dans le cœur de Celui qui a pris sur Lui tous nos maux. »

La future fondatrice de Blon lui objecte en vain sa faiblesse. Il espère qu'il y aura plus d'infirmité encore dans sa création religieuse qu'elle ne le suppose. « Oui, ma fille, lui dit-il le 14 novembre 1841, j'ai pensé à vous. Vos projets sont maintenant presque toute ma vie ; et, s'il me reste un espoir de prolonger ma carrière en ce monde, il est fondé sur les dispositions providentielles, qui semblent m'indiquer que la divine Bonté voudrait que votre faiblesse fût appuyée sur quelque chose de plus faible encore. »

Lorsque son directeur lui adressait ces paroles, la comtesse avait sur la demande du Père, le 9 avril de la même année, un jour de Vendredi Saint, jeté devant Dieu sur le papier les principales idées dont elle s'inspira pour instituer la Société des Filles de la Miséricorde du Cœur Immaculé de Marie. En voici la substance :

« Les Religieuses ne chercheront pas dans la Communauté leur satisfaction personnelle : elles n'auront au cœur que des sentiments « d'amour pour Dieu, « de reconnaissance pour ses bienfaits, qu'un zèle « ardent pour procurer sa gloire, le faire connaître, « aimer et servir. » Les règles et les pratiques de l'Institut n'auront point d'autre fondement que l'oubli de soi et le bien du prochain dans l'attachement à Dieu. Pour Mme de Saint-Léonard tout est stérile et vain en dehors de l'amour céleste. C'est seulement par cet amour bien compris que les actions de la vie prennent à son regard leur véritable sens. Mais, que les Sœurs ne s'y trompent pas. L'amour de Dieu est une grande chose. « Il faut prendre garde, à cette « disposition de notre chétive et misérable nature, « écrit-elle, qui porte quelques esprits faibles, « presque sans s'en apercevoir, à rapetisser la reli- « gion, à la faire consister dans de minutieuses pra- « tiques, à vouloir assujettir les autres à une grande « rigidité de petites observances auxquelles on est « habitué à s'astreindre soi-même avec un soin telle- « ment scrupuleux qu'il fatigue les âmes, dessèche « les cœurs et empêche de servir Dieu comme Il veut « l'être, c'est-à-dire avec dilatation de cœur et grande « confiance en sa bonté et sa miséricorde.

« Dieu est grand, sa religion est grande, son cœur est grand, s'écrie-t-elle, il faut que celui des religieuses de l'œuvre projetée soit grand aussi, afin qu'elles soient entre les mains de Dieu des instruments capables de procurer sa gloire..... »

Mme de Saint-Léonard descend ensuite de la région lumineuse des principes au détail des vœux et des règles, qu'elle jugerait utile d'imposer. Les Sœurs prononceraient les trois vœux de pauvreté, chasteté, obéissance.

« L'Institut en général, explique-t-elle, serait fondé sur un grand esprit de pauvreté.... parce que j'ai toujours pensé qu'il fallait qu'il fut essentiellement l'œuvre des pauvres, des petits, et bien humble... Cette pensée me fait envisager avec un peu d'effroi celle d'ajouter à l'éducation des enfants pauvres d'autres œuvres, qui le relèveraient peut-être aux yeux du monde, je veux dire l'instruction des classes riches. » Une considération toutefois l'empêchait de se prononcer sur ce point.

« Pour s'occuper avec fruit de l'éducation, même des pauvres, il faut plus de moyens et de capacité dans les sujets qui s'y consacrent, qu'on ne le croit communément. En excluant l'enseignement des classes riches, on fermerait peut-être la porte à des sujets qu'une éducation plus soignée aurait mieux préparés à l'instruction des pauvres. »

La première fonction des religieuses sera de tenir les écoles. Si les Sœurs sont autorisées à procurer des soins aux malades, afin de gagner la sympathie des populations, il faudra remplir avec prudence cet office de charité. La tenue des classes n'en doit jamais souffrir, ni par suite, gravement non plus, la santé des religieuses.

Madame de Saint-Léonard désirerait que les vœux fussent perpétuels. « Lorsque les vœux ne sont que d'un an, il me semble, dit-elle, que ce doit être pour quelques sujets une occasion d'infidélité à leur vocation, ou tout au moins de grandes tentations et de combats pénibles. Quand même la grâce serait victorieuse, le temps de la rénovation des vœux doit être précédé de trouble et d'agitation intérieure... Les vœux perpétuels ont l'avantage de placer l'âme dans une situation définitive qui écarte la tentation du changement et du retour en arrière. » Ces motifs présentent un remarquable caractère de force logique et de sagesse : mais, l'Église obéit à une raison plus haute, quand elle ne permet à la faiblesse humaine, comme il est réglé dans les Constitutions définitives des Filles du Cœur Immaculé de Marie, de ne prendre d'engagements perpétuels qu'après un sérieux essai de vie parfaite et l'observation prolongée des vœux temporaires de pauvreté, d'obéissance et de chasteté.

Les sentiments de Mme de Saint-Léonard sur le rôle et les qualités de la Supérieure sont marqués au coin de la plus judicieuse prudence. Là, rien n'est à reprendre : tout mérite d'être approuvé. La mère du Saint-Cœur de Marie n'aurait pas édicté de plus sages prescriptions sur ce point spécial, vers la fin de sa vie, quand elle eut gouverné pendant près de trente années la communauté de Blon.

Parmi les vertus qui sont le plus nécessaires à une Supérieure, la comtesse place en première ligne « la patience, une longanimité à toute épreuve. Il faut qu'elle se souvienne constamment que l'œuvre de Dieu s'opère lentement ; qu'elle ne se rebute ni ne se décourage au milieu des difficultés, s'en remettant de tout à la Providence. » « La Croix, écrit en terminant l'exposé de ses idées Mme de Saint-Léonard, attachée dans ce monde à la charge de la Supérieure, doit être regardée par elle comme le gage le plus précieux de de l'amour de son divin Maître. »

Quelques semaines après, elle écrivait dans le même esprit, pendant une retraite, aux derniers jours de mai 1841 : « Mon Dieu, c'est parce que je suis plus misérable que vos autres enfants ; que mon cœur a si peu répondu au vôtre ; que je ne puis avoir de moi-même rien de bon ; que de tous côtés, qu'en toute occasion, j'ai des preuves de mon incapacité, oui, c'est pour tous ces motifs que je sens en moi, par votre grâce, le désir de faire quelque chose pour Vous.... Je vous redirai souvent : Mon Jésus, que vous plaît-il que je fasse ? Mais je ne me troublerai pas de votre silence et j'attendrai avec paix et confiance l'instant où il me faudra agir, bien convaincue qu'alors vous manifesterez votre adorable volonté. Vous avez daigné mettre au fond de mon cœur la volonté de me détacher de tout ce qui m'est cher et de moi-même. Je me livre à Vous !... »

Le ciel allait bientôt expliquer sa volonté et demander à la comtesse « de se détacher d'elle-même et de tout ce qui lui était cher. »

En 1842, à l'époque même du mariage de Mme de Magny, un vénérable prêtre, M. l'abbé Achard de Saint-Manvieu offrait à Mme de Saint-Léonard dans l'orphelinat de Blon, paroisse de Vaudry, près Vire, au diocèse de Bayeux, un abri pour son œuvre et les ressources matérielles suffisantes, avec la grâce de Dieu, pour l'entreprendre.

M. de Saint-Manvieu ne s'était engagé dans les ordres sacrés qu'après avoir longtemps vécu dans les liens du mariage. Ce fut sur le déclin de sa vie que, devenu veuf et sans enfants, ce fervent chrétien reçut l'onction sacerdotale. Il se crut trop âgé pour se livrer au ministère des paroisses, et il se retira dans la ville de Vire, où il prodigua ses richesses avec une inépuisable charité aux orphelins que les Sœurs de l'Hospice élevaient pour le compte de l'Administration municipale. Une soixantaine d'enfants, garçons et filles, bénéficiaient de l'assistance publique.

En 1834, la municipalité estima que l'entretien des orphelins grevait trop lourdement le budget communal. Elle résolut de congédier ses pupilles et de les disperser, à moins de frais possible, dans les campagnes environnantes. Le Maire et les Adjoints furent chargés d'accomplir cette triste besogne. Au jour marqué, ils se rendirent à l'hospice vers neuf heures du soir, et commandèrent aux religieuses de rassembler devant eux tous les enfants. Les sœurs étaient informées des projets de l'Administration. Elles essayèrent de retarder au moins, puisqu'elles ne pouvaient l'empêcher, la scène douloureuse qu'elles prévoyaient. Elles firent observer que les orphelins dormaient déjà, et qu'il y aurait quelque cruauté à les réveiller pour leur annoncer une aussi fâcheuse nouvelle. La voix des religieuses ne fut pas écoutée.

Il fallut réunir les enfants : et, les autorités de la
ville leur assignèrent sans retard une destination
pour le lendemain. Les orphelins s'étonnaient un peu
de cette visite tardive ; mais, aucun d'eux n'en soup-
çonna le motif véritable. Pas un mot ne fut prononcé
qui pût dévoiler le secret. Une petite fille, plus
intelligente ou plus éveillée que les autres, s'aperçut
cependant à la fin que des larmes glissaient
furtives sur les joues d'une des sœurs. Elle crut
deviner qu'un malheur inconnu menaçait l'orphelinat :
sa jeune sensibilité éclata en sanglots. La pauvre
enfant, se jetant à genoux aux pieds de la Supérieure,
supplia les religieuses de ne pas l'abandonner. Son
émotion fut contagieuse. Des larmes mouillèrent
tous les yeux. Le Maire et les Adjoints entendirent
les plaintes, dont ils avaient espéré, par l'imprévu
de leur mesure, s'éviter l'ennui.

Les religieuses ne pouvaient dans la circonstance
qu'unir leurs regrets à ceux des enfants. La situation
de fortune de M. l'abbé Achard de Saint-Manvieu
permit à sa compassion de faire davantage. Il proposa
de prendre à sa charge les orphelins abandonnés. Le
Maire de la ville lui accorda toutes les autorisations
nécessaires à cet effet. M. de Saint-Manvieu aménagea
de son mieux et au plus vite une maison pour les
petites filles ; il en construisit une autre pour loger
les garçons. Les deux Établissements furent placés
sous le vocable du Bon Pasteur et une personne
pieuse consentit à en prendre la direction matérielle.

Cette œuvre de bienfaisance subit, comme toutes
les œuvres chrétiennes, l'épreuve de la contradiction.

M. de Saint-Manvieu ne songeait qu'à vivre oublié en faisant le bien. Des ennuis de toutes sortes l'assaillirent. Des malveillants déversèrent à flots sur sa personne et sur ses créations l'injure et la calomnie.

Les Religieuses de l'Hospice consacraient aux orphelins leurs rares moments de loisir : on leur défendit de continuer leurs utiles visites au Bon Pasteur. M. l'abbé Achard occupait encore son pauvre logement d'aumônier : on lui signifia qu'il eût à le quitter. L'excellent prêtre obéit sans murmurer à cet ordre et se retira au milieu des enfants qu'il avait recueillis. Mais, ni les injustices, ni les mensonges, ni les perfidies ne rebutèrent sa bonne volonté.

Toutefois, devant les difficultés qu'il rencontrait, M. de Saint-Manvieu dut renoncer à soutenir son Orphelinat de petits garçons. Il établit comme ouvriers ou comme domestiques ceux qu'il avait élevés, et s'abstint de les remplacer. Mais, tandis que les orphelins quittaient le Bon Pasteur, les orphelines y affluaient chaque jour en nombre plus considérable. L'installation primitive devenait manifestement insuffisante.

Or, en ce moment, dans l'année 1840, les bâtiments abandonnés d'une fabrique de draps, située aux portes de Vire, près de la région dite des Monts, au village de Blon, dans une vallée ravissante où serpente un ruisselet torrentueux qui court à la rivière de Vire, étaient mis aux enchères. La construction en était récente : elle remontait au premier Empire. Un négociant nommé Tirel avait, par une hardiesse quasi géniale, monté cette industrie. Il obtint de Napoléon Ier, pour assurer le développement de son commerce, le privilège de fournir des draps d'habillement aux armées impériales. L'entreprise réussit jusqu'en 1815. Mais, après Waterloo, le propriétaire ayant perdu son privilège, une crise s'en suivit. La fabrique de draps chôma par intervalles, en attendant qu'elle fût fermée. Tirel se retira ruiné. Les vents et la pluie délabrèrent très vite les bâtiments qui n'étaient plus entretenus, et les actionnaires exigèrent que l'on procédât à leur adjudication. M. l'abbé Achard de Saint-Manvieu, après d'épineuses négociations qu'il ne nous convient pas de raconter, en fut déclaré l'acquéreur. Il y installa ses orphelines et réalisa ainsi l'une des prédictions populaires du pays. On disait que les biens de l'usine, ayant jadis appartenu à la Religion et aux pauvres, retourneraient à Dieu. — Les Augustines de l'Hôtel-Dieu de Vire possédaient en effet cette propriété avant la Révolution. Tirel avait froissé le sentiment chrétien du pays, non seulement quand il avait acheté Blon comme « bien national » ; mais encore quand, par une sorte de profanation, il avait employé à la construction des murs de son usine les pierres d'une Chapelle de Saint-Roch, protecteur de la contrée, et le granit des tombeaux que ce sanctuaire abritait. (1)

Lorsqu'il prit possession de sa nouvelle demeure,

----

(1) On voit encore dans un des murs de la Communauté les pierres sépulcrales avec leurs inscriptions.

M. de Saint-Manvieu n'était secondé dans le soin des orphelines que par la personne pieuse, dont il avait dès les premiers temps reçu l'assistance. La bonne volonté de cette femme ne pouvait plus suffire à la tâche, et le fondateur, qui se sentait vieillir, désirait perpétuer son œuvre après sa mort. Des religieuses lui parurent seules capables d'en assurer la durée. Il s'adressa d'abord aux Sœurs de la Vierge-Fidèle, à la Délivrande, et les pria d'établir à Blon un poste de leur Ordre ; mais, les sujets manquaient à cette communauté pour la fondation, et, de plus, les constitutions de l'Institut n'autorisaient pas l'établissement de maisons dépendantes.

Le P. Saulet, Supérieur des Missionnaires de la Délivrande et aumônier des religieuses, hésitait toutefois devant le bien à opérer sur la conduite à tenir. Le Supérieur du couvent, M. l'abbé Michel, vicaire général du diocèse, décida de respecter scrupuleusement la lettre des statuts. M. de Saint-Manvieu fut donc obligé de se pourvoir ailleurs. Il engagea des pourpalers avec les Sœurs de Saint-Thomas de Villeneuve. Ces nouvelles négociations demeurèrent, comme les précédentes, sans résultat.

Au milieu de ces démarches infructueuses, un incident presque comique survenait à l'Orphelinat de Blon. Les enfants redoutaient l'installation d'un personnel de religieuses. Elles pensaient que la présence des Sœurs les asteindrait à un ordre inaccoutumé. Aussi, quand elles apprirent le dessein de leur bienfaiteur, elles jetèrent leurs bonnets en l'air et donnèrent le spectacle d'une petite révolution féminine. On organisa des réunions secrètes, on entendit des oratrices, on délégua des députations au P. de Saint-Manvieu pour lui adresser, à tout le moins, des sommations respectueuses.

« Le P. de Saint-Manvieu » ne se laissa ni émouvoir, ni convaincre, ni encore moins effrayer. Il se débarrassa des enfants les plus mutines en leur procurant les meilleurs postes qu'il eût à sa disposition, et la petite émeute ne servit qu'à le persuader davantage encore de l'utilité qu'il y aurait à introduire des religieuses dans son Orphelinat. Lorsque tout fut rentré dans le calme, M. de Saint-Manvieu quitta Vire pour demander à Rouen des Sœurs de la Providence et régler, s'il y avait lieu, les conditions de leur concours.

Des raisons de santé ramenaient alors le Père Madelaine dans le Calvados, son pays natal. Il avait entretenu plusieurs fois le P. Saulet des projets de Mme de Saint-Léonard. Quand il fut informé des tentatives de M. Achard de Saint-Manvieu, il dit au P. Saulet, comme en passant et par hasard : « Savez-vous que si la comtesse de Saint-Léonard était prête à commencer son œuvre, je verrais avec peine échapper l'occasion d'un établissement comme celui de Blon ? » Le Supérieur des Missionnaires de la Délivrande lui répondit aussitôt avec un accent de conviction extraordinaire : « Mme de Saint-Léonard ! C'est bien là ce qu'il lui faut : c'est là, qu'elle ira ! C'est là qu'elle fondera son œuvre, qu'elle la verra se développer rapidement !... L'abbé de Saint-Manvieu s'entendra facilement avec elle ; ils n'ont tous deux qu'une même pensée. » La conversation se poursuivit quelque temps encore, puis le P. Madelaine pria le P. Saulet de l'accompagner à Vire auprès de M. de Saint-Manvieu. « Il me répondit, note le P. Madelaine dans sa relation de l'entretien, qu'il ne pouvait s'absenter en ce moment, mais que, connaissant comme lui l'abbé de Saint-Manvieu, je saurais seul arranger l'affaire. »

Dès le lendemain, le P. Madelaine prenait la diligence à la Délivrande et se dirigeait sur Caen. De là, il continuerait sa route jusqu'à Blon. La Providence lui épargna la plus longue partie du chemin.

Pendant l'arrêt du courrier, le Père entrait à Saint-Jean de Caen pour y célébrer la messe. Or, M. de Saint-Manvieu s'était rendu dans la même église quelques minutes auparavant. Les deux prêtres s'abordèrent à la sacristie : et, le Supérieur des orphelines reçut de son confrère la confidence des desseins de Mᵐᵉ de Saint-Léonard. Les vues, que le P. Madelaine exposait, concordaient pleinement avec les projets de son interlocuteur. Après l'avoir entendu, l'abbé Achard de Saint-Manvieu renonça de lui-même au voyage de Rouen. Il demanda seulement qu'on l'autorisât à parler en secret à ses parents, M. et Mᵐᵉ Achard de Bonvouloir, deux connaissances de la comtesse de Saint-Léonard, de la décision qu'il allait prendre. Il patienterait d'ailleurs volontiers jusqu'au jour prochain, où la réalisation des plans concertés avec le P. Madelaine serait possible.

Le directeur de Mᵐᵉ de Saint-Léonard de son côté

n'avait pas aliéné sans réserve la liberté de la comtesse. Elle seule, à ses yeux, avait le droit de consacrer définitivement sa vie à l'œuvre des orphelines de Blon. Les préparatifs du contrat de mariage de sa fille l'amèneraient à Caen sous deux ou trois jours : le Père la prierait alors de se prononcer, afin de transmettre sa réponse à M. de Saint-Manvieu.

L'entrevue de Mme de Saint-Léonard et de son directeur eut lieu chez un ami commun. Lorsqu'ils se trouvèrent seuls : « Vous sentez-vous, dit le prêtre à la comtesse, forte et courageuse ? » A cette question inattendue Mme de Saint-Léonard se troubla ; mais, elle se remit bientôt et répondit : « Comme à l'ordinaire, ni plus, ni moins. » « Le trouble du premier moment, expliquait le P. Madelaine dans le récit de l'entretien que nous aimons à reproduire à peu près textuellement, venait de la nature : la réponse calme et simple était dictée par la grâce. » Il reprit : « Recueillez-vous un instant et disposez-vous à m'entendre, j'ai une très importante communication à vous faire. » Mme de Saint-Léonard se jeta à genoux pour se recueillir en Dieu et se tenir prête à tout entendre et à tout accepter. » Le Père releva tous les détails de son entretien avec M. de Saint-Manvieu. Sa parole pénétra comme la pointe d'un glaive acéré dans le cœur de la comtesse de Saint-Léonard ; mais, disait-il plus tard : « l'heure de la Providence était arrivée... Il était temps de parler et d'agir. »

Il se serait reproché cependant d'avoir emporté de vive force et par surprise le consentement attendu. « Pensez sérieusement à ma proposition devant Dieu le reste du jour, dit-il à la comtesse en la quittant, et, demain vous me donnerez votre réponse. »

Mme de Saint-Léonard assure qu'elle n'eut pas un moment d'hésitation, bien qu'elle ait été en proie pendant la nuit à une indicible souffrance intérieure. « Je l'avoue à ma confusion, raconte-t-elle, je vis plus clairement toute la carrière de sacrifices que mon acceptation m'ouvrait, que je ne ressentis de joie à la vue de ce moyen que le bon Maître me donnait de travailler à sa gloire. » Les âmes les plus fortes ne sont pas à l'abri de ces défaillances de la nature. Le Christ lui-même n'a-t-il pas jeté dans sa Passion, par deux fois, un mystérieux cri d'angoisse : « Mon âme est triste jusqu'à la mort. » — « Père, s'il est possible, que ce calice s'éloigne de moi !... (1) » Ces plaintes n'ôtent rien à la grandeur du sacrifice. Par elles, au contraire, il apparaît plus beau, plus touchant, plus humain et plus méritoire.

« J'acceptai la croix, dit la comtesse... Je me rendis à l'église, le lendemain, décidée à obéir à Dieu ; mais très agitée, avec un grand besoin du secours que je pensais trouver dans les encouragements de mon directeur.

« Je sortis en effet du confessionnal fortifiée et courageuse ! On m'y avait fait envisager la conduite toute paternelle et toute providentielle de Dieu à mon égard. Un avenir désiré s'ouvrait devant moi : Je ne me dissimulai pas qu'il était rempli de bien des difficultés ; mais, la bonté divine me voilait celles qui

---

(1) Saint-Mathieu xxvi. 38 et 39.

m'auraient découragée ; elle ne me laissa voir que ce qui était capable d'animer mon zèle ».

On était aux premiers jours de janvier 1842. Le P. Madelaine notifia sans retard à M. de Saint-Manvieu le consentement que Mme de Saint-Léonard donnait aux propositions qu'ils avaient débattues entre eux. M. de Saint-Manvieu différa sa réponse pendant trois mois. Mais, lorsqu'il apprit au printemps, que l'évêque de Bayeux formait le projet de visiter l'orphelinat de Blon, il renoua les négociations avec la ferme volonté de les faire aboutir au plus tôt. Il n'avait plus à la tête de son établissement qu'une jeune orpheline de dix-huit ans. Si les autres enfants témoignaient à leur compagne une déférence relative et ne lui refusaient pas entièrement toute soumission, on ne pouvait cependant présenter cette humble fille à l'Évêque comme la directrice responsable de toute la maison. Dans ces conjonctures, M. de Saint-Manvieu pressa le P. Madelaine de régler d'une façon définitive les conditions, dans lesquelles s'accomplirait l'entrée à Blon de Mme de Saint-Léonard. Il se prêta avec une générosité qui l'honore à tous les sacrifices que les circonstances exigeaient. Il abandonna ses droits sur l'orphelinat et dota l'œuvre nouvelle de ses propriétés de Saint-Jean-le-Blanc (Calvados).

La grâce de Dieu préparait ainsi l'asile, où devait s'abriter et grandir la communauté des religieuses de la Miséricorde du Cœur Immaculé de Marie pour l'instruction chrétienne des petites filles pauvres de la campagne.

CHAPITRE V

LA NOVICE
1842

Au mois d'avril 1842, Mme de Saint-Léonard n'avait pas encore troublé la quiétude de ses proches en leur faisant connaître avec certitude ses pensées d'avenir. Il devenait indispensable, après les arrangements qu'elle avait pris avec M. l'abbé Achard de Saint-Manvieu, de mettre sa famille dans la confidence de sa vocation. Mme de Saint-Léonard pria longtemps aux pieds de la Croix avant de s'expliquer enfin devant sa mère. L'entretien fut déchirant. « Tu me tues, ah ! tu me tues ! » s'écria Mme de Germiny dans le premier emportement de sa surprise et de son angoisse.

La comtesse reçut avec un apparent sang-froid cette foudroyante apostrophe ; mais, tout son être en fut profondément remué. « Dieu seul, écrit-elle, pouvait me donner le courage d'entendre de semblables paroles ! »

La foi ne tarda pas à reprendre son ordinaire

empire sur Mme de Germiny. La vertueuse femme
ne se pardonna point sans quelque peine d'avoir
préféré son agrément personnel aux volontés de
Dieu. Elle s'appliqua par tous les moyens à racheter
son accès de vivacité. Quatre mois durant, elle dissimula son chagrin, de peur d'attrister sa petite-fille,
Léontia, tout entière aux joies de ses fiançailles et
aux préparatifs de son prochain mariage.

Un peu plus tard, lorsque Mme de Saint-Léonard
faisait son noviciat au monastère de la Vierge-Fidèle,
dans le mois d'août 1842, Mme de Germiny écrivit
à sa fille les lignes suivantes, dont les termes seront
regardés à bon droit comme une surabondante rédemption de ses premiers reproches : « Tu me
demandes ma bénédiction, ma chère fille, oh ! elle
t'accompagnera partout. Partout où tu seras, Dieu
permettra qu'elle réjouisse ton cœur et te donne un
mérite de plus à ses yeux. Sois donc bénie de ta
mère et que cette bénédiction, ratifiée par le Dieu de
bonté, retombe sur tes enfants et sur l'œuvre que tu
entreprends pour sa gloire et pour ton salut. Un
jour viendra, où je serai heureuse de recevoir la
tienne. »

Une grave maladie ajouta ses souffrances physiques
aux tristesses de la crise morale que traversait
Mme de Saint-Léonard. Peu de jours après l'entretien
qu'elle avait eu avec sa mère, la comtesse tombait
une fois encore dangereusement malade. Elle ressentit nous raconte-t-elle, « avec la frayeur toute
instinctive de sa dissolution, la crainte des jugements
de Dieu et le regret de ne pas accomplir l'œuvre

qu'elle s'était proposée. » Les médecins crurent
constater les symptômes avant-coureurs d'une con-
gestion cérébrale. Mme de Saint-Léonard gardait toute
sa connaissance, mais sa parole était embarrassée,
sa respiration courte et pénible. On lui administra
le sacrement de l'Extrême-Onction.

Le P. Madelaine s'était arrêté dans ces jours mêmes,
en revenant de Vire, au château du Beauregard. Il
fut ainsi le témoin, comme autrefois à Paris, de l'état
presque désespéré de Mme de Saint-Léonard. Le Père
demanda qu'on le laissât seul un instant avec la malade. Quand les serviteurs, les parents et le médecin
se furent éloignés, il fit appel aux sentiments de foi
dont il est écrit dans l'Évangile : « Si vous en aviez
gros comme un grain de sénevé, vous transporteriez
les montagnes. » Et, s'adressant à la comtesse : « Vous
ne pouvez pas mourir, lui dit-il, c'est impossible ! Il
y a là-bas beaucoup d'enfants qui vous attendent :
il faut absolument les sauver !...

« Demandez au bon Dieu que, si vous devez procurer sa gloire en vous chargeant de Blon, Il vous
guérisse. Si vous n'avez pas la force de prononcer
cette prière, élevez votre cœur vers Dieu à cette
intention. »

Mme de Saint-Léonard entra dans les pensées qu'on
lui suggérait. Presque aussitôt son oppression disparut. Le médecin reconnut, dans la visite qui suivit,
qu'une amélioration s'était produite; et, Léontia
se plaisait à répéter : « Je ne sais ce que M. Madelaine a dit à maman, mais il l'a guérie. »

Notre Seigneur avait tout ensemble béni la foi de

l'agonisante et exaucé les prières que l'on récitait à Blon, à Bayeux, à Paris, un peu partout, pour le rétablissement d'une santé si précieuse.

Mme de Saint-Léonard, dès son entrée en convalescence, se persuada que le devoir de correspondre aux desseins de Dieu s'imposait à elle plus impérieusement que jamais. En conséquence, le P. Madelaine informa l'évêque de Bayeux, Mgr Robin, sans le consentement duquel rien de définitif ne pouvait être conclu, des résolutions arrêtées. Il obtint de Sa Grandeur, pour la fondation nouvelle, les plus paternelles bénédictions et l'approbation la plus cordiale et la plus entière.

Le mariage de sa seconde fille retenait donc, seul, dans le monde Mme de Saint-Léonard. Puisque la prudence permettait de le célébrer, la comtesse en accéléra les préparatifs et en fixa la date. L'opinion publique critiqua vainement sa conduite dans cette circonstance. Mme de Saint-Léonard « sans s'effrayer de ce qu'on dirait, sans craindre... ce vain fantôme des âmes infirmes, » (1) ne changea rien à ce qu'elle avait réglé. Mgr Robin bénit au jour marqué, le 7 juin 1842, dans la chapelle de l'Évêché, l'union de Léontia avec M. Anatole de Piequot de Magny. On craignit un instant que la mère convalescente ne fût dans l'impossibilité d'assister à la cérémonie religieuse : Mme de Saint-Léonard eut assez de force, non seulement pour accompagner sa fille à l'autel, mais aussi pour la conduire chez Mme de Magny, sa belle-mère.

____

(1) Bossuet. *Oraison funèbre d'Anne de Gonzague.*

Elle passa une quinzaine de jours auprès des nouveaux mariés ; puis, se dérobant à leur affection, elle partit pour se dévouer enfin dans la libre disposition de sa personne à l'œuvre que la Providence avait résolu d'opérer avec son concours. Avant de s'éloigner, Mme de Saint-Léonard révéla ses projets à son gendre, mais elle renonça, toute meurtrie qu'elle était par l'héroïque effort du sacrifice qu'elle s'imposait, à les découvrir de vive voix à Léontia. Une longue et affectueuse lettre instruisit sa fille de ses desseins, en la justifiant elle-même du silence qu'elle avait jusqu'à ce moment observé.

« Pour la première fois de ma vie, disait-elle, il m'en coûte de t'écrire aujourd'hui, ma chère fille, parce que je sais que je vais t'affliger, en te faisant connaître le seul secret que j'aie eu pour toi depuis que tu existes...

« Tu devines qu'il s'agit d'un nouvel état de vie que je vais embrasser. Je dois à ta tendresse et à ta foi tous les détails qu'elles sont en droit de réclamer, et c'est pour qu'ils puissent devenir un adoucissement au chagrin que je vais te causer en ce moment, que j'ai voulu te les laisser par écrit, au lieu de te les donner de vive voix, ce qui eût été pour toi et pour moi encore plus pénible...

« Depuis sept ans, continue-t-elle, la pensée d'être religieuse n'a cessé de m'être présente... mais, lorsque j'en fis la promesse à Dieu, je m'engageai du même coup à ne jamais agir dans ce qui concernait l'avenir de mes filles, de manière que ma conduite pût être une conséquence de mes projets personnels.

« Cette promesse, ma chère fille, je l'ai tenue, je le dis en face de ma conscience, quelque opinion que l'on puisse se former sur ce point. Je dus donc garder absolument secrète ma résolution, et la cacher surtout à ta sœur et à toi, dans la crainte de contrarier le moins du monde vos idées d'avenir.

« Voilà l'explication de mon apparent défaut de confiance, ma chère fille, et c'est aussi le motif qui m'empêche de me le reprocher. »

Après avoir raconté les dispositions qu'elle a prises pour son prochain établissement à Blon, elle poursuit : « Je supplie Dieu, ma chère fille, d'adoucir l'amertume du chagrin que je vais te causer. Je Lui offre dans ce but le déchirement de cœur, que j'éprouve moi-même à la pensée d'affliger tous ceux que j'aime si tendrement, toi surtout, mon enfant...

« Je m'attends à être blâmée du monde : ne t'en afflige pas. Les blâmes ne peuvent ébranler ma résolution. Toutes les mesures sont prises, du reste, pour que tes intérêts matériels ne puissent jamais souffrir de ma détermination présente...

« C'est à ton mari, ma bonne fille, que je remets cette lettre. Sa tendresse pour toi s'affligera de ta peine ; mais, mieux qu'à tout autre, il lui sera donné de te dire des paroles de consolation et de douceur qui te feront du bien. Aime-le mille fois plus encore que tu ne fais, si tu peux ; et moi, un peu moins...

« Souviens-toi, mon enfant, que Dieu récompensera ton courage et ta foi, et qu'ils attireront sa bénédiction sur tout ce qui t'est cher.

« Je te donne la mienne et te serre contre mon cœur avec une affection toute maternelle. »

La lecture de ces pages déchira le cœur de Léontia, mais sa mère n'en avait pas inutilement appelé à ses sentiments de foi. Elle envoya, du milieu de ses larmes, des lettres pieusement résignées, à propos desquelles la comtesse écrivait : « Elles sont telles que je puis les désirer. »

Mme de Saint-Léonard se réservait de prévenir la Mère Saint-Jean-Chrysostome (Césarine), à son prochain voyage à Paris. Elle donna d'ailleurs à tous les siens les explications qu'elle jugeait opportunes, demandant à Dieu dans sa situation : « de la douceur pour persuader, de la force pour convaincre et surtout la grâce de supporter le blâme des hommes, les humiliations et même les injustices, en punition de son orgueil passé. »

La comtesse consomme ainsi généreusement son holocauste, mais avec le sentiment chaque jour renouvelé des tristesses de la séparation. Sa délicate nature a besoin d'être soutenue, parfois même presque poussée dans le chemin du renoncement. « Que le Dieu de force soit avec vous, qu'il vous bénisse et qu'il adoucisse l'amertume de vos sacrifices, lui écrit le P. Madelaine, le 14 juillet 1842. Celui qui aura tout quitté pour l'amour de Jésus-Christ recevra le centuple en cette vie et la gloire immortelle dans l'autre. » Et le 20 juillet : « Il ne faut pas vous inquiéter à cause des sentiments que vous éprouvez : ils sont dans l'ordre ; ils sont la matière du sacrifice qui doit appeler sur l'œuvre d'abondantes bénédictions. » A cette date, le Père multiplie ses lettres à Mme de Saint-Léonard. Il ne veut pas que les pleurs légitimes de la comtesse paralysent ses forces morales ni ralentissent son action. Il apporte en témoignage contre les jugements des hommes les paroles d'une personne du monde : « Mme de la Tour du Pin a appris hier votre détermination avec le plus grand bonheur, dit-il. Elle est persuadée que c'est à merveille ; et, elle aurait craint, si vous étiez restée dans le monde, de vous voir un tort pour la première fois : celui de vous occuper trop du jeune ménage. En cela, je trouve qu'elle a parfaitement raison. »

Il poursuit :

« Ne faut-il pas que vous vous occupiez de la mission que vous avez reçue du ciel, avec une pleine liberté d'esprit ? Votre père, votre mère, vos frères et vos sœurs doivent être maintenant ceux qui font la volonté de Votre Père Céleste. Je sais que l'on ne maitrise pas le sentiment : cependant, l'on y peut faire diversion, et c'est ce que Dieu réclame de vous en actions de grâces, et aussi afin d'avoir le droit de pouvoir parler efficacement aux pauvres filles empêtrées dans la chair et le sang qui vous demanderont d'aller ensevelir leur père et leur mère avant de se vouer à Dieu. Il faut rendre cette parole puissante dans votre bouche : « Laissez les morts ensevelir « leurs morts. » [1]

Lorsque le P. Madelaine adressait ces paroles à la comtesse, celle-ci avait déjà pris congé de sa fa-

---

(1) *Évangile Saint-Luc.* IX 60.

mille. Elle réglait à Paris, puis à Evreux, les derniers préparatifs de son entrée au Noviciat. Une grosse question même était tranchée, qui avait jeté dans son esprit un trouble persistant. Le Supérieur du P. Madelaine l'autorisait à séjourner à Blon pour la direction spirituelle de la communauté qu'il était question d'établir. M. de Rauzan, appréciant comme il convenait les qualités oratoires et le zèle apostolique du missionnaire, avait longtemps résisté à toutes les sollicitations qu'on lui avait adressées à ce sujet. Les négociations se prolongèrent pendant de longues semaines, et l'incertitude du résultat ne fut pas l'une des moindres épreuves de Mme de Saint-Léonard. Dieu sans doute tenait à purifier davantage encore, s'il était possible, le saint attachement de deux âmes déjà si parfaites et si dégagées de toutes vues humaines. La comtesse demandait à Dieu dans son affliction, que les desseins des hommes ne fussent point irrévocables ; mais, elle priait toujours en conformité avec la volonté divine.

« J'étais brisée, dit-elle, mais j'étais résolue d'aller à Blon, seule, sans mon directeur, si Dieu le voulait, comme la preuve la plus certaine que je puisse lui donner, que je le préférais à tout....Je convins auprès de la Sainte-Vierge, ajoute-t-elle, que je renouvellerais dans toute son étendue le sacrifice d'abandon que je faisais ce jour-là, toutes les fois que je presserais contre mon cœur la croix attachée à mon chapelet. » « Dieu daigna cependant à la fin, — ce sont encore ses paroles, — venir au secours de ma « nature épuisée de souffrances. Notre Seigneur m'ac-

« corda l'appui que j'avais pu craindre qui me serait
« refusé, mais que je n'avais pas renoncé complète-
« ment à espérer de sa miséricorde... Celui-là seul,
qui avait connu la peine que j'avais ressentie, lut
dans mon âme ma reconnaissance. »

« M. de Rauzan, lui avait écrit le P. Madelaine en
juillet 1842, ne me donne pas une permission ; mais,
il accorde à Monseigneur de Bayeux un laisser-faire
très bienveillant. Là-dessus, Monseigneur m'envoie
à Blon. M. Falise et M. Michel (1) me disent d'accepter :
c'est aussi l'avis de M. Saulet et de M. Bénésit (2). »
La suite a montré que Dieu même inspirait ces conseils. Les deux âmes, qui se sont réunies ainsi pour
un labeur commun, apporteront à l'œuvre de Blon
des qualités diverses mais également nécessaires pour
en assurer la prospérité dans l'avenir.

La Supérieure du Couvent des Oiseaux avait entre-
mis ses bons offices pour obtenir que la comtesse de
Saint-Léonard fût admise au noviciat dans la communauté des Sœurs de la Providence d'Evreux. Puisque
ces religieuses formaient une congrégation ensei-
gnante, et qu'elles se proposaient un but analogue
à celui que l'Institut des filles du Cœur Immaculé de
Marie poursuivrait à Blon, on conçoit que Mme de
Saint-Léonard ait désiré connaître leurs règlements
et s'exercer à la pratique de leur genre de vie. La
Supérieure de la Providence et son Conseil estimè-

---

(1) Vicaires généraux du diocèse de Bayeux.
(2) M. Bénésit, prêtre de Saint-Sulpice, directeur au grand
Séminaire de Bayeux, mort en 1872 Supérieur du grand Séminaire
de Coutances, où il a laissé une mémoire en vénération.

rent qu'elles dérogeraient à leurs constitutions, si elles recevaient à titre étranger, pour ainsi dire, une novice qu'on savait, de science certaine, déterminée à ne point faire profession dans la communauté.

Sur ces entrefaites, la Maison de la Charité, à la Délivrande, ouvrit ses portes à la fondatrice de l'Institut naissant. Là, Mme de Saint-Léonard se forma sous une direction sage et au milieu de saints exemples à l'esprit religieux. La vénérée mère Sainte-Marie, née d'Osseville, première supérieure de ce monastère qu'elle avait fondé, initia Mme de Saint-Léonard à la pratique et aux règles de la perfection chrétienne. La mère Sainte-Marie avait toute la confiance du P. Madelaine. « Remettez-vous entièrement entre ses mains, disait-il à la novice. » Il ajoutait : « Soyez tout œil, tout oreilles pour tout voir, tout entendre, tout observer. »

Il est difficile de faire comprendre aux âmes, qui ne les ont pas goûtées, les joies pures et naïves du noviciat. La personne que l'on y admet, quel que soit son âge, y retrouve durant des mois, avec la même fraîcheur de sentiments, la sérénité et l'allégresse de ses premières années. C'est vraiment une seconde enfance, et plus douce que la première, parce que l'on connaît son bonheur. Mais pour entrer dans le paradis terrestre des débuts de la vie religieuse, il faut, comme pour pénétrer dans le Ciel, « devenir semblables à de petits enfants. » (1)

____

(1) *Évangile Saint-Math.* xix. 14.

Mme de Saint-Léouard se soumit à toutes les exigences du noviciat. Ni Dieu ni sa Supérieure ne lui épargnèrent les épreuves. Son humilité même se perfectionna par une certaine gaucherie d'allures et de tenue qu'on n'aurait point crue compatible avec son éducation, son âge et sa grande habitude de la société.

La mère du Saint-Cœur de Marie racontait volontiers à ses sœurs ses déconvenues et ses humiliations. Elle avoue dans ses souvenirs sur sa vie, qu'elle ne se doutait pas avant son séjour à la Délivrande des saintes et étroites rigueurs de l'obéissance et de la pauvreté. « Je n'avais, dit-elle aucune idée de cette vie avant de l'embrasser. » Quel assujettissement pour la volonté dans une soumission de tous les instants ! Que de superflu pour une religieuse dans le nécessaire d'une personne du monde !

Mme de Saint-Léonard avait gardé pour son usage, deux robes noires, l'une déjà fatiguée, l'autre de soie et en fort bon état. Avec ce double vêtement, elle établirait une distinction entre les dimanches ou les fêtes et les jours ordinaires. La sainte pauvreté ne lui laissa qu'un habit, le plus fané des deux.

Mme de Saint-Léonard portait au doigt dans les premiers jours de son noviciat l'anneau d'or très simple, dont nous avons parlé plus haut dans le chapitre second, et auquel se rattachaient pour elle mille souvenirs des jours de bonheur et des jours de tristesse. Sur le chaton ces mots étaient inscrits : « Dieu le veut ! » Que de fois, femme, mère ou veuve, la comtesse, en les lisant, avait ranimé son courage près de défaillir ! A tout prendre, cet anneau n'était-il pas un objet de piété, une sainte relique ? Hélas ! il affectait dans son modeste éclat les apparences d'un objet de luxe, et la novice fut condamnée à s'en séparer.

Mme de Saint-Léonard ne tarissait pas, quand elle redisait avec une bonne grâce souriante les multiples sacrifices, auxquels les règles de la perfection religieuse condamnèrent sa pauvreté même.

Mais, l'obéissance réclame de la part des novices des renoncements à leur volonté propre plus pénibles que le détachement absolu de la richesse ou des biens matériels. Il est relativement facile pour une âme élevée de se contenter, suivant le mot de l'apôtre, « des aliments et des vêtements » (1) nécessaires ; il en coûte bien davantage à certaines natures de se soumettre sans réserve aux ordres d'autrui ! On dit parfois dans le monde que les religieuses abdiquent leur volonté : elles s'engagent bien plutôt par leur vocation à la tenir toujours en éveil et en exercice. S'il existe un endroit, où il ne suffit pas de se laisser vivre ; mais, où il faut multiplier les actes libres de courage et d'énergie, afin de remplir sa tâche entière et d'être toujours fidèle à ses devoirs, c'est dans le cloître et les communautés religieuses.

Mme de Saint-Léonard voulut être traitée comme la plus humble des novices ; elle s'assit dans sa maigreur de convalescente sur le même banc de chêne, un peu bas et rude, que ses compagnes : elle s'enlaidit

____

(1) Saint-Paul.

sous un informe petit bonnet blanc bordé d'une ruche, d'où la grâce et la coquetterie étaient absentes ; elle quêta timidement, avec une pauvre assiette dans les mains, son repas du jour. Il lui en coûtait davantage, il est vrai, de présider, lorsque la Supérieure le lui ordonnait, le chapitre des Sœurs. Elle se troublait alors et manquait d'à-propos à un point qui l'étonnait elle-même. Ainsi, dans une monition publique, elle disait à l'une des religieuses que la communauté estimait le plus, et à juste titre, pour sa piété sincère : « Ma sœur, tout ce qui brille n'est pas or ».

La Mère Sainte-Marie, supérieure de la Vierge-Fidèle, ne mit jamais en évidence les talents acquis ou les qualités naturelles de Mme de Saint-Léonard. Ayant appris au contraire que la novice était médiocrement versée dans la connaissance de l'arithmétique, elle l'appliqua aussitôt pendant quelque temps à l'étude des chiffres et des problèmes. Elle n'espérait pas la perfectionner dans les exercices du calcul, mais elle lui enseignait par là à mortifier ses attraits et ses goûts personnels.

« Vous êtes-vous quelquefois occupée des enfants, lui demande un jour la Supérieure ? — « Oui, ma mère, répond-elle, et je les aime beaucoup. » — « C'est fort bien de les aimer, reprend la Supérieure, mais cela ne suffit pas : il faut savoir les conduire. Vous aiderez la religieuse qui s'occupe des orphelines ». Mme de Saint-Léonard obéit : elle eut à triompher dans cette fonction de la crainte irraisonnée que lui inspiraient cent vingt grandes filles de quinze à dix-huit ans. Ces orphelines, fort peu indulgentes aux sœurs inconnues, avaient l'œil toujours ouvert sur les faits et gestes de leurs maîtresses pour surprendre leurs défauts et les critiquer.

La Mère Sainte-Marie n'oubliait point parmi ces humbles détails que la novice serait, à bref délai, supérieure d'une congrégation. Elle lui rendit l'immense service de l'initier à la connaissance et à la pratique des affaires d'ordre général. De plus, une jeune orpheline, la première postulante des Sœurs de Blon, ayant reçu le voile en même temps que Mme de Saint-Léonard, il fut résolu que la mère du Saint-Cœur de Marie dirigerait cette enfant et lui donnerait les avis spirituels que sait distribuer, selon leurs besoins, à chacune de ses filles une maîtresse des novices accomplie.

La Mère fondatrice de la communauté de Blon garda, jusqu'à la fin de sa vie, le reconnaissant souvenir de cette conduite de la Supérieure des Sœurs de la Délivrande. Elle en témoignait à chaque occasion devant ses filles son extrême gratitude. « O mes chères filles, aimait-elle à répéter, vous devez toujours conserver pour les religieuses de la Délivrande des sentiments de reconnaissance ; elles ont été si bonnes pour votre mère ! ».

Sa pensée et ses paroles d'actions de grâces ne s'arrêtaient pas aux religieuses : elles montaient plus haut, jusqu'à Dieu même et jusqu'à sa divine Mère, la Vierge fidèle. Mme de Saint-Léonard, nous nous plaisons à le rappeler, comptait d'ailleurs sur le ciel plus que sur elle-même et sur les secours de la terre, pour

7

mener à bien son entreprise. Ni la Vierge, ni Dieu ne trahiront sa confiance. « Elle sentait plus que jamais, disait-elle, son insuffisance pour remplir la redoutable charge que Dieu lui imposait » ; mais, elle ajoutait : « Je suis moins effrayée que je ne l'étais, parce que j'attends tout de Lui, rien de moi ». (1)

De fréquentes prières et des travaux utiles à son œuvre remplissaient les moments de liberté que les devoirs de la vie commune et les exercices de la Règle laissaient à l'humble novice. Elle s'occupait dans ses heures de loisir d'extraire des *Constitutions Religieuses* qu'elle s'était procurées les articles principaux, dont elle s'inspirerait dans la rédaction des Règles de son Institut. Le P. Madelaine, de son côté, se livrait aux mêmes recherches. Il faisait plus : il coordonnait ses extraits et soumettait le résultat de ses études à Mme de Saint-Léonard.

« Lisez ces pages, lui écrivait-il au mois de juillet 1842, en lui adressant un exposé de ses vues, et rendez-moi compte de vos impressions. Je serai bientôt à même de vous remettre un projet de Constitutions, où il n'y a rien de moi. J'ai seulement coordonné de mon mieux ce que j'ai trouvé dans les meilleures Constitutions de ce genre... » Il ajoutait : « J'ai souvent pensé au costume, et, depuis quelque temps, je suis revenu à ma première idée. Je voudrais un costume vraiment religieux, qui n'ait rien de choquant pour le monde, ni d'incommode. »

Ainsi, deux âmes également désireuses de contri-

---

buer à la gloire de Dieu préparèrent, en s'instruisant
des exemples du passé, les Règles de la Communauté
des Filles de la Miséricorde du Cœur Immaculé de
Marie. Si le prêtre eut une plus grande part à la
rédaction des statuts, Mme de Saint-Léonard tempéra
de douceur et d'onction la fermeté un peu rigide du
P. Madelaine. Elle décida en dernier lieu de la forme
du costume adopté. Mme de Magny suppliait sa mère
de ne pas « trop s'enlaidir ». — « Sois tranquille,
répond la novice en souriant, l'on évitera les cornettes
pointues que tu répudies... Mes petits enfants ne
doivent pas voir en moi la mère Croquemitaine (1).

Après deux mois et demi de séjour à la Délivrande,
Mme de Saint-Léonard prit l'habit religieux. On ne
pouvait douter de sa vocation : et ses vertus étaient
dignes de la plus exercée des professes. Elle nous
explique elle-même les sentiments qui l'animaient :
« Tout me paraissait grand, dit-elle, dans la vie
religieuse ; j'en aimais les plus petites pratiques. Mon
esprit s'ouvrait peu à peu... Dieu me fit la grâce
d'envisager mon avenir, quel qu'il fût, sans effroi et
avec confiance en son secours. Je sentis qu'aucun
sacrifice, aucune croix ne pourrait m'être impossible
à accepter... »

Le 15 octobre 1842, en la fête de sainte Thérèse,
Mgr Robin, Evêque de Bayeux, revêtit Mme de Saint-
Léonard du saint Habit et lui imposa le nom de Sœur
du Saint-Cœur de Marie, qu'elle portera désormais. Il
lui remit en même temps les Constitutions de son

---

(1) Lettres : La Délivrande. 9 août 1842.

Institut et consacra de la sorte devant Dieu et devant les hommes la Communauté nouvelle.

La mère de Mme de Saint-Léonard, Mme de Germiny ; son frère, M. Gustave de Germiny ; sa fille, Mme de Magny ; M. l'abbé Achard de Saint-Manvieu et l'élite de la société de Bayeux assistèrent à la cérémonie. Tous ceux qui avaient connu dans le monde Mme de Saint-Léonard versaient des larmes à la pensée de ne plus jouir de sa présence, de ses conseils et de ses exemples. La Sœur du Saint-Cœur de Marie goûtait au contraire une paix profonde. « Je comprenais, a-t-elle écrit dans la suite, toute la responsabilité qui allait peser sur moi : il me semblait qu'on plaçait sur mes épaules un fardeau dont le poids devait m'écraser. Je me cherchais et ne me trouvais plus : tout avait disparu devant Dieu. Mais Dieu me restait, et, avec Lui, je me sentais forte. Il me remplit d'un courage que je n'avais pas encore ressenti et je n'eus plus d'autre désir que d'aller au plus tôt où m'appelait sa volonté. » Elle écrivait à sa fille, Mme Saint-Jean-Chrysostome, dans le même esprit : « Je t'avoue que ce jour-là j'ai été bien heureuse. Il me semblait que je rentrais dans une demeure de famille, comme le peut faire avec grande joie un voyageur absent depuis longtemps et qui retrouve tout ce qu'il aime. »

Ce fut quelques jours plus tard, vers la fin d'octobre 1842, qu'après avoir recommandé son œuvre au sanctuaire vénéré de Notre-Dame de la Délivrande, elle se rendit à Blon. Deux personnes composaient en ce moment l'Institut tout entier : la Fondatrice et la jeune orpheline, sa compagne, dont nous avons parlé. Faibles commencements, fondements ruineux au regard des hommes, mais débuts providentiels d'une entreprise sainte que l'esprit de Dieu, toujours créateur, a fécondée de son souffle vivifiant ! Plusieurs âmes de bonne volonté se tenaient prêtes à donner leur concours à la Société naissante. Elles attendaient seulement que le bon plaisir divin se manifestât d'une façon sensible par un signe non équivoque, comme le serait la venue et l'installation de la Mère du Saint-Cœur de Marie dans la maison prédestinée des orphelins de Blon, près de Vire.

« Tu apprendras avec plaisir, disait la pieuse fondatrice à sa fille, dès le 9 septembre 1842, que Dieu daigne préparer des ouvrières pour son œuvre. J'ai presque la certitude d'avoir, dès mon arrivée, sept postulantes. Six sont acceptées et entreront aussitôt que je serai arrivée à Blon... Quelques-unes sont instruites. »

Le 28 octobre de la même année, la Mère du Saint-Cœur de Marie prenait possession de la demeure qui allait être sa résidence et dont elle pouvait dire avec le Psalmiste : « C'est le lieu que j'habiterai, car je l'ai choisi. » (1) M. l'abbé Achard de Saint-Manvieu l'y attendait et le P. Madelaine l'y avait précédée de quelques heures.

Les orphelines reçurent elles-mêmes l'avis officiel de l'arrivée de la Supérieure dont M. de Milly, un ami commun de M. de Saint-Manvieu et de Mme de Saint-

---

(1) *Hic habitabo, quoniam elegi eam.* Ps. CXXXI. 15.

Léonard, leur avait tracé, quelques jours auparavant, une image fidèle. Il leur avait dit : « Mes enfants, Dieu vous protège visiblement en vous envoyant une telle mère. Vous ne la connaissez pas, mais je puis en deux mots vous la montrer telle qu'elle est : dès son enfance, elle fut un modèle d'obéissance, de douceur, de bonté, et pour répéter ce que l'on disait d'elle dans le monde, un ange sur la terre. Depuis, elle a passé par bien des tribulations ; et, au milieu des plus dures épreuves, elle a été le modèle des épouses dévouées, des mères affectueuses, des femmes chrétiennes résignées à toutes les peines et à tous les sacrifices. Sa vie tout entière a été, comme celle de son divin Maître, consacrée à faire le bien. A Paris, son occupation était de visiter les hôpitaux, de soigner les malades, de soulager toutes les misères, de panser les plaies les plus infectes, de consoler toutes sortes de douleurs... Eh bien ! c'est cette femme qui, libre maintenant et pouvant disposer d'une brillante fortune et vivre heureuse au sein d'une famille qui la chérit, quitte tout pour vous adopter et devenir votre Mère. »

M. de Saint-Manvieu et le P. Madelaine entourèrent la réception de la Supérieure de toute la solennité possible. Une des orphelines, celle-là même qui avait acquis sur les autres assez d'autorité pour les diriger tant bien que mal, lut un compliment de bienvenue. La Mère du Saint-Cœur de Marie y répondit : puis, l'on chanta dans la chapelle provisoire de l'Établissement, installée sous les combles, un *Te Deum* d'actions de grâces. L'argenterie de

M. de Saint-Manvieu et son plus beau linge de table servirent au souper qui suivit. N'était-ce pas un de ces jours que le Seigneur a faits et dans lesquels il faut se réjouir, comme chante l'Église dans la plus resplendissante de ses fêtes annuelles ? (1)

Cette soirée de luxe n'eut pas de lendemain. La plus stricte pauvreté devint aussitôt après la règle inviolable que l'on observa dans tous les services de la Communauté.

Mme de Saint-Léonard résidait enfin au lieu où la Providence avait marqué qu'elle accomplirait sa destinée. « Ma vie provisoire cessa, raconte-t-elle... J'aimai dès lors cette demeure et ces enfants que Dieu m'avait données. » Elle s'affectionnera davantage encore à ses chères filles, les religieuses qui se multiplièrent autour d'elle, suivant la comparaison biblique, « comme les pousses printanières dans un plant d'oliviers. » (2)

---

(1) *Hæc dies quam fecit Dominus : exultemus et lætemur in ea.* (Office du jour de Pâques).
(2) *Sicut novellæ olivarum.* (Ps. cxxvii, 4).

CHAPITRE VI

LA FONDATRICE
1842-1845

« L'Oratoire, — disait le P. Gratry peu de temps
après que cette Congrégation fut relevée de ses
ruines vers le milieu du dix-neuvième siècle, —
avait couvert la France de ses Maisons et de ses
Églises. Aujourd'hui, nous avons une salle pour
chapelle. Sans doute nous bénissons cet humble
commencement. Cette pauvreté, c'est notre crèche ;
et cette crèche portera bonheur à la divine idée. » (1)

Mme de Saint-Léonard aurait pu s'approprier les
sentiments de ces dernières lignes. Une salle aussi
lui servait de chapelle et la pauvreté de sa demeure rappelait assez le dénuement de la crèche.
« Il faudra supporter bien des misères, faire beaucoup
de sacrifices, lui écrivait le P. Madelaine, le 31 juillet

---

(1) Discours sur le devoir intellectuel des Chrétiens au xix^e
siècle, et sur la mission des Prêtres de l'Oratoire, par le
P. Gratry. — Paris. — Ch. Douniol.

1842, dans un établissement qui commence, qui manquera de tout, et où tout se réglera à la fois. » (1) Et un peu plus tard, le 18 août : « Il reste encore beaucoup à faire ; mais, vous venez ici pour souffrir pour l'amour de Celui qui a tant souffert pour vous. »

La mère du Saint-Cœur de Marie ne pensa guère aux privations que la Providence lui imposait : elle adressa bien plutôt à Dieu de ferventes actions de grâces pour l'asile que la suprême bonté ménageait à sa personne et à son œuvre. L'avenir nécessitera beaucoup de travaux et d'agrandissements. Les années apporteront à Blon des améliorations considérables : mais, le présent, dans son provisoire même, n'avait-t-il pas déjà son prix ? C'est dans ce sentiment que la Fondatrice des sœurs de la Miséricorde du Saint-Cœur de Marie écrit avec une maternelle familiarité à sa fille, Mme de Magny, dans une lettre du 31 octobre 1842 : « La cage qui nous abrite est superbe.... Ce qui existe peut suffire pour une communauté naissante. »

Déjà cependant, l'activité du P. Madelaine hâtait au rez-de-chaussée l'achèvement d'une chapelle plus grande et mieux située que celle qui existait tout en haut, jusque sous les toits. Le nouveau sanctuaire fut inauguré le 21 novembre 1842, au jour de la Présentation de la Vierge. Il était « simple et modeste, comme tout ce qui sera à l'usage des filles du Saint-Cœur de Marie. » « Si Dieu veut, ajoutait la Supérieure après ces mots qui lui sont empruntés, que par la

---

(1) Lettre à Mme de Saint-Léonard.

suite la chapelle devienne trop petite pour la quantité des religieuses qu'elle aura à contenir, Il nous enverra les moyens nécessaires pour en construire une autre. »

Les deux premières religieuses, la Fondatrice et la petite sœur Le Blanc, ne formaient déjà plus seules, à cette date, toute la Congrégation. Le jour même, où l'on bénissait la chapelle, la Mère du Saint-Cœur de Marie donnait le voile à une postulante. « Elle a environ vingt-huit ans, disait-elle, beaucoup de capacité, de bon esprit, et, sous tous rapports, c'est une acquisition dont je dois bénir la Providence. J'ai aussi en retraite, continue-t-elle, pour prendre le voile, trois postulantes. Sept ou huit autres ont demandé à entrer au noviciat et viendront successivement. Il est probable que toutes ne resteront pas : mais, il semble que Dieu veuille me fournir les moyens de choisir nos sujets...» « C'est à peine, écrit-elle une autre fois, si je puis croire ce qui se passe sous mes yeux. Il n'y a guère que deux mois que je suis ici ; j'y suis arrivée avec une postulante, et maintenant, — au 6 janvier 1843, — nous sommes neuf... Tous les exercices des règles se pratiquent comme s'il y avait dix ans qu'elles fussent en vigueur, et il règne parmi les Sœurs un esprit de foi, de zèle, de charité, d'humilité qui me remplit de joie en Notre-Seigneur. »

On aimerait à prolonger le récit de ces premiers jours de l'Institut, afin de savourer tout à loisir le charme exquis des âmes jeunes et pures, que Dieu voulut rendre dignes par sa grâce d'être proposées en modèle dans les âges à venir aux nombreuses religieuses du Cœur Immaculé de Marie. Que ne pouvons-nous évoquer ici autre chose que le souvenir et le nom de celles qui furent les prémices de la congrégation aujourd'hui florissante : les sœurs Sainte-Marie, Saint-Paul, Saint-Jean l'Evangéliste, Saint-Joseph, Sainte-Marthe et Saint-Henri ! La Mère Supérieure avait donné ce dernier titre à l'une de ses novices, comme un témoignage vivant de sa reconnaissance pour le donateur de Blon, M. l'abbé Henri Achard de Saint-Manvieu. Elle choisit, pour porter ce nom vénéré, la jeune fille dont la sagesse précoce, — après avoir obtenu du charitable aumônier, au moment de la dispersion des orphelines à l'hospice de Vire, qu'il ne l'abandonnerait pas non plus que ses compagnes, — s'était trouvée capable de surveiller, de conduire et soigner les autres enfants de l'orphelinat jusqu'à la venue de Mme de Saint-Léonard.

Le protecteur et le guide de sœur Saint-Henri put lui continuer sous l'habit religieux ses avis paternels. M. de Saint-Manvieu, en effet, vécut encore quelques années à Blon dans une sorte de presbytère séparé de la communauté, en compagnie du P. Madelaine. La Providence se servit de lui comme de son lieutenant visible pour gérer, au mieux de tous les intérêts, les affaires temporelles du nouvel Institut. « M. de Saint-Manvieu, écrivait la Mère du Saint-Cœur de Marie à son frère, M. Léon de Germiny (1), est un excellent homme, uniquement occupé de faire du bien,

---

(1) Lettre du 10 janvier 1843.

entièrement disposé à la confiance en moi et beaucoup
plus généreusement libéral pour la maison que je
n'avais le droit de m'y attendre. Il est d'un puissant
secours pour le matériel : il s'y entend et y pourvoit. »

A côté de lui, le P. Madelaine s'occupait de la
direction spirituelle. Il imprimait à l'esprit de foi et à
la piété de la jeune Congrégation un vigoureux élan ;
et, posait ainsi les puissantes assises, sur lesquelles
s'élèvera l'édifice religieux que la Fondatrice consacrait à la gloire du Cœur Immaculé de Marie. Le
directeur répétait, comme dans le passé, que la grâce
aurait le principal rôle dans les origines de l'Institut ;
qu'aucun sentiment humain n'y devait paraître et
surtout dominer ; qu'à son avis, les hommes ne
comptent pour rien dans les œuvres de Dieu et qu'ils
ne sont que des obstacles, quand ils ne savent pas
demeurer des instruments dociles aux ordres de la
Providence.

Le P. Madelaine craignait de voir la Mère du
Saint-Cœur de Marie chercher dans des conseils
et des appuis humains la force, dont elle avait si
grand besoin pour remplir sa tâche. De là, le
changement de conduite que l'on remarque dans ses
rapports avec elle. « Jusque-là, dit Mme de Saint-
Léonard vers les dernières pages du trop bref
manuscrit de ses *Mémoires*, il ne m'avait jamais
adressé que des paroles de consolation et d'encouragement. Il est resté le même pour mon âme au
Tribunal de la pénitence ; mais, dans l'habitude de
nos relations, devenues fréquentes et nécessaires à
la prospérité de l'œuvre que Dieu nous a confiée, je

l'ai souvent trouvé sévère pour moi... » Elle s'en plaindrait amoureusement au Ciel, si elle ne se persuadait par une surnaturelle appréciation des évènements, dont se compose la trame de sa vie, qu'elle « travaillera pour la gloire de Dieu, à mesure que son âme croîtra dans le détachement de toute consolation en ce monde... Au surplus, ajoute-t-elle, cette manière d'agir n'est-elle pas un grand bienfait d'Enhaut... ! Cette conduite me préserve d'un écueil bien dangereux, celui de m'endormir sur mes nombreux défauts, écueil d'autant plus à redouter qu'entourée du respect, de la soumission et de l'affection de mes Filles, je les aurais ignorés davantage. »

Les souvenirs, que Mme de Saint-Léonard consignait de la sorte par écrit, étaient destinés à passer sous les yeux de son directeur. Le P. Madelaine apprendra par eux toute la pensée de la Mère du Saint-Cœur de Marie, sur sa propre conduite envers les âmes. Il saura que, si sa nature l'incline à une salutaire rigueur, il aurait tort cependant de sortir dans les ardeurs de son zèle des bornes légitimes d'une pieuse exigence. « J'ai souvent prié Dieu, dit la Fondatrice, de ne pas lui donner cette disposition à la sévérité à l'égard de mes Filles ; car, je crois qu'une grande douceur et une grande patience, unies à la fermeté, sont généralement un moyen plus sûr d'amener les femmes au but qu'on veut leur faire atteindre. »

« Au reste, déclarait avec raison la Supérieure dans un entretien avec ses Filles, vous avez dans le P. Madelaine, un parfait modèle d'équité, de droiture et d'exacte impartialité. Sachez bien apprécier le trésor que Dieu vous a donné en lui, mes chères Filles, et profitez de ses exemples de vertu plus convaincants et plus éloquents encore que ne sont ses paroles. »

La Mère du Saint-Cœur de Marie s'inspirait elle-même des sentiments de douceur et de patience, dont elle rappelait si discrètement la nécessité au P. Madelaine. « Elle se sent pressée, écrit-elle dans une des longues lettres où elle tient le Père au courant de toutes ses dispositions, de réduire en pratique la parole de Notre Seigneur Jésus-Christ : « Je suis venu pour servir et non pour être « servi ». (1) Je veux me regarder habituellement comme dans un état d'esclavage à l'égard de mes Filles, non pas de dépendance déplacée et scrupuleuse ; mais, dans le sens où une bonne mère est esclave de ses enfants par sa tendresse, son indulgence, son infatigable patience, son dévouement de tous les instants, l'affectueux support de leurs importunités, de leurs défauts, la douceur de ses manières et de ses reproches, s'ils en méritent, et la facilité de son pardon. » Elle ne se résoudra jamais à se montrer, suivant ses paroles, « une épouse entêtée d'un Dieu humilié, une Supérieure raide et sévère plutôt qu'une dépositaire fidèle de toute l'immense tendresse du Cœur de Jésus pour ses Filles. »

La charité, que la Mère du Saint-Cœur de Marie

---

(1) *Evangile St-Marc.* ch. x. 45.

ressent pour ses religieuses, lui rend léger le fardeau de ses devoirs. Que d'emplois nombreux à
remplir cependant ! « Il y a tant à faire, mande-t-elle
à sa fille la Mère Saint-Jean-Chrysostome, je dois
mener de front l'éducation religieuse et l'instruction.
Puisque les Sœurs sont destinées à tenir des écoles
dans les campagnes, il faut les mettre en état de
passer les examens qu'impose l'Université. Trois ou
quatre sujets instruits aident pour l'instruction, mais
pour la formation religieuse tout retombe sur la
Supérieure ». [1] La Fondatrice ne sera donc pas seulement Supérieure de la Communauté, mais encore
maitresse des novices. « Que Dieu m'aide à remplir
mon rôle, s'écrie-t-elle, que ce ne soit jamais moi qui
agisse mais toujours Lui en moi et avec moi ». Si
mademoiselle de Patry, sœur Sainte-Marie de douce
mémoire, la remplace à l'occasion dans le noviciat,
elle seule anime et dirige tout par ses exhortations,
ses ordres et ses conseils.

Il en coûte souvent beaucoup à la Mère du Saint-
Cœur de Marie de s'accommoder à toutes les exigences de sa situation. La timidité l'avait longtemps
empêchée de prendre la parole en public. Si elle
s'apercevait que cinq ou six personnes l'écoutaient,
c'en était assez pour confondre ses idées et lui ôter
toute facilité d'élocution. Il le faut : la timidité sera
vaincue. « Je sens, écrira la fondatrice de Blon dès
le 6 janvier 1843, que Dieu m'accompagne, où Il veut
que je parle et j'agisse ». « Il a bien fait parler,

____

(1) 29 Novembre 1843.

ajoute-t-elle avec un fin sourire, l'âne de Balaam !!... C'est•cette pensée que je me plais à me rappeler, lorsque je sens quelquefois mon cœur battre trop fort ; et, dans le moment où ma timidité naturelle gênerait mes paroles, cela me fortifie... Je suis alors maîtresse de moi ».

La Mère du Saint-Cœur de Marie ne s'inquiète pas seulement de préparer ses religieuses à la tâche qu'elles auront à remplir ; elle ne ménage pour ses orphelines ni ses peines ni son temps. Rien n'est négligé pour instruire les petites filles, les former à la piété, et au besoin les distraire. « Il faut amuser les enfants, aimait à répéter Mme de Saint-Léonard, de peur qu'elles ne s'amusent. » Le jour de la Saint-Henri, 15 juillet 1844, la Communauté célébrait la fête de M. l'abbé de Saint-Manvieu. « Nos enfants, écrit six jours après la Mère du Saint-Cœur de Marie ont joué un proverbe avec des costumes plus bigarrés les uns que les autres. » M. de Saint-Manvieu se montra satisfait et récompensa les orphelines en leur ménageant une promenade dans l'une de ses terres.

Déjà, la plus grande partie des œuvres qui seront propres à l'Institut, se présentent à l'esprit de la Supérieure, ou se pratiquent dans la Communauté pour la gloire de Dieu et pour la sanctification des âmes. La Mère du Saint-Cœur de Marie ne crée pas encore l'Association de l'*Heure sanctifiée* ; mais, elle parle d'établir l'Adoration perpétuelle, afin qu'une prière ininterrompue monte vers le ciel du cœur et des lèvres de ses religieuses pour la conversion des pécheurs. « Cette œuvre, dit-elle au P. Madelaine dès 1843, si je m'en croyais, je la désirerais beaucoup, beaucoup. » Elle reviendra sur ce dessein avec une telle insistance que son directeur lui-même sentira, ce semble, croître en lui le désir du salut des âmes : « Je n'avais pas pensé, lui dira-t-il, qu'on ne priait pas assez pour les pécheurs ! »

Les sœurs de Blon devaient procurer par d'autres moyens l'avancement du règne de Dieu. Leur Fondatrice, se souvenant des grâces qu'elle avait reçues, pendant qu'elle vivait dans le monde, aux retraites de la Charité de Bayeux, voulut ménager à d'autres âmes les bienfaits dont elle avait joui. Tous les ans, des retraites seront prêchées pour les Dames du monde dans la chapelle de la Communauté. Des prêtres distingués par leur zèle, leur science, l'autorité de leur parole ou la sagesse de leur direction, distribueront aux retraitantes la manne céleste des enseignements du Christ. Les religieuses se feront les humbles auxiliaires des prédicateurs. Elles accepteront surtout de bonne grâce les sacrifices que l'affluence de personnes étrangères réclamera de chacune d'elles. Les chambres, les dortoirs, les lits, tout sera mis à la disposition des Dames qui participeront aux exercices. Un corridor écarté, ou bien une salle inoccupée, avec quelques gerbes de paille étendues sur le parquet, serviront, s'il le faut, de campement, durant huit jours, aux Sœurs de la Maison.

Des Dames en grand nombre profitèrent de la grâce qu'on leur offrait. Leur chiffre dépassa quatre-vingts dès la première année. L'année suivante, au mois de mai 1844, la Mère du Saint-Cœur de Marie

écrivait, toute malade et forcée de garder le lit :
« Nos préparatifs de retraite se font quand même.
Cent personnes y viendront. » Elle ajoutait : « Dieu,
dans sa miséricorde et sa justice, veut me montrer
que je ne lui suis guère utile, et que tout se fera
bien sans moi. Je t'assure que je l'en bénis! » (1)

La Supérieure, malgré l'état précaire de sa santé,
donnait à ses Filles dans ces circonstances l'exemple
de la charité la plus dévouée. « Si c'est vers les
âmes que tes affections se portent, aime-les, ô mon
âme, mais aime-les en Dieu, disait saint Augustin,
dans un chapitre de ses *Confessions*. » Ainsi pensait
et agissait la Mère du Saint-Cœur de Marie. « Je
suis très touchée, écrivait-elle au sortir d'une retraite
à une veuve qui lui avait marqué beaucoup de
confiance, de l'affection que vous me témoignez;
mais, mon enfant, si vous m'en croyez, ne vous
attachez pas à la vieille masure qui menace ruines :
attachez-vous plutôt à Celui, dont l'éternelle jeunesse
réjouira la vôtre et qui veut avoir tout votre cœur. »

Les lettres que la Mère du Saint-Cœur de Marie
adressait aux personnes, dont elle avait entendu les
confidences, fourniraient aisément la matière d'un
délicieux recueil de maximes et de conseils pratiques,
à l'usage des dames du monde. Il est impossible
d'indiquer avec une plus judicieuse mesure, comment
il est permis d'unir dans la vie du siècle les exigences
sociales et les devoirs envers Dieu.

D'autres retraites, plus utiles encore peut-être

---

(1) Lettre à Mère Saint-Jean Chrysostome, mai 1844.

pour assurer l'avenir religieux du pays, furent organisées à Blon en faveur des Institutrices de la contrée.

« Ce qu'il faut, disait Guizot dans la discussion de la loi sur l'Enseignement primaire en 1833, c'est que l'atmosphère de l'école soit morale et religieuse... Prenez garde à un fait, continuait-il, qui n'a jamais éclaté peut-être avec autant d'évidence que de notre temps, le développement intellectuel, quand il est uni au développement moral et religieux, est excellent... mais, le développement intellectuel tout seul, séparé du développement moral et religieux, devient un principe d'orgueil, d'insubordination, d'égoïsme et par conséquent de danger pour la société. » Vue à la fois très juste et très élevée : seulement, l'école ne sera morale et surtout religieuse que dans la mesure, où les maîtres et les maîtresses inspireront aux enfants, par la rectitude de leur vie et la sincérité de leur foi, le culte de la vertu et l'amour de Dieu.

Dans cette pensée, avant même la venue de Mme de Saint-Léonard à Blon, des retraites d'Institutrices y avaient été prêchées. La Mère du Saint-Cœur de Marie adopta cette pieuse coutume. Tous les ans, au début des vacances, les Institutrices de Vire et des Arrondissements voisins qui désirèrent renouveler en elles les sources vives de la piété, furent invitées à participer aux saints exercices. Un grand nombre répondit à l'appel. Plusieurs même sentirent éclore au souffle de l'Esprit-Saint, dans ces jours de recueillement, une vocation religieuse dont leur cœur, à leur insu peut-être, portait le germe. Ce fut ainsi que Mlle Lechevallier, une maitresse hors ligne, femme d'une grande piété, d'une vive intelligence, d'un sens pratique peu commun, et destinée, sous le nom de Mère Sainte-Anne, à devenir supérieure générale de l'Institut, après la mort de la Fondatrice, reçut le voile de postulante à la fin de la retraite de 1843.

La Mère du Saint-Cœur de Marie accueillait avec joie toutes les recrues que Dieu lui envoyait. Elle savait toutefois se défier des vocations sans lendemain, qui naissent des entraînements d'une ferveur passagère. « Nos acquisitions me semblent bonnes, écrivait-elle à sa fille la Mère Saint-Jean-Chrysostome, mais, ce n'est qu'à *l'user qu'on en est sûr.* » Un peu plus tard, développant sa pensée, elle disait : « Trois postulantes donnent des espérances. Au reste, je ne me fais pas illusion. Ce n'est qu'à la longue qu'on peut juger les sujets, et non en peu de temps. Je prétends que les filles sont comme le drap. En s'en servant, le drap finit par perdre un certain lustre, qui en cache quelquefois la mauvaise qualité. Les marchands appellent cela, je crois, *se décatir.* Eh bien, il en est de même pour les filles ; il faut aussi, pour les bien juger, qu'elles aient perdu un certain vernis dont, à l'abord, elles sont toutes plus ou moins revêtues ; en un mot, qu'elles se décatissent avant de les bien connaître. C'est une opération qui ne se fait pas tout d'un coup. »

L'heureuse influence, que les retraites de Blon exercèrent sur les maitresses de l'arrondissement de Vire, décida le Conseil général du Calvados à demander, en 1834, qu'un cours d'École normale fût établi dans la Communauté sous la direction des Sœurs du nouvel Institut. Le désir de l'Assemblée départementale demeura quelque temps sans résultat. Le gouvernement du roi Louis-Philippe prétexta, que la Congrégation n'était pas autorisée, pour annuler ce vœu. Le projet ne sera repris et réalisé qu'en 1858 ; mais, le choix unanime des Conseillers généraux témoignait assez que la Supérieure et les Religieuses de la Miséricorde du Cœur Immaculé de Marie possédaient aux regards du public, dès les premiers temps de leur séjour à Blon, de rares mérites et de solides qualités.

Lorsque la demande du Conseil général se produisit, la Fondatrice, Mme de Saint-Léonard, était engagée depuis un an au service de Dieu et des enfants pauvres par des vœux définitifs. La cérémonie de la profession fut célébrée dans la chapelle provisoire de la communauté, le 16 octobre 1843, au jour où l'Église solennisait la fête de Sainte-Thérèse, renvoyée de la veille. Elle n'eut point d'éclat extérieur. Aucune invitation ne fut lancée. Mgr Robin, évêque de Bayeux, désirait que la prise d'habit à la Délivrande demeurât pour le public comme la véritable entrée en religion de Mme de Saint-Léonard. Cette décision répondait d'ailleurs au désir secret de la Mère du Saint-Cœur de Marie : « Je sens, dit-elle à sa mère, que j'ai besoin de passer ce jour dans la solitude... Car, s'il est consolant pour ma foi, il est le résultat de beaucoup de sacrifices faits et imposés à ceux que je chéris, et dont la présence me remuerait trop... »

La Mère du Saint-Cœur de Marie espère toutefois que ses proches seront présents, dans leur absence même, en priant pour elle. Le 8 octobre 1843, elle écrivait à sa belle-sœur, Mme Léon de Germiny : « Ma chère Henriette, je prononcerai mes vœux perpétuels sans autres témoins que Dieu et les enfants spirituelles qu'Il m'a lui-même données. Mais je désire, chers amis, votre fraternelle coopération... Je vous demande de supplier Dieu de bénir les promesses que je vais Lui faire... Je voudrais bien une petite prière de vos enfants. Mon cher petit Antoine, ma bien-aimée petite nièce prieront avec plus d'efficacité que nous. »

Les religieuses et les orphelines s'associèrent à la joie de celle qui se consacrait pour toujours à leur service, en se dévouant irrévocablement dans la chasteté perpétuelle à l'amour du Christ et de la Vierge Immaculée, sa mère. L'œuvre de Blon parut désormais établie sans retour. La Fondatrice elle-même partagea ce sentiment : « Je ne terminerai point ce manuscrit, dit-elle à la fin de ses Mémoires, sans y déposer une réflexion qui me poursuit et que j'ai besoin d'écrire : J'ai l'intime conviction que Dieu veut cette œuvre, et que si je mourais, elle n'en serait nullement ébranlée. Elle vivrait, alors même que des événements se réuniraient pour faire croire qu'elle n'est pas appelée à subsister. » Cette impression maintenait chez Mme de Saint-Léonard le calme et la liberté d'esprit nécessaires pour organiser aux heures les plus propices, avec le poids et la maturité que l'on met aux choses qui sont destinées à durer, les différents détails de la vie de communauté.

La piété de l'Institut revêtit, dès le principe, quelques-unes des formes spéciales, que les sœurs de Blon ont fidèlement gardées depuis. Avant tout, les religieuses célébrèrent avec éclat les grandes fêtes de l'Eglise et les principaux mystères de l'année chrétienne : la Pâque, l'Ascension, la Pentecôte, la Noël, la fête du Saint-Cœur de Marie et l'Immaculée-Conception. La Supérieure choisit cette dernière solennité pour la fête patronale de ses enfants. Nul meilleur modèle ne saurait être offert, pensait-elle, à leur imitation que la Vierge sans tache.

Les Anges Gardiens avaient droit aussi, dans son estime, à un culte particulier. La Communauté se préparera tous les ans par une Neuvaine à les hono-rer, le 2 octobre. La Mère du Saint-Cœur de Marie trouvait un charme mystérieux dans cette dévotion. Elle aimait à contempler en esprit, pendant que ses enfants candides et pures priaient non loin d'elle, les Anges-Gardiens, leurs frères, dont Notre-Sei-gneur disait aux Apôtres : « Ils voient sans cesse la « face du Père qui est aux Cieux. (1)

Dans le mois suivant, le 21 novembre, la Présen-tation de la Sainte Vierge rassemblait à la chapelle, la Supérieure, les religieuses et les orphelines. Toute la Communauté participait à une touchante céré-monie. Les enfants se rangeaient devant l'autel, le plus près possible du sanctuaire ; les sœurs les entou-raient ; et, la Fondatrice, au nom de toute la Congré-

---

(1) *Ev. Matth.* xviii. 10

gation, récitait cette prière : « Nous voici prosternées, ô mon Dieu, à vos pieds et aux pieds de votre divine Mère. Nous venons vous offrir le sacrifice irrévocable de tout nous-mêmes pour l'instruction des enfants et tout spécialement des enfants pauvres et des orphelines délaissées. Daignez agréer et bénir cette offrande ! Daignez mettre pour elles dans nos cœurs une affection, un dévouement que rien ne lasse et n'épuise. Accordez-nous à un degré éminent le don si précieux de les conduire avec sagesse, de les former à toutes les vertus chrétiennes. Nous sommes heureuses de vous les présenter en ce jour, de vous offrir d'avance avec elles, celles qui nous seront confiées dans la suite... Nous vous supplions, ô mon Dieu, de les bénir, de les adopter pour toujours, de les garder et de nous garder toutes pour la vie éternelle. »

La Mère du Saint-Cœur de Marie ne confia pas seulement les âmes et leurs destinées immortelles à Dieu et à la Bienheureuse Vierge : elle remit encore à la garde d'En-Haut les biens et les possessions du Monastère. Un certain soir du 21 novembre, elle symbolisa cette entière donation de son œuvre au Ciel, en déposant après la cérémonie que nous venons de raconter, aux pieds d'une statue de Marie, devant le Saint-Sacrement exposé, les clefs principales de la Maison. Cette pratique a passé, depuis lors, en usage dans l'Institut.

La Supérieure de Blon habituait ainsi les sœurs qu'elle dirigeait à ne compter que sur Dieu pour assurer leur avenir.

Dès le mois d'avril 1844, la maladie, dont elle avait
deux fois déjà subi les redoutables atteintes, la milliaire, terrassait à nouveau la Mère du Saint-Cœur
de Marie et la forçait de plus en plus à ne fonder
sur elle-même et sur sa santé trop chétive aucun
espoir. Qu'importait après tout sa vie ou sa mort ? Le
Ciel ne se passerait-il pas aisément de son concours ?
« Sans Dieu, écrira-t-elle en 1847, tout est ténèbres
et faiblesse ; avec Lui une fourmi remuerait le monde. »
Et encore : « La bonne Providence a tout prévu, elle
a des remèdes pour tout : elle est toute science,
toute prudence, toute sagesse, toute bonté ; aussi je
lui confie avec paix tous les objets de ma sollicitude.»
La Mère du Saint-Cœur de Marie ne suivit jamais,
depuis 1842, une autre ligne de conduite. Pendant sa
milliaire, elle implore avec ses sœurs et ses orphelines sa guérison ; mais nulle inquiétude vaine ne
trouble son âme.

Notre-Seigneur exauça les demandes qu'on lui
adressait par l'entremise de la Très Sainte Vierge et
par l'intercession d'une Bienheureuse que la malade
honorait d'un culte spécial, sainte Philomène. La
Mère du Saint-Cœur de Marie guérit rapidement. Il
ne lui resta bientôt qu'à remplir le vœu qu'elle avait
contracté de remercier Notre-Dame dans un pèleri-
nage vénéré des environs.

Trois ermites avaient élevé, vers le xive siècle, dans
la forêt de Saint-Sever, un Oratoire à Notre-Dame des
Anges. En 1662, une abbaye de Bénédictins restaura
l'antique sanctuaire, le desservit et y multiplia les
supplications. La Révolution française, à Saint-Sever,

comme dans maints endroits, dispersa les religieux
et détruisit le couvent ; mais, la chapelle de la Sainte
Vierge fut respectée et les fidèles n'en désapprirent
jamais le chemin. M. l'abbé Achard de Saint-Manvieu compta parmi les pèlerins les plus assidus. Au
temps où il occupait, avant d'entrer dans les ordres
sacrés, le poste de Conservateur des chasses de la
forêt de Saint-Sever, il aimait dans les loisirs, que ses
fonctions lui laissaient, à prier durant de longues
heures auprès de Notre-Dame des Anges. Sa piété
se développa dans ces oraisons et sa vocation sacerdotale y prit naissance. M. de Saint-Manvieu, or-
donné prêtre, continua de visiter la sainte retraite,
où Dieu l'avait comblé de ses grâces. Mme de Saint-
Léonard partagea la dévotion du bienfaiteur de son
Institut pour l'humble sanctuaire. Dès les premiers
mois de sa résidence à Blon, elle avait accompli le pè-
lerinage de Notre-Dame avec les membres de sa petite
Congrégation. « Les faveurs que M. de Saint-Manvieu avait reçues dans ce lieu béni, — écrivait-elle
à sa mère, — étaient un puissant motif d'espérer
que la Sainte Vierge adopterait la Communauté, qui
était devenue comme le fruit des saintes inspirations,
qu'elle avait données dans ce sanctuaire. » (1)

Lorsqu'elle fut guérie de sa milliaire, la Mère du
Saint-Cœur de Marie renouvela, pour tenir ses engagements, dans la compagnie de ses Filles, son pèle-
rinage à Notre-Dame des Anges. « Dans cette petite
chapelle si retirée, si déserte, nos vœux, dit-elle, se

____

(1) Lettre du 26 septembre 1843.

portèrent ardemment vers le Cœur de Marie... Là, continue-t-elle, je lui ai parlé et il m'a semblé que la Sainte Vierge m'entendait, qu'Elle m'écoutait, qu'Elle exauçait ma prière. » Sa prière en effet fut entendue. La protection de Notre-Dame apparaîtra manifeste, dans la suite de son histoire, sur sa personne et sur ses entreprises.

CHAPITRE VII

LA FONDATRICE
1846-1864

Reconnaissance de l'Institut par le Gouvernement. — Œuvre de
la Vénération du Saint-Cœur de Marie. — Archiconfrérie de
l'Heure Sanctifiée. — Approbation des Constitutions par le
Saint-Siège.

Les Congrégations religieuses ont sollicité longtemps, comme une faveur, l'approbation du Gouvernement. Par cette mesure, l'Etat leur accordait quelques
légers privilèges en échange des services considérables qu'elles rendaient au pays dans les orpheli-
nats, les asiles, les écoles ou les hospices. Les
communautés reconnues demeuraient toujours mi-
neures sous la tutelle du pouvoir ; mais, le pouvoir
n'usait qu'avec une bienveillante équité des attribu-
tions que sa situation de tuteur lui conférait.

La Mère du Saint-Cœur de Marie essaya d'assurer,
en 1846, à son Institut les avantages qui étaient attachés à la reconnaissance légale du Gouvernement.
Toutes les autorités locales appuyèrent sa demande.
Le préfet du Calvados, l'abbé Daniel, recteur de l'Académie de Caen et plus tard évêque de Coutances, les

conseils municipaux de Vire et de Vaudry parlèrent ou écrivirent en sa faveur. L'un de ses cousins, Charles de Germiny, prêta son concours intelligent et dévoué pour recueillir tous les documents utiles. Un avocat de Caen, M. Bardout, mit à la disposition des Sœurs son savoir juridique. Les religieuses, de leur côté, redoublèrent de zèle et de prières, afin que la demande de leur fondatrice fut agréée. Quant à la Mère du Saint-Cœur de Marie, elle se rendit à Paris, afin de se livrer à toutes les démarches que l'on jugerait nécessaires. Tous les efforts échouèrent devant le parti-pris de la royauté parlementaire de juillet. Les honnêtes gens, qui dirigeaient alors les affaires publiques, redoutaient les criailleries de l'opinion voltairienne. Ils n'osèrent ouvertement soutenir la requête de la Mère du Saint-Cœur de Marie. L'autorisation des Communautés ne pouvait d'ailleurs être accordée, depuis 1825, que par une loi. Les Ministres refusèrent de s'engager dans cette voie et de courir les risques d'un échec devant les Chambres; ils conseillèrent d'attendre que les circonstances politiques eussent changé.

En 1852, la situation du pays se trouva modifiée; mais, tout autrement que M. Guizot et ses collègues ne l'avaient prévu. La monarchie de Louis-Philippe, née d'une révolution, avait succombé dans une révolution. La République l'avait remplacée; et, le prince Louis Napoléon, maître du pouvoir, réforma la Jurisprudence sur l'approbation des Communautés Les Congrégations de femmes seraient à l'avenir, après enquête constatant leur utilité publique et le Conseil d'Etat entendu, autorisées par un simple décret. « Il importait, disait le Président, dans l'intérêt du peuple, de faciliter aux Congrégations religieuses de femmes qui se consacrent à l'édu cation de la jeunesse et au soulagement des malades pauvres, le moyen d'obtenir leur reconnaissance légale ».

Le P. Madelaine estima l'occasion favorable pour renouveler la demande qui avait échoué six ans plus tôt. Il alla lui-même à Paris, où des personnages haut placés lui apprirent que les démarches tentées jadis par l'Institut des Sœurs du Cœur Immaculé de Marie n'étaient pas étrangères à la publication du Décret présidentiel. « Qui eût pu prévoir, il y a quelques années, disait à son frère en cette occasion la Mère Fondatrice, que Dieu avait arrêté un regard de complaisance sur Blon, sur cet humble et tout petit coin de terre jusque-là inconnu en France, et qu'Il voulait se servir de nous pour lui procurer en tant d'autres lieux, malgré notre obscurité, de zélées et ferventes adoratrices ».

L'affaire de Blon fut mise à l'étude, le mardi 13 janvier 1852. La Mère du Saint-Cœur de Marie régla que communauté offrirait à Dieu, durant ce jour, une réparation solennelle pour les négligences et les fautes dont les religieuses avaient pu se rendre coupables. Les Sœurs accompagnèrent la Supérieure à la chapelle, au réfectoire et dans les autres parties de la maison où elles demandèrent ensemble pardon de tous leurs manquements à la règle. Elles proclamèrent qu'elles ne méritaient pas, si l'on ne regardait que leur passé, d'être les épouses du Christ ; mais, en renouvelant leurs vœux de pauvreté, d'obéissance et de chasteté, elles promirent de se montrer désormais plus fidèles à la grâce, et filles vraiment dignes du Cœur Immaculé de Marie. La Supérieure s'humilia plus que les autres ; puis, elle s'en remit du succès ou de l'échec de ses désirs, au bon plaisir divin. Elle répéta, et ses Sœurs avec elle : « Que votre volonté soit faite, Seigneur, et non la nôtre. (1)

Le décret, qui accordait la reconnaissance légale à la communauté, fut expédié dès le commencement de mars à l'évêché de Bayeux ; et, le 13 de ce mois, Mgr Robin le notifia à la Supérieure de Blon. Toutes les religieuses, quand l'heureuse nouvelle fut connue, chantèrent à Dieu un hymne d'actions de grâces.

La Mère du Saint-Cœur de Marie écrivit à son frère, M. Léon de Germiny : (2) « Notre décret est signé par le Président... Nous pourrons de suite passer le dernier acte qui donnera tout son effet à ce décret de l'Etat et à la donation de M. l'abbé de Saint-Manvieu. Nous allons donc être fondées sur la terre. Aide-moi, toi et tous les tiens, à remercier Dieu de cette nouvelle faveur qu'il accorde à notre communauté... Prie Dieu, continue-t-elle, que nous ne soyons pas seulement fondées sur la terre, ce sable mouvant, où tout est si peu solide ; mais aussi dans la volonté et les Cœurs de Jésus et de Marie, où tout

---

(1) St-Luc. xxii. 42.
(2) Lettre du 15 mars 1852.

demeure au-delà du temps... » On le voit : les mêmes pensées et les mêmes sentiments surnaturels remplissent l'esprit et le cœur de la Mère fondatrice. Elle sait gré aux hommes de la bonne volonté qu'ils lui témoignent : mais, sa confiance dans l'avenir est avant tout fondée sur l'appui du ciel.

Dès les débuts de la Communauté, la Supérieure avait réglé, pour marquer sa reconnaissance envers Marie dont elle avait obtenu tant de grâces insignes, que le deuxième samedi de chaque mois serait spécialement consacré à vénérer le Cœur Immaculé de la Mère de Dieu. Pendant son séjour à Paris en 1846, lorsqu'elle sollicitait l'autorisation du Gouvernement, elle se sentit pressée de faire davantage. Elle pensa que le culte de la Vierge n'était pas assez développé dans sa Congrégation. Si l'on veut être et se proclamer les Filles du Saint Cœur de Marie, se dit-elle, il faut que la dévotion au Cœur Immaculé, sanctifiant tous les mois de l'année, tous les jours du mois, toutes les heures de la journée, imprime à la Communauté son caractère distinctif. L'Institut de Blon n'aura de vie et de fécondité religieuse que par l'union surnaturelle de ses Membres dans ce sentiment.

Ce fut dans l'église de Notre-Dame des Victoires, aux pieds de la Vierge miraculeuse, que la Mère du Saint-Cœur de Marie, éclairée de la grâce, comprit tout le bien que l'œuvre de la Vénération du Cœur de Marie opérerait parmi ses religieuses. Elle expliqua ses projets au P. Madelaine, à la Mère Assistante, à ses Filles, et leur demanda de les réaliser avec l'aide et sous l'inspiration de Dieu. On s'entretint durant près d'une année dans la Congrégation de ce pieux dessein. Tous les avis furent entendus, si tous ne furent pas suivis. La Mère Fondatrice et son Conseil ne se proposèrent en prenant leur décision que de chercher de quelle manière Dieu serait le mieux servi, et la Sainte Vierge le mieux honorée.

Le 11 décembre 1846, les derniers détails d'organisation furent réglés. Le P. Madelaine réunit les religieuses et leur annonça que l'œuvre de la Vénération du Saint-Cœur de Marie serait inaugurée le dimanche suivant, quatorzième jour du mois, en la solennité de l'Immaculée-Conception. « Au lieu d'offrir directement à la divine Majesté nos expiations et nos hommages, disait-il, nous nous adressons au Saint-Cœur de Marie, pour avoir, par Lui, accès auprès de Dieu. Nous sommes trop faibles et trop misérables pour espérer d'être exaucés par nous-mêmes ; mais, il est impossible que nous n'obtenions pas l'effet de nos prières, en présentant à Dieu le Cœur Immaculé qui a fourni le Sang de la Rédemption. » « Notre but, écrivait de son côté la Mère Fondatrice, doit être d'étudier, d'admirer et d'honorer les prérogatives et les vertus du Cœur de Marie, de remercier Dieu de ce qu'Il a comblé cette divine Mère de tous ses dons..... » Les Sœurs s'appliqueront à « se pénétrer des sentiments, dont le Cœur de la Sainte-Vierge est animé, pour les offrir à Dieu et pour obtenir plus efficacement, en vertu des hommages empruntés au Cœur de Marie, des grâces de conversion pour les pécheurs, de préservation pour l'enfance, de zèle, de prudence, de dévouement pour les religieuses. »

Dans ces intentions diverses, toutes les sœurs consacreront leurs prières, leurs travaux, leurs mortifications, leurs mérites au Cœur Immaculé de la Mère de Dieu : chacune d'elles, d'ailleurs, sera plus spécialement chargée de le vénérer tous les jours pendant une heure entière. Les religieuses ne feront point trêve, durant ce temps, à leurs occupations ordinaires; mais elles auront le souci pieux d'unir plus fréquemment leurs pensées et leurs actions à celles de la Sainte Vierge. A la chapelle de la Maison-Mère, du reste, l'Œuvre apparaîtra sous une forme sensible. Les Sœurs se relèveront, chaque jour, de demi-heure en demi-heure devant l'image de Marie pour présenter officiellement à la Reine du Ciel les prières et les vœux de la Communauté.

Cette dévotion ne prit pas, dès les premiers mois, une extension aussi rapide que la Mère du Saint-Cœur de Marie l'aurait souhaité. Celle-ci se plaignait parfois de la prudence tout humaine que l'on apportait à la propager. « On mettait tous ses soins, disait-elle, à n'en rien laisser paraître au dehors. Or, la Sainte Vierge demandait au contraire qu'un nouveau foyer de zèle fût créé, auquel les âmes pieuses, et dans le cloître et dans le monde, pourraient entretenir ou rallumer les saintes flammes de l'amour divin. »

L'année 1848, et les craintes qu'inspira la Révolution de Février donnèrent enfin l'essor à l'œuvre de la Vénération. Mgr Robin, Evêque de Bayeux, l'approuva pour son diocèse sous le titre d'Association de l'Heure Sanctifiée, le 3 avril 1848. Le diocèse de Séez l'adopta quelques jours après. La même année, vers la fin de décembre, sur la demande de Monseigneur de Bayeux, le Saint-Siège lui-même bénissait la religieuse entreprise et l'enrichissait d'indulgences.

L'un des vicaires généraux du diocèse, M. l'abbé Rivière, au jour de l'Octave du Saint-Cœur de Marie, le 15 février 1849, érigea dans la chapelle de la Communauté le siège de l'*Archiconfrérie de l'Heure Sanctifiée*. Des registres furent ouverts pour recevoir les noms des adhérents; et, des milliers de personnes s'inscrivirent en quelques années parmi les Membres de l'Association

L'Institut du Cœur Immaculé de Marie attendait du Souverain Pontife une faveur plus importante encore. En 1851, M⁅ᵉ⁆ Robin permit que les Constitutions de Blon, qu'il avait examinées, fussent imprimées. Elles étaient en vigueur depuis près de dix ans. « Aux fruits on avait pu juger l'arbre ». L'épreuve ne sembla pas assez longue toutefois pour recourir à Rome et demander l'approbation du Saint-Siège. Les Papes, on le savait, apportent dans ces sortes d'affaires une sage lenteur. Le P. Madelaine et la Fondatrice retardèrent, jusqu'en 1860, les premières démarches à cet effet auprès du Souverain Pontife. A cette époque, il leur parut qu'après vingt années d'existence, l'introduction d'une supplique de leur part, pour obtenir l'approbation de leurs Règles par la Cour Romaine, ne serait pas trop prématurée. Le successeur de M⁅ᵉ⁆ Robin à l'évêché de

Bayeux, Mgr Didiot, appuya de son crédit la demande des religieuses; et plusieurs autres Prélats de France rendirent avec lui témoignage à la Communauté. La tentative eut une issue favorable. Dès 1861, un Bref élogieux *ad laudandum*, comme on dit, préliminaire obligé de l'approbation pontificale, fut signé par S. S. le Pape Pie IX.

Un bienfaiteur insigne de l'Institut, Monsieur le Duc d'Harcourt, alors en mission diplomatique à Rome, servit, en cette conjoncture, par sa haute influence la cause des Filles de la Miséricorde du Cœur Immaculé de Marie.

L'approbation provisoire des Constitutions suivit de près le bref pontifical de 1861. Le Décret, qui l'octroyait, fut publié après avis favorable de la Congrégation compétente, le 21 mars 1864. La nouvelle en parvint à Blon le 3 avril. Elle fut accueillie par la Communauté avec un profond respect et une vive reconnaissance. « Cette grâce, disait le P. Madelaine en annonçant aux Sœurs l'heureux évènement, doit être le point de départ d'un renouvellement généreux dans la fidélité à suivre les Règles, devenues ainsi plus sacrées et plus chères ». Le Père, aussitôt après ces paroles, commença la psalmodie du *Te Deum*. Les religieuses la poursuivirent. Elles y ajoutèrent les versets du *Magnificat* et l'antienne de l'église plusieurs fois répétée *Fidelis servus*, en l'honneur de Saint-Joseph. Les sœurs ne trouvaient pas de termes capables d'exprimer leur joie. Quand elles eurent pendant quelque temps prolongé leur prière, le Père Madelaine se levant leur dit : « Mes Filles, vous appartenez maintenant à l'Église, comme les grands Ordres Religieux. Il me semble, ajouta-t-il, que je n'ai plus à présent qu'à chanter mon *In manus tuas, Domine* et à remettre mon âme aux mains de Dieu. » « Non! non! pas de sitôt, reprit d'un élan spontané toute l'assemblée ». Le ciel entendit ce cri du cœur : il l'exauça en multipliant les jours que le bon prêtre avait encore à vivre.

Le manuscrit des *Constitutions*, approuvé par Rome, ne fut remis à la Communauté que quelques mois plus tard. Le P. Madelaine le reçut, le 1er juillet 1864, vers le milieu de la matinée. Il attendit l'heure de l'examen particulier, — onze heures un quart, — pour présenter aux religieuses réunies le précieux exemplaire. Lorsqu'il eut exhorté les sœurs à renouveler leurs actions de grâces, il leur fit baiser amoureusement les pages qui contenaient pour elles l'expression authentique de la volonté de Dieu.

La Mère du Saint-Cœur de Marie comprima devant la Communauté les transports de sa joie : mais, quand il lui fut possible de se dérober aux regards et qu'elle se crut seule dans le petit Oratoire, où se réunissaient les Enfants de Marie, elle laissa un libre cours à son allégresse. Des larmes de bonheur inondèrent ses joues ; et, l'une de ses Filles la surprit, qui manifestait par des signes extérieurs, comme une enfant, les sentiments qu'elle ne pouvait contenir.

L'acte pontifical de 1864 marquait, ainsi que le P. Madelaine l'expliquait aux religieuses, le commencement d'une ère nouvelle pour l'Institut. Nulle autre règle ne devait subsister dans la Congrégation que celle dont le Saint-Siège avait approuvé la teneur. La Supérieure et les Assistantes, d'après les lois canoniques, étaient obligées à donner leur démission. Elles sortirent de charge; et, les élections furent fixées au 7 du mois de septembre. Les religieuses, qui exercèrent le droit de vote, réélurent les Assistantes et la Supérieure à l'unanimité. Leur propre suffrage manqua seul aux Dignitaires. Lorsque Monseigneur de Bayeux, qui présidait le scrutin, en eut proclamé le résultat, la Mère du Saint-Cœur de Marie regagna sa stalle à la chapelle, et chacune de ses Filles, s'agenouillant près d'elle pendant le chant du *Te Deum*, baisa son anneau en disant : « Ma Mère, vous êtes l'élue de Dieu, vous en tiendrez toujours la place à mes yeux .»

L'approbation du Souverain Pontife n'était encore que temporaire. Un certain nombre d'années s'écouleront, suivant l'usage, avant qu'elle soit définitive.

Pie IX, toutefois, abrégea les délais ordinaires dans ces sortes d'épreuves. Dès 1872, il apposait sa signature au bas du Bref, qui reconnaissait sans réserve et à jamais l'Institut des Filles de la Miséricorde du Cœur Immaculé de Marie. Hélas! huit années forment un bien long espace de temps dans notre vie mortelle ! La Supérieure de Blon ne les fournira plus ici-bas. Elle aura disparu depuis quelques mois, lorsque sa communauté recevra la grâce suprême de l'approbation définitive. Ce jour-là, « ses ossements ont tressailli sans doute dans son tombeau », suivant l'expression de l'Écriture.

Rien de plus simple que le résumé des principaux règlements de la Congrégation du Cœur Immaculé de Marie : Une supérieure générale l'administre sous la surveillance de l'autorité ecclésiastique. Cette supérieure est nommée pour trois ans. Après trois triennaux consécutifs, elle ne peut être réélue immédiatement sans une permission du Saint-Siège.

Si l'élection est prescrite, tous les trois ans, ce n'est pas pour favoriser l'inconstance qui se lasse de tout, l'exigence inquiète qui court après une imaginaire perfection, ou le caprice qui ne peut supporter un joug salutaire : Cette mesure est destinée à soustraire l'Institut aux graves inconvénients qu'entraînerait ou une infirmité prolongée, ou la caducité de l'âge, si la supériorité était à vie. Dans la pratique, il vaut souvent mieux s'en tenir à un gouvernement utile et qui a fait ses preuves, que de courir après des avantages incertains, en nommant une sœur sans expérience et que l'on n'a pas vue à l'œuvre.

La Supérieure est secondée par deux Assistantes et par un Conseil. Elle veille à l'exacte observation des règles soit à la Maison-Mère de Blon, soit dans les postes qui en dépendent. A cette fin, les Constitutions lui imposent de visiter par elle-même ou de faire visiter, chaque année, tous les établissements de la communauté. Elles exigent de plus que les directrices des maisons particulières lui adressent de fréquents rapports écrits, qui permettent d'assurer partout, autant que possible, le maintien du même esprit dans les divers Postes de l'Institut. Mais, le premier et le plus essentiel devoir d'une Supérieure

consiste à diriger ses Sœurs dans les voies de la vie
parfaite. Une religieuse en effet n'est vraiment digne
de ce nom que dans la mesure où elle s'applique à
détacher chaque jour davantage ses affections des
choses périssables pour se fixer irrévocablement,
dès ici-bas, dans l'amour des biens éternels. Prières
et dévotions, lectures et travaux, joies et sacrifices,
tous les actes de sa vie sont destinés à la mener à
Dieu.

Le chemin de la perfection, d'ailleurs, a été si
souvent fréquenté dans l'Église, que l'on sait depuis
longtemps par quels divins procédés les âmes peuvent y avancer. L'Institut du Cœur Immaculé de
Marie n'eut pas la prétention d'innover sur ce point.
Il profita de l'expérience d'autrui et régla les formes
de sa dévotion sur le modèle des communautés qui
l'avaient précédé. Le P. Madelaine et la Mère du
Saint-Cœur de Marie ne faisaient pas difficulté
d'avouer leurs emprunts. Ils étaient heureux de
penser que le grand courant de piété catholique, qui
a traversé les âges, large, puissant, pur, sans rien
d'étroit ni de doucereux ou de fade, tel qu'il a pris
sa source dans l'Évangile et qu'il s'est manifesté dans
les divers Ordres Religieux, répandait ses flots vivi-
fiants dans toutes les parties de leur règle.

Les observances religieuses de Blon ressemblent
ainsi, à peu de chose près, à celles des Congrégations qui poursuivent dans le monde chrétien un
but analogue. Les Sœurs pratiquent les trois vœux
de religion : pauvreté, obéissance, chasteté. Une
oraison de trois quarts d'heure après le lever du

matin, l'assistance à la Messe, la récitation du Petit-Office de la Sainte-Vierge et du Chapelet, la visite au Saint-Sacrement dans la soirée, la lecture spirituelle, et d'assez fréquents examens de conscience sanctifient la journée. Une retraite mensuelle d'un jour entier ravive chez les religieuses, avec les lumières de la foi, l'ardeur du zèle et de la charité.

Chaque année, une retraite de huit jours à la Maison-Mère les renouvelle et les confirme dans l'exercice des vertus qu'exige leur vocation.

La règle ménage une grâce plus grande encore peut-être aux filles du Cœur Immaculé de Marie. Il existe des Congrégations où les religieuses ne dérobent que difficilement à leurs fonctions le temps nécessaire à la retraite annuelle. A Blou, les Sœurs institutrices profitent des vacances pour passer tout un long mois dans la communauté. De la sorte, non seulement elles apprennent à se connaître les unes les autres, mais, en même temps, celles qui sont dispersées dans les Postes retrempent leurs énergies chrétiennes et morales en vivant, durant quelques semaines, au milieu des endroits où elles goûtèrent, novices, les charmes d'un premier et céleste amour. Quelle persuasive exhortation au bien dans le seul aspect et dans les souvenirs des monuments ou des lieux qui furent les témoins de cet heureux passé !

Pendant ces jours de vacances, du reste, la Supérieure a le loisir d'entretenir ses Filles, de répondre à leurs demandes, de leur prodiguer ses avis, de rappeler à leur attention certains points de la Règle, et de leur commenter au besoin *Le Directoire*, précieux recueil dans lequel le P. Madelaine a réuni un ensemble de conseils sur la pratique et l'esprit des règlements de l'Institut. Dans ce livre, tout entier fondé sur l'expérience, les religieuses sont assurées de trouver pour les diverses circonstances de leur vie, une lumière et des instructions opportunes. Aussi Mᵍʳ Didiot, évêque de Bayeux, en a-t-il sanctionné la sagesse en l'honorant, en 1858, de sa haute approbation.

Les cérémonies de la prise d'habit et de la profession qui terminent la retraite annuelle, en complètent la salutaire influence. La solennité de la Vêture n'apporte pas seulement des grâces de choix aux Postulantes qui sont appelées à y participer. Toutes les Filles du Cœur Immaculé de Marie, et les Professes les plus âgées elles-mêmes, s'édifient singulièrement à suivre les prières ou les exhortations du cérémonial. Il ne leur est pas inutile de se souvenir qu'elles goûtèrent, à l'aube de leur vie religieuse, les joies dont le rayonnement transfigure la physionomie de leurs jeunes sœurs.

La Postulante, au jour de sa prise d'habit et au début de la solennité, se présente devant les autels, parée d'une robe blanche, largement drapée dans un voile blanc et portant sur sa tête une couronne de fleurs. Il semble qu'on ne saurait trop embellir la fiancée du Christ ! Mais bientôt, l'humble fille, s'éloignant du Sanctuaire, dépose à l'écart les vains ornements du siècle, dont elle a consenti pour une heure à revêtir sa jeunesse. Désormais, elle ne portera comme parure sur l'habit religieux, béni par l'Evêque ou son représentant, qu'un long rosaire et un crucifix de cuivre. Elle sera séparée du monde et par la forme de ses vêtements, et par le nom nouveau qui lui est imposé. Rien de terrestre ne doit subsister en elle. La Postulante, devenue Novice, oubliera les préoccupations de la chair et du sang. Elle se préparera pendant deux années sous la direction de la maîtresse du Noviciat à remplir les devoirs sacrés de sa vocation. Alors seulement, les Règles de la Communauté l'autoriseront à s'engager envers Dieu par des vœux temporaires d'une année.

C'est après cet essai loyal et sincère de ses forces et de sa vertu, que la novice est admise à la Profession religieuse. D'un libre vouloir, avec la connaissance non seulement des joies de la vie parfaite, mais encore des difficultés qui l'attendent, elle promet de garder dans l'Institut, pendant trois ans, l'obéissance, la pauvreté et la chasteté. Il ne lui sera concédé que plus tard encore de prononcer des vœux perpétuels, tant l'Eglise montre d'égards pour la liberté des âmes.

On ne se donne pas à Dieu dans l'union mystique du cloître par surprise. Au moment où la Professe formule ses vœux, l'Evêque l'avertit solennellement de la gravité de sa démarche : « Ma fille, avez-vous sérieusement réfléchi sur les engagements que vous voulez contracter?... » — « J'ai bien pesé, répond la religieuse, les conséquences de l'engagement perpétuel que, depuis longtemps, je désire contracter envers Dieu et envers notre Institut. » L'Evêque ne se tient point pour satisfait. L'âme, qui souhaite de s'unir à Dieu par des liens aussi étroits, mérite-t-elle cet excès d'honneur ? Le Pontife a le devoir de s'en informer. « Ma Mère, demande-t-il à la Supérieure, la croyez-vous digne de la grâce qu'elle sollicite ? » — « Autant que la fragilité humaine permet de le connaître, répond la Supérieure, je l'en crois digne ! » On nous pardonnera de transcrire jusqu'au bout la suite de ce dialogue, sublime dans sa simplicité : « Béni soit Dieu, reprend l'Evêque, qui a daigné vous appeler à la perfection de l'alliance qu'il a contractée avec vous ! Elle est un gage de l'éternel bonheur que vous devez partager avec les vierges sages, qui ont tout quitté pour Le suivre. »

Après ces derniers mots, la cérémonie se déroule symbolique, touchante, merveilleuse de sens et de poésie. La religieuse Professe tombe comme anéantie sur le pavé du temple. Ses Sœurs la recouvrent d'un drap mortuaire ; on psalmodie sur elle les paroles liturgiques des funérailles chrétiennes. « Heureux ceux qui meurent dans le Seigneur ! » [1] La religieuse est morte, mais pour ressusciter avec le Christ. A l'appel du Pontife : « Réveillez-vous, vous qui dormez, et Jésus-Christ vous illuminera ! » la Sœur se relève.

S'agenouillant alors à l'entrée du Sanctuaire, elle reçoit la couronne blanche de ses noces virginales ; puis, d'une main que l'émotion et la joie font trembler, elle signe la feuille de sa consécration à

---

(1) *Beati mortui, qui in Domino moriuntur.* (S. Jean Apoc. xiv. 13).

l'Agneau immaculé, dont les vierges forment au Ciel l'angélique cortège.

Tout est donc consommé : la Religieuse remet à l'Evêque l'engagement écrit de ses vœux de virginité. L'Evêque à son tour confie cet engagement à la Supérieure en disant : « Soyez attentive à conserver à Dieu cette épouse qui lui est consacrée ; faites tout pour la Lui rendre sans tache, et souvenez-vous que vous rendrez compte de son âme au tribunal de son Epoux qui sera votre Juge. »

La Mère du Saint-Cœur de Marie ne recevait jamais sans effroi cet avertissement. Son visage, habituellement pâle, devenait plus pâle encore.

Afin de n'être pas seule à veiller sur les vierges du Seigneur, dont elle avait la garde, elle décida qu'au soir de la cérémonie, les religieuses Professes déposeraient leurs couronnes dans la chapelle de la Communauté, aux pieds d'une statue de Marie, en chantant ce cantique :

> Vierge, reçois cette couronne ;
> Fais qu'elle soit le gage heureux
> De celle, qu'auprès de ton trône,
> Tu nous réserves dans les Cieux !

Lorsque les Filles de la Miséricorde du Cœur Immaculé de Marie se sont ainsi consacrées à Dieu, elles se dévouent, suivant l'exemple de leur Fondatrice, au service de l'Eglise, « à l'instruction des enfants pauvres, à l'éducation des orphelines, au soin des malades et à l'œuvre des Retraites. » Les unes s'emploient à ces tâches laborieuses dans la Maison-Mère, sous la douce autorité de leur Supérieure

générale. Les autres, non pas isolées, mais au moins
deux à deux, comme les disciples que le Sauveur
envoyait autrefois à travers les villes et les bourgs
de la Judée, s'en vont répandre dans les postes que
la Providence leur assigne, avec les éléments des
connaissances humaines, la science des vérités chrétiennes. La vie entière de toutes les Sœurs se
consume dans ce travail. Heureuses, si, mieux encore
que leur parole et leurs instructions, leur propre
conduite enseigne la vertu !

Le R. P. MADELAINE

PREMIER SUPÉRIEUR ECCLÉSIASTIQUE DE LA COMMUNAUTÉ DE BLON.

CHAPITRE VIII

LA FONDATRICE
1842-1869

Les développements de la Communauté. — Les Deuils. — Mort
de M. de Saint-Manvieu. — Le Pensionnat. — L'Externat de
l'Enfant-Jésus. — La Salette. — Les Aspirantes et les
Etudiantes. — L'Ecole Normale. — L'établissement de Postes
dans les Paroisses. — La construction de la Chapelle.

L'Institut des Religieuse du Cœur Immaculé de
Marie s'était déjà singulièrement développé, quand
le Souverain Pontife le rangea, dans sa paternelle
bienveillance, au nombre des Congrégations approuvées par le Saint-Siège. Non seulement des œuvres
utiles et saintes prospéraient à la Maison-Mère;
mais encore, des Postes avaient été établis dans plusieurs diocèses de France. La Communauté nouvelle
avait même reçu par la maladie et la mort de plusieurs de ses Membres la consécration de l'épreuve
et de la douleur. Le moment est venu de nous
arrêter au détail particulier des deuils, des fondations et des événements qui ont marqué les vingt
premières années de la Société naissante.

La Mère du Saint-Cœur de Marie s'associa sans

doute à toutes les joies et à toutes les prospérités
de ses Filles ; mais, elle tint principalement à ne
demeurer étrangère à aucune de leurs souffrances.
Pas un lit d'agonie, auprès duquel elle n'ait prodigué
le secours de ses prières et de ses consolations ! On
eût dit que la première fonction de sa charge était
d'assister les infirmes. Elle comblait les malades de
prévenances : et, les soutenait jusque dans le trépas.
Le redoutable mystère de la mort perdait quelque
chose de sa terreur, quand elle y disposait les
agonisantes.

En 1844, une maladie de langueur enlevait l'une
des orphelines à son affection. Les religieuses, qui
voyaient un cadavre pour la première fois, dominè-
rent difficilement l'impression d'effroi qu'elles en
ressentirent. Elles n'osaient s'approcher du corps
inanimé de l'enfant pour lui rendre les derniers devoirs. La Mère du Saint-Cœur de Marie, s'apercevant
de leur trouble, les rassura de son mieux, et leur
apprit par son exemple, comment on ensevelit avec
respect et sans vaine frayeur les ossements de ceux
que le baptême a régénérés.

Trois ans plus tard, le 23 octobre 1847, la Congrégation pleurait la mort d'une de ses novices, Mlle Augustine Le Moutier, de Vire, sœur Sainte-Marie des
Anges. Tout dans cette enfant respirait la douceur,
la grâce, la pureté. Les yeux les moins prévenus se
laissaient gagner au charme de son angélique candeur. On le vit bien, lorsque la Mère Supérieure la
présenta aux épreuves du brevet élémentaire. L'un
des examinateurs, ayant prié la jeune fille d'écrire au

tableau noir, pour l'analyser, le vers du poète,

Le ciel n'est pas plus pur que le fond de mon cœur ; (1)

la salle entière souligna d'un murmure approbateur l'allusion discrète que ces mots semblaient contenir.

La sœur Sainte-Marie des Anges fut « douce envers la mort, comme elle l'était envers tout le monde ». (2) Elle expira dans un dernier sourire, toute ravie d'amour pour son Dieu, en écoutant les paroles d'espérance que murmuraient à son chevet les lèvres sacerdotales du P. Madelaine.

Une autre novice, dont la Mère du Saint-Cœur de Marie avait apprécié les mérites dans le poste de Mouen, suivit de près au tombeau sœur Sainte-Marie des Anges. La malade était résignée au sacrifice de sa vie. Elle ne regrettait rien en ce monde, si ce n'est que le temps lui eût manqué pour prononcer ses vœux de religion. La Mère Supérieure et ses conseils, connaissant ce désir suprême, résolurent de le réaliser. Elles permirent à la pieuse enfant de se consacrer solennellement à Dieu sur son lit de mort. Le P. Madelaine se rendit en conséquence, avec la Communauté, dans la chambre de la novice, afin d'y procéder, comme il aurait fait devant l'autel, aux cérémonies de la profession. La mourante formula d'une voix assurée ses vœux de trois ans ; et, pendant que les sœurs psalmodiaient au milieu des larmes, en actions de grâces, les versets du *Te Deum*, elle redisait.

---

(1) Racine, *Phèdre*.
(2) Bossuet, *Oraison funèbre de Henriette d'Angleterre*.

l'âme en paix et saintement joyeuse, — les paroles de la liturgie : « J'ai espéré en vous, Seigneur, je ne serai point confondue pour l'éternité ». (1) Elle expira huit jours après. L'Institut pleura les espérances qu'il avait fondées sur tant de qualités; mais, le ciel justifia sans doute dans une autre vie l'intrépide confiance de la Religieuse mourante et la sincérité de son attachement au divin Epoux de son âme, le Christ Jésus.

La Mère du Saint-Cœur de Marie perdit plus que des espérances dans la personne de la sœur Sainte-Marie, Mlle Aimée-Louisa de Patry. Cette religieuse, née à Bayeux, était entrée dans la communauté dès ses débuts. Elle avait reçu l'Habit au mois de février 1843, et la Fondatrice avait aussitôt apprécié à sa valeur cette âme d'élite. Sœur Sainte-Marie possédait une foi vive et un sens droit. Ses conseils et ses exemples étaient également précieux à l'origine de la Congrégation. Aussi, la Mère du Saint-Cœur de Marie aura-t-elle raison d'écrire à son sujet : « Dieu me l'avait prêtée pour les années difficiles ». Sœur Sainte-Marie mourut le 9 février 1856. Sa Supérieure la regretta, « comme une sœur tendrement aimée ». Elle rappela souvent par la suite, dans ses conversations ou dans ses lettres, les vertus de cette religieuse, son amour pour l'Eucharistie et surtout le véritable culte qu'elle professait pour la sainte pauvreté, note dominante de son esprit de religion.

---

(1) *In te Domine speravi ; non confundar in æternum.* (Paroles du *Te Deum*).

Le 15 avril 1858, une autre compagne des premiers jours, sœur Saint-Henri, mourait à son tour. La Mère du Saint-Cœur de Marie lui décerna dans une circulaire le meilleur des témoignages : « Notre pauvre sœur Saint-Henri, écrivit elle, après avoir payé un long et rude tribut à la souffrance, vient de rendre à Dieu sa belle âme. Le calme et la patience ne lui ont pas fait défaut un seul instant : elle a vu arriver sans effroi le terme d'une existence qu'elle avait vouée tout entière à Dieu et à la Charité. Elle a été la religieuse fidèle, dévouée, régulière, obéissante ; elle a aimé les petits et les humbles ; elle a été charitable pour tous... »

On aurait pu répéter de semblables éloges sur la chère sœur Saint-Léon, lorsqu'elle mourut en 1866. De plus, les qualités naturelles et les aptitudes diverses, dont cette religieuse était si richement douée, augmentèrent dans la Communauté le regret de sa mort.

« Mlle Thomine-Desmazures, Sœur Saint-Léon, excellait en tout, raconte une des Religieuses : architecture et maçonnerie, serrurerie et mécanique, dessin, jardinage, calcul, on eût dit, à la voir, qu'elle avait tout appris. » Ces dispositions la désignèrent au choix de sa Supérieure pour le poste d'Econome. Elle en reçut la charge et la remplit avec une compétence, dont les ouvriers de toutes sortes s'émerveillaient. Son activité était extrême ; sa vigilance, jamais en défaut. Elle se prêtait à toutes les circonstances, et s'appliquait aux devoirs les plus ennuyeux et les plus imprévus avec une bonne grâce parfaite.

« Le trait le plus saillant de son caractère, écrivait
d'elle à ce propos la Mère du Saint-Cœur de Marie,
a été la bonté dans ce qu'elle a de plus aimable. »
Elle ajoutait : « Douée en tout genre de talents supérieurs, jamais elle ne se prévalait de sa supériorité
sur les autres… Rien n'égalait sa simplicité… Sa piété
n'était point expansive, mais sa religion était éclairée,
appuyée sur les grandes vérités de la foi et exempte
de toute petitesse ; aussi, la piété produisait-elle
dans cette âme simple et droite son fruit le plus désirable : l'accomplissement exact de tous ses devoirs. »

La Sœur Saint-Léon expira le 28 juillet 1866. Elle
fut assistée à ses derniers moments par son vénérable frère, M\ Thomine-Desmazures, premier Evê-
que-Missionnaire du Thibet, que le délabrement de
sa santé avait forcé de rentrer en France. La mort
de sœur Saint-Léon fut digne de sa vie.

La Mère du Saint-Cœur de Marie a laissé, comme
des Sœurs Saint-Léon et Saint-Henri, de toutes les
les religieuses que la Providence rappela de ce
monde, depuis la fondation de Blon jusqu'en 1869,
des portraits ressemblants. Ce ne sont pas de vains
éloges, un panégyrique en deux ou trois pages qu'elle
compose. Elle ne retrace l'image fidèle des défuntes
que pour l'instruction des survivantes. Son récit de
la vie des Sœurs et de leurs derniers jours ne se
termine jamais sans un enseignement moral et
chrétien. Tel, celui que nous empruntons au hasard à l'une de ses lettres circulaires. C'était après
une mort prématurée. Elle s'écrie : « Combien cet
événement n'est-il pas de nature à nous faire rentrer

en nous-mêmes ? Sommes-nous prêtes à rendre nos
comptes à l'Époux Céleste ? Ah ! vivons bien, mes
chères filles ; hâtons-nous d'être religieuses en esprit
et en vérité. Alors, nous attendrons la mort en paix
et nous la verrons arriver sans trouble. C'est surtout au moment où Dieu fait son choix au milieu
de la famille religieuse, dont Il m'a constitué la
Mère, que je sens un ardent désir de savoir vos
âmes et la mienne parfaitement pures sous le regard
de Dieu. » Elle écrivait une autre fois : « Puissent
ces voix de la tombe ne pas nous parler en vain !
Hâtons-nous d'accomplir notre sublime vocation...
de manière à voir arriver, nous aussi, l'heure suprême avec paix et espérance. Je le sens jusqu'au
plus intime de mon être ; c'est une bien belle
vocation que celle qui nous fait ainsi mourir entre
les bras du Seigneur, comme une enfant qui s'en-
dort sur le sein de son père. »

Un dernier deuil, non moins douloureux que les
précédents, ne saurait être omis en cet endroit. La
Mère du Saint-Cœur de Marie crut, à juste titre,
qu'elle avait à remplir un devoir sacré auprès du lit
d'agonie de M. l'abbé de Saint-Manvieu. L'excellent
prêtre, lorsque sa présence ne lui parut plus nécessaire à la Communauté, deux ou trois ans après la
formation de l'Institut, cessa d'y faire sa résidence. Il
laissait ainsi à la Supérieure une plus entière liberté
pour diriger ses Filles selon les lumières que Dieu lui
communiquait. Les pensées de M. de Saint-Manvieu
d'ailleurs ne s'accordaient pas toujours, — pourquoi
le tairions-nous, puisque les dons de la grâce, dit

saint Paul, sont aussi divers (1) que les âmes, — avec
les desseins du P. Madelaine et de la Mère du Saint-
Cœur de Marie. Il estima que ces divergences de
vues lui offraient l'occasion de pratiquer un acte
d'abnégation plus grand encore que tous ceux de sa
vie passée. Il lui en coûtait étrangement de quitter
la Mère du Saint-Cœur de Marie, les nouvelles religieuses et les jeunes orphelines qu'il avait recueillies : mais, il n'avait pas coutume de se dérober aux
sacrifices, dont la Providence jugeait opportun de
semer le cours de sa vie.

Quand sa résolution fut arrêtée, M. de Saint-
Manvieu s'éloigna de Blon. Il s'établit dans l'une de
ses terres, à Céaucé, au département de l'Orne. Son
esprit toutefois continua de s'intéresser aux travaux
de l'Institut, et son cœur, de s'affectionner à ses
Membres. Il séjourna, chaque année, pendant quelque
temps à la Communauté, où la Mère du Saint-Cœur
de Marie lui manifestait de toutes manières sa reconnaissance.

Plusieurs fois, des attaques de paralysie mirent
en danger, après son départ de Vire, les jours de
M. Achard de Saint-Manvieu. Aussitôt que la nouvelle en parvenait à Blon, les religieuses redou-
blaient de prières pour leur bienfaiteur et la Supérieure, se dirigeant vers Céaucé, s'y installait en
garde-malade.

Pendant l'été de 1854, la Mère du Saint-Cœur de
Marie vécut dans cette résidence, durant cinq se-

---

(1) *Diversa sunt dona gratiarum...*

maines entières. M. de Saint-Manvieu allait mourir. Paralysé de tous les membres, « il était devenu, mandait la Mère Supérieure à sa fille Mme Saint-Jean-Chrysostome, comme un enfant ». Elle ajoutait : « Tant qu'il a eu de la connaissance, il m'a témoigné de la satisfaction de recevoir mes soins et ceux des Sœurs qui habitaient ordinairement à Céaucé, tout près de lui. C'était une consolation pour moi... de penser que notre présence pouvait lui adoucir un peu les derniers moments. »

M. l'abbé Achard de Saint-Manvieu rendit son âme à Dieu le 23 juillet 1854. Le 27 du même mois, ses restes mortels furent rapportés à Blon. Le clergé de Vire, le Séminaire, les sœurs de la Communauté et les pauvres de la ville, en foule, suivirent son cercueil. Le corps, inhumé dans l'humble cimetière des religieuses, fut transféré un peu plus tard dans la crypte, que les inégalités du sol ont permis d'aménager sous la Chapelle, à gauche du sanctuaire. C'est là qu'il repose, non loin de Mme de Saint-Léonard, dans la même terre consacrée. Les Filles du Saint-Cœur de Marie célèbrent tous les ans pour le repos de son âme, au moment des vacances, un service solennel. Elles ont transformé le lieu de sa sépulture en oratoire et elles y viennent souvent prier à la mémoire de celui dont on pourrait dire, en empruntant une de ses paroles, qu'il fut, pendant sa vie, pour les pauvres et l'Eglise « l'Econome de Dieu... »

M. l'abbé Achard de Saint-Manvieu avait assez vécu pour être l'heureux témoin du rapide essor que l'Institut de la Mère du Saint-Cœur de Marie était destiné à prendre sous le souffle d'En-Haut et sous la conduite de sa Fondatrice et première Supérieure.

L'orphelinat primitif ne réclamait plus seul, en 1854, le temps et le travail des religieuses. La Maison-Mère ne contenait plus elle-même l'œuvre tout entière. Que de changements opérés depuis quelques années ! Vraiment le désert avait fleuri, et, de tous côtés, la semence que la Providence y avait jetée poussait de vigoureux rejetons.

En 1846, le 3 janvier, les Filles du Saint-Cœur de Marie ouvraient à Blon une classe gratuite pour les enfants pauvres de Vaudry, la paroisse de leur résidence. Dans la même année, elles jetèrent les bases d'une autre fondation charitable : des vieillards sans ressources recevaient, tous les lundis, à la Communauté, une généreuse aumône. Les Sœurs donnaient à ces déshérités de la fortune de leur nécessaire. Elles espéraient qu'il leur serait possible, si Dieu daignait bénir leur charité, de gagner les âmes au Christ en soulageant les misères du corps. Bientôt, dans ce dessein, elles rassemblèrent chaque jeudi, vers une heure de l'après-dîner, les pauvres vieux qu'elles secouraient, hommes et femmes, dans les locaux de la classe externe. Une religieuse leur faisait une lecture qu'elle commentait ensuite sous forme de catéchisme. Les malheureux se sentaient sincèrement aimés : ils se laissèrent volontiers instruire et persuader.

Pendant les dix premières années de l'Institut, les Filles du Cœur Immaculé de Marie n'avaient distribué

le bienfait de l'instruction qu'aux petites filles
pauvres. En 1853, quelques familles aisées sollicitèrent de la Communauté la même faveur pour leurs
enfants. Les parents admiraient à la fois la volontaire
simplicité, la science et la vertu des Sœurs que la
Mère du Saint-Cœur de Marie dirigeait. Ils ne croyaient
pas possible de rencontrer de meilleures et de plus
chrétiennes garanties pour l'éducation de leurs filles !
La Supérieure de Blon hésita longtemps avant
d'accueillir la demande qu'on lui adressait. Elle
avait voué sa vie à l'évangélisation des orphelines et
des enfants pauvres de la campagne. Ne serait-ce pas
sortir de sa voie que de créer un Pensionnat pour
les enfants de la noblesse ou de la bourgeoisie ? Elle
réfléchit, consulta Dieu dans la prière et prit enfin la
résolution de tenter l'entreprise. Peut-être aug-
menterait-elle ainsi les ressources matérielles de la
Congrégation, et lui serait-il possible d'entretenir
et de multiplier par là les écoles à l'usage des
pauvres ?

La Mère du Saint-Cœur de Marie prévoyait, qu'en
dehors des parents dont elle avait la confiance, son
entreprise nouvelle ne manquerait pas d'être criti-
quée. On reconnaissait la distinction de son esprit et
de toute sa personne ; mais, plusieurs ne vantaient
ses qualités que pour mettre en regard la prétendue
infériorité des Sœurs qui l'entouraient. La Supérieure
serait seule capable, disaient les malveillants, de
donner à des jeunes filles une éducation soignée. La
Mère du Saint-Cœur de Marie ne souscrivait pas,
on le devine, au jugement avantageux qu'on portait

sur sa personne. Elle s'attribua cependant, afin de diminuer les difficultés de la fondation, la direction du Pensionnat. Son mérite reconnu valut à l'établissement de Blon, dans tout le pays, une juste renommée. Les Maîtresses s'y attachèrent, comme Mme de Maintenon à Saint-Cyr, « à inspirer aux enfants, la religion et la raison. »

Six pensionnaires seulement se présentèrent dans la première année. La Mère du Saint-Cœur de Marie ne s'étonna point de ce petit nombre ni ne s'en affligea. Elle s'en félicitait plutôt : « Nous n'avons que six pensionnaires ; tant mieux, écrivait-elle à sa fille la Mère Saint-Jean-Chrysostome, nous pourrons les mieux former ». A la rentrée d'Octobre 1854, le chiffre des enfants s'élevait à quatorze, et trois ou quatre ans plus tard, il dépassait la cinquantaine.

Les épreuves n'avaient cependant pas manqué à la création dans ses débuts. Dès la seconde année, une élève, Mlle Clotilde de Campagnolles, était atteinte d'une fièvre cérébrale. La Mère du Saint-Cœur de Marie redoubla pour cette enfant de tendresse, de vigilance et de prières. La communauté s'intéressa, comme la Supérieure, à la jeune pensionnaire, et, les parents, témoins éplorés et reconnaissants de ces attentions, déclaraient que la malade n'aurait pas été mieux soignée dans sa famille. Hélas! Mlle de Campagnolles était mortellement frappée : elle succomba. La Mère du Saint-Cœur de Marie regarda ce dur sacrifice comme la croix providentielle du signe de laquelle il semblait que chacune de ses œuvres dût être marquée. Dieu ne permit pas heureusement que le recrutement du pensionnat eût à souffrir de cette mort douloureuse.

Vers la fin de septembre 1860, les Filles du Cœur Immaculé de Marie ouvrirent des classes nouvelles dans la ville même de Vire. Elles acceptèrent de succéder à une institutrice âgée déjà, Mlle Folliot. Cette institutrice tenait à la fois une Pension et un Externat. Mais, depuis l'existence d'un Internat à Blon, le nombre de ses élèves avait considérablement diminué. Dans ces conditions, Mlle Folliot estima que ses intérêts, aussi bien que son âge, lui conseillaient de prendre une retraite honorable, en cédant son établissement aux Religieuses du Cœur Immaculé de Marie. Les Sœurs la remplacèrent : mais, elles n'admirent plus dans les classes de la ville que des externes. Le succès ne fut pas un moment douteux. « Notre Externat de Vire va bien, écrivait la Mère du Saint-Cœur de Marie quelques semaines après son ouverture ; les sœurs y ont pris leur aplomb, et les enfants, après avoir quelque peu tâté le pouls à leurs maîtresses... ont accepté la discipline et le travail ».

En 1864, les classes externes changèrent de local. La Supérieure les rapprocha du centre de la ville, et leur donna le titre d'Externat de l'Enfant-Jésus.

Les religieuses n'oubliaient point parmi ces travaux divers le but premier de l'Institut. Le 3 novembre 1864, elles complétaient dans une propriété voisine de Blon l'organisation de leur orphelinat. En cet endroit, les orphelines, déjà grandes, seraient appliquées aux travaux pratiques du ménage. On les livrerait presque entièrement à elles-mêmes, et elles se prépareraient à faire dans une demi indépendance un bon usage de leur liberté. « Nous désirons, disait la Mère du Saint-Cœur de Marie aux huit orphelines qui inaugurèrent ce genre de vie, que vous viviez ici comme des enfants avec leur mère, prenant, comme la Sœur, les intérêts de la maison et contribuant chacune à la maintenir en bon état ».

La petite colonie fut placée sous la protection de Notre-Dame de la Salette. Elle était située à six kilomètres de Vire, sur le territoire de Roullours. Un curé de cette paroisse, M. Levèque, avait songé pendant sa vie à fonder en ce lieu un asile pour les vieillards et les infirmes. À sa mort, ses projets n'avaient encore reçu qu'un commencement d'exécution. Les bâtiments restaient inachevés et l'œuvre, rêvée par l'excellent prêtre, ne semblait devoir être jamais réalisée.

Dans ces circonstances, pour consacrer à la religion un bien que son propriétaire avait destiné manifestement à servir les intérêts de Dieu par la pratique de la charité, la Mère du Saint-Cœur de Marie acheta le petit domaine de la Salette au cours de l'année 1862. Par ses soins les constructions furent terminées ; une Croix de pierre les surmonta, et bientôt une chapelle, dédiée à la Sainte Vierge, donna son cachet religieux à l'établissement.

La solitude de la maison, la verdure des prés qui l'encadraient, l'ombre que les grands arbres projetaient à l'entour charmaient les regards de la Fondatrice de Blon. Elle aima, durant ses dernières années, à se retirer dans ces lieux paisibles pour y

vaquer aux exercices de la retraite. Malade, elle y
chercha le repos dont ses membres fatigués avaient
besoin. Ce fut aussi dans l'humble chapelle de cette
résidence qu'elle se rendit en pélerinage pour remercier le Ciel avec ses Sœurs, lorsque ses Constitutions et
ses Règles furent approuvées. La Communauté, partie
de Blon dès l'aurore, le chapelet en main et la prière
sur les lèvres, rendit à Dieu de ferventes actions de
grâces pour ce supême bienfait. L'histoire de la
Salette se mêla désormais à celle de Blon. Là,
les novices passèrent les mois des vacances dans
une atmosphère de paix et parmi des sites tran-
quilles, où leurs âmes se tenaient aussi près de Dieu
que dans la Communauté même ; là aussi, la Supérieure établit, le 8 septembre 1869, l'*Œuvre des
Aspirantes*, d'une façon plus précise qu'elle n'avait
essayé, en 1848, celle des Etudiantes.

La Mère du Saint-Cœur de Marie expliquait dans
une lettre qu'elle adressait aux prêtres de sa connaissance, au mois de juin 1869, le dessein qu'elle se
proposait dans cette institution. « Je désire, disait-
elle, vous entretenir d'une œuvre qui, je l'espère,
aura vos sympathies. Plusieurs enfants, heureusement nées, manifestent à l'époque de leur première
Communion, ou en d'autres circonstances, quelque
désir de se consacrer à la vie religieuse. Mais, il
arrive souvent qu'au moment où cesse pour elles la
salutaire influence de l'école et du catéchisme, les
sentiments de piété et les germes de vocation,
qu'elles avaient laissé voir, se perdent et disparais-
sent. Faut-il toujours en conclure qu'il n'y avait pas

là un appel véritable de Dieu ! Nous ne le croyons pas. L'Eglise forme dans tous les diocèses des écoles ecclésiastiques pour conserver et développer les vocations naissantes et assurer ainsi le recrutement du Sacerdoce. L'œuvre, pour laquelle nous osons réclamer votre concours bienveillant et efficace, a beaucoup d'analogie avec ces précieuses institutions. Il s'agit en effet d'un petit établissement, formé dans notre Communauté, pour conserver et développer dans les jeunes filles leur premier attrait pour la vie religieuse, et les y préparer de longue main par l'étude et la pratique des vertus chrétiennes. » Il va de soi que l'Institut se gardait de violenter la volonté des enfants, et que les jeunes filles, élevées gratuitement quand leur famille n'avait aucune ressource, demeuraient toujours libres, si Dieu ne les appelait pas à la pratique des conseils évangéliques, de rentrer dans le monde. Douze Aspirantes se présentèrent, la première année ; et l'Institution fournit, dans la suite, à la Communauté quelques-unes de ses meilleures Professes.

Il était, du reste, nécessaire que les vocations devinssent nombreuses ; car, les fondations de la Congrégation se multipliaient.

Depuis longtemps déjà, bien avant l'installation des Aspirantes à la Salette, les Filles du Cœur Immaculé de Marie avaient organisé le Cours normal que le Département leur avait demandé en 1844. Au mois de janvier 1859, les premières élèves-institutrices entrèrent à la Communauté. Dès lors, tous les ans, un essaim de pieuses Maîtresses, pourvues de leur brevet, sortit de la ruche laborieuse pour diriger les écoles publiques du Calvados. Cette œuvre n'a été interrompue que dans ces derniers temps, lorsqu'on a prétendu suivant un mot barbare, comme l'idée qu'il exprime, « laïciser » l'enseignement.

Les maîtresses formées à Blon travaillèrent à l'instruction de la jeunesse dans le même esprit chrétien, que les Religieuses du Cœur Immaculé de Marie.

Les Sœurs dirigeaient elles-mêmes, à cette date de 1859, moins de vingt ans après leur création, un assez grand nombre d'écoles. M. l'abbé Achard de Saint-Manvieu avait fondé, en 1845, leur premier poste enseignant à Céaucé. Dans les années suivantes, tantôt les administrations municipales et tantôt des personnes généreuses leur confièrent la tenue de classes communales ou la direction d'écoles libres. Les communes de Roullours, de Vaudry, de Neuville, d'Harcourt, de Ranville, de Moult, de Bavent, de Tessy-sur-Vire, de Saint-Germain-de-Tallevendes, de Saint-Sever (1) et quelques autres, dont l'énumération serait trop longue, sollicitèrent pour l'instruction de leurs enfants le précieux concours des Religieuses de la Miséricorde du Cœur Immaculé de Marie. Pas une lettre de demande qui ne contienne un juste éloge des qualités de l'Institut. La Communauté conserve ces temoignages d'estime avec un soin jaloux. Elle aime à rappeler aussi la mémoire des bienfaiteurs qui érigèrent les écoles, où ses Sœurs-Institutrices se

---

(1) Voir la liste complète aux Pièces justificatives.

dévouèrent à la mission qu'elles avaient reçue du Ciel et de leur vénérée Supérieure.

On ne s'étonnera pas que quelques noms soient demeurés plus particulièrement chers aux Filles du Cœur Immaculé de Marie. Les Religieuses se souviennent avec une reconnaissance émue, que la mère de leur Fondatrice, Mme de Germiny, créa l'école libre du Tronquay. Elles retrouvent avec bonheur aux origines des classes du Molay, les noms de M. et Mme de Chabrol. Elles s'honorent du choix que fit de leur Congrégation pour tenir l'école de Sommervieu un prêtre éminent, dont le diocèse de Bayeux vante encore les talents et les vertus, M. l'abbé Noget-Lacoudre. Le poste remonte au 21 novembre 1850. Huit semaines auparavant, l'amie la plus intime de la Mère du Saint-Cœur de Marie, Mme Achard de Vacognes, fondait le poste de Tour. Ce fut une joie sainte et vive pour ces deux âmes chrétiennes d'unir dans une même œuvre leurs sacrifices et leurs efforts, comme elles avaient autrefois mêlé dans leurs confidences de jeunesse leurs prières, leurs aspirations vers le bien et leur désir d'être toujours et quand même fidèles à Dieu.

En 1853, les Sœurs de Blon essaimaient jusqu'en Seine-et-Oise, au-delà de Paris. Mlle Claire de La Grange, héritière du château de Viarmes, installait sous leur direction une école libre dans une partie de sa résidence. Quelque temps après, l'école devenait communale ; un asile pour les plus petits enfants y était annexé ; et, le maire de la commune, M. Libert, disait, dans un discours public, en parlant des Religieuses, dont il avait apprécié le dévouement : « Nous ne saurions trop nous féliciter du choix que Mlle de La Grange a fait de ces saintes Filles. Animées de l'esprit de charité dont la source est en Dieu, elles consacrent leur existence à instruire les enfants, à soigner les malades, à consoler les affligés, sans attendre ici-bas d'autre récompense, pour toute une vie d'abnégation, que la conscience du devoir accompli et du bien qu'elles ont réalisé. »

La Mère Supérieure se réjouissait de ces éloges : elle crut bon cependant de mettre ses Religieuses en garde contre le sentiment d'humaine vanité, que de telles paroles étaient de nature à leur inspirer. « On vous a montré, leur écrivit-elle, non pas ce que vous êtes, mais ce que vous devez vous efforcer de devenir, si vous voulez accomplir fidèlement vos engagements envers Dieu, envers l'Eglise, envers les familles qui vous confient leurs enfants. »

La commune de Nesles, à la vue des succès obtenus dans l'école voisine de Viarmes, réclama bientôt pour instruire ses enfants des Religieuses du Cœur Imma-culé de Marie. La demande fut agréée. La Mère Fondatrice parait même avoir aimé d'une affection spéciale « ce petit bourg de Nesles, comme inconnu et isolé au milieu de ce qu'on appelle la civilisation des pays qui avoisinent Paris... » Les gens y sont bons et simples, ce sont les expressions de la Mère du Saint-Cœur de Marie, et bien que la foi y soit morte, comme dans toute la contrée, les œuvres y sont moins répréhensibles. Ce pays me fait penser, continue-t-elle, aux campagnes incultes et brûlées

que la lave des volcans n'a pas encore atteintes,
mais que le voisinage de leur désolante chaleur a
déjà desséchées. »

« Il y a là, raconte-t-elle un autre jour, une vallée
délicieuse, jadis vivifiée par la magnifique habitation
des seigneurs de Nesles, mais où règnent aujour-
d'hui la solitude et le silence. L'habitation a disparu,
et le silence qui règne sous les grands arbres, seuls
restes encore vivants de la splendeur d'autrefois, a
quelque chose de grave et de touchant qui parle bien
haut à l'âme de la vanité des grandeurs de la terre et
de l'éternelle grandeur de Dieu ! »

En 1871, la municipalité, oubliant les services que
les Religieuses avaient rendus, leur ôtait après la
guerre franco-allemande la direction de l'école.

Plus près de Vire, dans le même département du
Calvados, à Thury-Harcourt, sous les auspices de la
princesse de Beauveau et du Curé-Doyen, M. Vaul-
tier, les sœurs du Cœur Immaculé de Marie organi-
sèrent, avec des classes pour les petites-filles, le
premier asile de vieillards et de malades qu'elles aient
desservi. L'inauguration de l'hospice fut solennelle.
Le curé de la Trinité de Falaise en bénit les bâtiments. Le P. Madelaine et la Mère du Saint-Cœur
de Marie assistèrent à la fête. L'un de leurs vœux
les plus chers était comblé. Cette création fournissait
à leurs filles le moyen de se consacrer sous une forme
nouvelle au service des pauvres.

L'ouverture du Pensionnat, l'établissement de
l'Ecole normale et le nombre toujours croissant des
Novices et des Professes avaient nécessité d'impor-

tants travaux à la Maison-Mère. Or, pendant qu'on exécutait les changements jugés indispensables, M. et Mme Picquot de Magny, qui aimaient à passer chaque année plusieurs jours auprès de la Mère du Saint-Cœur de Marie, transformaient les jardins. Ils y dessinaient des allées et des parterres de fleurs ou y semaient, par endroits, de petits massifs d'arbustes verts.

En 1853, un portique monumental, en granit du pays, fut élevé à l'entrée de la cour d'honneur. Il se composait de trois arcades de grandeur inégale. Au milieu, une large baie livrait passage aux voitures. Des deux côtés, s'ouvraient deux portes plus étroites. Ce portique ornait autrefois l'entrée d'une abbaye de Bénédictines. Après la Révolution, il fut érigé devant l'Hospice. Lorsque la Municipalité de Vire le remplaça par une grille et des portes en fer, la Mère du Saint-Cœur de Marie acheta le portail condamné de l'antique abbaye et le fit réédifier, pierre par pierre, à l'entrée de son Monastère. Elle mit trois statues dans les niches qui décorent l'œuvre Renaissance à sa partie supérieure : au centre, l'image de Marie, patronne de Sa Communauté ; à droite, Saint-Joseph, qu'elle honorait d'un culte particulier ; et à gauche, Saint-Vincent-de-Paul, le modèle de la charité chrétienne dans l'âge moderne. Les ouvriers de la ville avaient alors peu de travail. La Mère du Saint-Cœur de Marie fut heureuse de leur fournir cet ouvrage et de secourir ainsi, dans la mesure de ses moyens, leur détresse. Elle devait entreprendre bientôt une construction plus considérable.

Le 25 décembre 1854, en effet, elle réglait avec son Conseil que l'heure était venue de remplacer la salle, qui servait de sanctuaire provisoire, par une chapelle définitive en l'honneur de Marie-Immaculée.

Les Religieuses de Blon avaient acquis, depuis quelque temps, le terrain nécessaire à l'emplacement de l'édifice. Ce terrain s'étendait à gauche du corps principal de la Communauté. Le propriétaire avait demandé d'abord un prix exorbitant. Les Religieuses prièrent Saint-Joseph, pour que l'affaire s'arrangeât au mieux de leurs intérêts et selon leurs désirs. Le possesseur consentit à rabattre de ses exigences, et à céder les quelques arpents de terre pour une somme raisonnable.

La chapelle, projetée en 1854, fut commencée dès les premiers mois de l'année suivante. Un ancien ingénieur, prêtre du diocèse de Rouen et ami du P. Madelaine, M. l'abbé Robert, en dessina le plan. Il lui donna la forme d'une croix latine et la construisit en architecture romane ». Le gothique, écrivait la Mère du Saint-Cœur de Marie à sa fille, sœur Saint-Jean-Chrysostome, aurait coûté beaucoup plus cher. Il eût fallu chercher au loin la pierre, tandis que dans le genre roman, la pierre du pays, qui est le beau granit, fait très bien. »

M⁅ʳ⁆ Robin, évêque de Bayeux, atteint déjà de la maladie dont il mourut, fut empêché de présider à la pose de la première pierre. L'évêque de Séez, M⁅ʳ⁆ Rousselet, de douce et pieuse mémoire, le remplaça. Il bénit les travaux le 30 mars, en la fête de la

Compassion de la Sainte-Vierge. Dès l'année 1856, la chapelle était achevée. Le successeur de Mgr Robin, Mgr Didiot se rendit à Blon pour l'inaugurer, le 15 septembre. Les Religieuses et le Père Madelaine reçurent leur Evêque en chantant : « Hosannah ! Béni soit celui qui vient au nom du Seigneur ! » Les prêtres de Vire et des environs formèrent au prélat un cortège d'honneur.

Après la bénédiction, deux Religieuses prononcèrent leurs vœux perpétuels ; dix autres, leurs vœux de trois ans ; et neuf Postulantes prirent le saint habit.

Mgr Didiot et son vicaire général, M. l'abbé Rivière, exprimèrent l'un et l'autre dans des instructions substantielles les sentiments et les pensées, qui remplissaient les âmes au cours de ces diverses cérémonies.

« Sans doute, disait Monseigneur, cette jolie chapelle n'approche pas de la magnificence du temple de Salomon. Cependant, elle le surpasse en gloire et en grandeur. On n'immolait dans le temple merveilleux de Jérusalem que des victimes grossières, tandis que dans celui-ci sera offerte la victime pure et immaculée, le Fils de Dieu qui s'immole Lui-même par un sacrifice d'amour. Que le temple de Salomon abaisse donc ses richesses et ses magnificences devant la plus humble de nos Églises et la plus pauvre de nos chapelles ! »

L'abbé Rivière entretint l'auditoire des sacrifices et des grâces de la vie religieuse : « O monde, s'écriat-il en parlant de ceux qui pleurent sur le sort des cœurs consacrés à Dieu, que tes larmes me font pitié ! C'est sur toi qu'il faut pleurer ! » Puis, laissant paraître entièrement l'intérêt que lui inspirait la communauté des Filles de la Miséricorde du Cœur Immaculé de Marie : « Aimer Blon, disait-il, c'est aimer Dieu, aimer les enfants, aimer les pauvres, aimer tout ce qui souffre ! »

La Mère Fondatrice n'avait pas prétendu allumer au cœur de ses Religieuses d'autres amours. Lorsque les Sœurs renouvelèrent, à la fin de cette inoubliable journée du 15 septembre 1856, leurs promesses et leurs serments de fidélité à Jésus et à Marie, elles s'engagèrent à persévérer dans cette charité humaine et divine tout ensemble, qui était leur seule raison d'être.

Dès maintenant le P. Madelaine et la Mère du Saint-Cœur de Marie ne pouvaient-ils pas s'appliquer avec raison la parole du Maître : « O Dieu, j'ai accompli l'œuvre que vous m'aviez donnée à remplir ! » (1)

A la date où nous avons conduit dans ce chapitre et les précédents l'histoire de la Fondatrice de Blon, la Communauté des Religieuses de la Miséricorde du Cœur Immaculé de Marie constitue un corps bien vivant. Elle possède tous ses organes essentiels, et, le Ciel lui-même, par le ministère du Souverain Pontife, lui a communiqué, en approuvant ses Règles, un principe de durée et de fécondité. La Mère du Saint-Cœur de Marie a traduit dans des lignes radieuses d'enthousiasme et que la reconnaissance a

____

(1) *Opus consumavi quod dedisti mihi ut faciam.* S. Jean. XVII. 4.

rendues éloquentes, les sentiments de son âme à cette époque. « Cette œuvre commencée sous le regard de Dieu, écrit-elle, soutenue sans cesse par Lui, tantôt redressée par son action bienfaisante, quand les ouvriers s'écartent du plan du Maître, tantôt développée ou modérée dans son progrès comme la cime d'un jeune arbre dont un habile jardinier dirige, presse ou retarde la sève pour en assurer ou en multiplier les fruits, cette œuvre s'accroît et se consolide. A la vue des merveilles opérées par de si faibles et si mauvais instruments, mon admiration est à son comble. Je me sens très impuissante à payer la dette de reconnaissance que nous avons contractée. J'ai besoin, mes Filles, de vous appeler à mon aide et ne puis m'empêcher de vous crier : « Avec moi, demandez « grâce, adorez, aimez, louez, remerciez! Que Dieu « ne cesse de lire au fond de vos cœurs les senti- « ments de l'amour et de la reconnaissance et que « nos cantiques d'actions de grâces se continuent au « delà du tombeau jusque dans l'Éternité !... »

CHAPITRE IX

LA RELIGIEUSE
1842-1869

Amour de Dieu. — Esprit de sacrifice. — Humilité. — Prière.
Retraites. — Communions.

La Mère du Saint-Cœur de Marie était appelée par
sa vocation à mener une vie active. Les œuvres de zèle
occupèrent, en conséquence, une place considérable
dans son existence. Elle s'imposa toutefois, pour
premier devoir, de travailler à son perfectionnement
moral et surnaturel. A son avis, elle remplirait d'autant mieux son rôle d'Institutrice, qu'elle serait
plus Religieuse. Sa puissance d'action et son extraordinaire influence sur les âmes n'eurent, en effet,
d'autre origine que ses vertus.

Dans ce chapitre, la Mère du Saint-Cœur de Marie
nous expliquera elle-même, par ses paroles et ses
écrits ses propres sentiments sur les principes et sur
les pratiques de la vie religieuse. Son esprit revi-
vra dans ses expressions. Ses entretiens, ses lettres,
ses cahiers de retraite révéleront sa foi profonde, son
ardente charité, sa fermeté douce et le grand désir,

qui l'a possédée jusqu'à son dernier jour, d'aller à Dieu et d'y entraîner les autres à sa suite.

Un seul amour, l'amour de Dieu, doit tout inspirer et tout régler dans la conduite d'une Religieuse. La Fondatrice de Blon ne cesse de le rappeler aux Sœurs et aux Novices de sa Communauté : « C'est Dieu qu'il faut avoir en vue, leur disait-elle; je voudrais que, dans cet Institut, il ne pût revenir de gloire qu'à Jésus et à sa Très Sainte Mère. » Et encore : « Je vous résumerai dans un seul mot ce que vous avez à faire : Aimez ! Aimez ! C'est là votre part, c'est votre vie. — Qui faut-il aimer ? — Dieu, Notre-Seigneur. Ne vous aimez pas vous-même, ni les créatures. Non ! Ah ! ne prostituez pas votre cœur dont Dieu veut bien être jaloux. Je ne sais vraiment pas comment on ne ressent point d'orgueil à cette pensée, que nous rendons un Dieu jaloux... Pensez donc à Lui, aimez-Le et tout vous deviendra facile... N'avez-vous pas vu dans le monde, comme on s'inquiète, comme on s'empresse, comme on est disposé à tout sacrifier pour ceux qu'on aime ! Agissez ainsi avec Notre-Seigneur et bientôt vous goûterez cette joie délicieuse qui surpasse tout sentiment. »

« Plus j'avance vers l'Eternité, écrit-elle dans une de ses retraites, en 1860, plus il me semble que je vois les choses et les évènements sous un jour plus vrai. J'en connais tout le néant. » Aussi, l'aspiration si chrétienne, que le P. de Condren et M. Olier se plaisaient à répéter, revient-elle souvent dans ses conseils : « Vivre de Dieu, vivre en Dieu ! » « Oui, s'écrie-t-elle, je ne puis ni ne veux me reposer ici-bas qu'au pied de la Croix, et les yeux fixés sur le cœur de de mon divin Epoux. Lui seul sera le mobile de toutes mes actions, de toutes mes paroles, l'objet de mes pensées. Lui plaire uniquement m'occupera tout entière. » Elle conclut : « J'aime la sainte volonté de Dieu ; elle est toujours adorable et doit être toujours adorée. Je n'ai qu'un amour vif et senti, celui de la volonté de Dieu. »

« Je me cherche trop, dit-elle encore dans sa retraite de 1860, pas assez Dieu. » Et en 1868 : « A mon âge, le temps presse... Je me dirai souvent : Aujourd'hui, mon Dieu, et non pas demain, de peur d'arriver trop tard. L'Epoux céleste attend de toute éternité des témoignages de ma fidélité et de mon amour. » « Evitons l'empressement, mais allons sans tarder, quand Dieu appelle, mandait-elle à ses Filles dans le même esprit. Il ne faut pas le faire attendre ; il est toujours le premier au rendez-vous. »

Non seulement la Fondatrice des Sœurs de Blon aimait Dieu, mais elle souffrait de le savoir offensé. Une personne, revêtue d'une haute dignité, scandalisa gravement les âmes que son devoir l'obligeait d'édifier. « Ne voilà-t-il pas un terrible exemple, s'écrie-t-elle, du mal que peut faire la légèreté et l'imprudence des paroles. Il faudrait pleurer cela avec des larmes de sang ! »

La Mère du Saint-Cœur de Marie affectionne assez son divin Maître pour le servir selon les desseins de sa Providence, et non point d'après les désirs de sa propre sagesse. Les élans de piété, par lesquels le

Ciel nous récompense en quelque sorte dès ici-bas de notre ferveur, ne lui furent pas étrangers. Dieu ne la sevra point de toutes les joies spirituelles ; mais, il décida de l'élever à la perfection par « le chemin royal de la Croix ». Elle but à la même coupe du sacrifice que le Christ, son époux et son modèle : « Je veux bien la Croix, écrit-elle, toujours, toujours ». Et dans un autre endroit : « Il y a longtemps que vous me l'avez fait comprendre, Seigneur : vous voulez que mon cœur vous glorifie par la souffrance. Amen ! — Dans le Ciel, j'aimerai sans souffrir, j'aimerai sans mesure, sans réserve. C'est la vraie, la grande, l'inexplicable félicité des élus !...

« Sur la terre aimer la créature, c'est souffrir : souffrir pour Dieu, c'est l'aimer. Bénite souffrance, je vous veux, je vous aime ! »

Les enseignements et la conduite de Sainte-Thérèse, l'une de ses saintes de prédilection, la confirmèrent dans ces pensées de foi. « Sainte-Thérèse, lisons-nous dans une lettre du 6 mars 1863 à sa fille, Mme Saint-Jean-Chrysostome, dit quelque part un mot bien consolant : Souffrir c'est aimer. Cela vient au secours des âmes qui sont plus certaines de souffrir que d'aimer. »

La nature physique de la Mère du Saint-Cœur de Marie semblait d'ailleurs organisée pour la souffance. D'une complexion faible et délicate, elle ne demeurait jamais longtemps sans éprouver de pénibles malaises ou de violentes douleurs. Des accès de goutte la torturaient de temps à autre. « C'est un patrimoine de famille, disait-elle, que ne prohibe pas la pauvreté. » Elle acceptait l'épreuve sans murmurer, avec la même bonne grâce que l'on accueille un visiteur attendu.

Sa sensibilité, sa tendresse pour les siens et pour les Sœurs, que la Providence avait confiées à sa garde, fournirent à la Mère du Saint-Cœur de Marie des occasions sans cesse renouvelées de sacrifices plus douloureux encore. Elle envisagea toujours ces sacrifices par le côté surnaturel. Ainsi, en 1861, pendant qu'elle veillait sa fille Léontia dangereusement malade, elle écrivit à son assistante, la Mère Saint-Anne : « Tout me rappelle dans cette maison, où je suis en ce moment, que la Croix m'est utile, qu'elle m'a ouvert la miséricordieuse porte de la vie religieuse et qu'elle est destinée à m'ouvrir le ciel ! »

C'était pour avoir éprouvé les mystérieux effets de la mortification qu'elle pressait la maîtresse des Novices d'en prêcher la pratique à ses futures religieuses. « Apprenez à vos Novices efficacement l'esprit de sacrifice et de renoncement. Là seulement est l'esprit de Dieu. Partout où on se retrouve, on le perd. » « La plus heureuse religieuse, disait-elle une autre fois à l'une de ses Filles, c'est celle qui ne se recherche jamais en rien, s'oublie pour les autres et ne vit pas pour la terre, mais pour le ciel. »

Elle mérita cette grâce, que Dieu ne lui ait point permis de se rechercher elle-même et de s'enorgueillir de ses travaux, de ses qualités ou de sa personne.

La Mère du Saint-Cœur de Marie ne néglige aucun moyen d'ailleurs d'affermir et de développer en elle la vertu d'humilité. Combien elle est « convaincue de son néant ! » A qui la félicite du succès de son œuvre, elle répond : « Nous ne comptons pas sur nous-mêmes, car nous sommes très persuadées que nous ne pouvons que gâter l'œuvre de Dieu. »

Les Sœurs qui l'ont connue se souviennent de l'accent de conviction, avec lequel elle répétait : « C'est bien bon, bien bon, je vous assure, d'être humiliée. » « Il est juste, il est salutaire, ô mon Dieu, que l'on me méprise. » Elle regrettait que son poste de Supérieure ne lui laissât pas la faculté de s'humilier davantage. Elle écrit à ce propos : « Je suis effrayée de toutes les marques de déférence que les Sœurs me donnent. Que ce soit vous, ô mon Dieu, qu'elles honorent ainsi ! »

Il n'est pas de sujet, sur lequel la Mère du Saint-Cœur de Marie revienne plus fréquemment, que sur l'humilité. « Il faut en ce moment se faire petit, très petit, mande-t-elle en 1862, à sa fille, Mme Saint-Jean-Chrysostome. Dieu mesure le vent au brin d'herbe, il l'agite seulement. Il déracine au contraire le chêne qui lève orgueilleusement la tête. Aussi, combien cette pensée me fait aimer à parler de l'aimable vertu d'humilité ! » « Quelle effrayante lumière, au reste, se fera un jour, lisons-nous dans un autre de ses écrits, pour tant d'âmes aveuglées par la vaine gloire, lorsqu'elles s'apercevront qu'elles ont parlé de la gloire de Dieu, sans penser à autre chose qu'à leur propre gloire. »

Pour elle, toutes les précautions sont prises afin de ne pas être aveuglée. Aucun détail de sa vie n'échappe à la pénétrante analyse de ses examens de conscience.

Elle surveille en elle toutes les formes de l'amour-propre et les réprime.

Nous voulons le bien, mais surtout nous voulons l'accomplir. La Mère du Saint-Cœur de Marie se prémunit contre ce sentiment : « Me rappeler, dit-elle à ce propos, que Dieu, en me faisant venir à Blon, n'avait pas compté que je pusse faire et savoir quelque chose pour moi-même. Il avait espéré que je verrais agir les autres sans jalousie... heureuse que le bien se fasse, n'importe par qui. » (25 janvier 1855). Et en 1869 : « Notre Père pense à tout : Moi, je suis la mouche du coche : Je fais un peu de bruit, mais à peu près nulle besogne. »

C'est en matière d'orgueil ou de vanité que nous nous séduisons le plus volontiers nous-mêmes. L'homme se recherche jusque dans la manière dont il s'humilie. La Mère du Saint-Cœur de Marie méditait souvent à ce sujet la parole du P. de Ravignan : « Soyons extraordinaires à force d'être ordinaires. » Non seulement elle s'humiliait des défauts qu'elle se connaissait, mais pour n'épargner aucune de ses faiblesses, elle appelait à son aide les conseils et les avertissements d'autrui. Elle écrit à la Mère du Sacré-Cœur : « Je vous demande un service, celui de m'avertir de mes défauts sans ménagement, sans précaution, en appelant les choses par leur nom, humeur ce qui est humeur, susceptibilité ce qui vous paraîtra tel, et le reste... S'il vous est plus commode de m'écrire vos remarques que de me les dire, vous pourrez le faire ; ce sera comme vous voudrez... Ne craignez pas que cette mission, que je vous donne mette une certaine gêne dans mes rapports avec vous. Je pourrai malheureusement m'excuser quelquefois : mais, vous ne manquerez pas de m'en avertir. Et comme nous ne chercherons, vous et moi, que la gloire de Dieu, l'esprit de foi nous conservera l'une et l'autre dans le fidèle accomplissement de nos devoirs. »

La Mère du Saint-Cœur de Marie habituait ses religieuses à pratiquer, comme elle, la vertu d'humilité. Elle leur recommandait de ne se laisser jamais prendre aux appas de la vaine gloire, et de se défier même des éloges mérités. Un jour, quelques-unes d'entre-elles reçurent en sa présence de justes louanges. Les compliments étaient à peine exprimés que la Supérieure regarda les Sœurs, puis, doucement, avec un fin sourire : « Bien, bien, leur dit-elle, ouvrez maintenant votre fenêtre et laissez passer. »

C'est aussi l'humilité qu'elle conseillait le plus volontiers à sa propre fille, Mme Saint-Jean Chrysostome : « Ce que ta Mère demande pour toi, lui écrivait-elle, c'est que, tous les jours de ta vie, tu t'élèves plus près de Dieu en t'abaissant plus profondément dans ta misère et ton néant, et qu'au dernier jour, — dans longtemps, — tu contemples, tu bénisses, tu aimes sans terme et sans mesure, le Maître, le bon Père, l'Epoux qui a daigné te choisir. »

Quant à elle, tout lui était prétexte à s'humilier. Elle se reprochait les ardeurs trop vives de son tempérament et s'accusait de ses sentiments d'amour-propre même involontaires. C'est ce qui arriva entr'autres, dans l'année 1848, lorsqu'elle voyageait avec l'une de ses religieuses, la sœur Saint-Augustin.

« Nous étions, raconte celle-ci, dans le bureau des diligences. Un homme de mauvaise mine voulut grimper sur l'impériale. Quatre fois on le repoussa, et quatre fois il revint à l'assaut. Notre Mère craignant une rixe, et pour nous, l'obligation de passer en témoignage, me dit : « Sortons du bureau. » Nous allâmes nous appuyer sur une borne qui était voisine de la porte d'entrée. Là, deux jeunes gens fumaient tout près de nous et crachaient sans faire aucune attention. « Ma Fille, me dit encore notre Mère, éloignons-nous, ils seraient capables de nous cracher sur la tête. Allons sur la route. » Elle ajouta : Je serais contrariée que quelqu'un de ma famille m'eût vue dans cette position ; cela l'eût peiné ! » C'était là une pensée trop humaine au gré de la Mère du Saint-Cœur de Marie. Elle saisit la première occasion d'aller à l'encontre de ce mouvement d'amour-propre. Elle avait à peine achevé la réflexion que nous venons de rapporter, lorsqu'elle entra dans la grande rue de Flers. Il faisait un temps superbe : or, sa compagne portait des sabots qui la fatiguaient. « Otez-les donc, dit la Mère supérieure, et ne gardez que vos chaussons. » La religieuse obéit. « Donnez-les moi maintenant, reprend la Mère. Je souffre tant des services que ma place m'oblige à recevoir dans la Communauté... Laissez-moi la joie de paraître au moins une fois rendre service à l'une de mes Sœurs. » Elle prit les sabots à sa main et les porta ostensiblement pendant toute la longueur de la rue.

C'est dans les mêmes sentiments d'humilité que la Mère du Saint-Cœur de Marie évitait, autant que cela lui était possible, les hommages qu'on aurait pu songer à lui témoigner. Que de précautions pour se dérober à la plus petite prévenance, si le hasard ou les obligations de sa charge la conduisaient dans les pays qu'elle avait habités, pendant qu'elle vivait dans le monde ! Pauvre volontaire, elle affectionnait les humiliations de l'état qu'elle avait choisi. Elle aimait, suivant le conseil de l'Imitation, « à demeurer inconnue et à n'être comptée pour rien ».

La Mère du Saint-Cœur de Marie entretenait en elle ces dispositions religieuses durant ses retraites annuelles. Chaque année, elle se livrait à deux reprises, à ces pieux exercices : une première fois, dans la dernière moitié de la semaine Sainte, et une seconde, pendant les jours qui précédaient la fête de Sainte Thérèse. C'est dans ces heures surtout qu'aucune de ses faiblesses ne trouve grâce à ses yeux. Dans ses cahiers, ici, elle condamne « sa promptitude à s'excuser » ; là, « son manque de douceur », ailleurs, ses angoisses morales ou son impuissance : « Impossible de réfléchir, écrit-elle, la tentation a envahi mon âme ». Et en 1843 : « Je crois que mon cœur n'a pas voulu être infidèle, c'est mon seul motif d'espérer, ô mon Dieu, que vous ne me rejetterez pas » !.. Elle ajoute du reste : « J'accepte les froideurs dans la prière, les ténèbres, les troubles, l'absence de bons désirs et mon apparence de mauvaise volonté ». « Cependant, écrit-elle dix-sept ans plus tard, je pense que le travail de la grâce n'est pas tout à fait perdu pour moi. Je me sens plus dégagée des liens de la nature. Mais que dois-je donc faire de plus pour trouver Dieu !... car, je ne le trouve pas et c'est ce qui fait ma souffrance intérieure. Il me semble que je suis en suspens : je ne tiens plus à la terre, où Dieu a purifié et sanctifié par la Croix toutes mes affections ; je suis seule, détachée, il est vrai, des créatures, mais ne pouvant m'unir à Dieu ».

La Mère du Saint-Cœur de Marie a besoin, dans ces moments-là, que son Directeur lui prêche la confiance. Elle se montre, d'ailleurs, extrêmement reconnaissante de sa bonté pour elle. Elle lui écrit : « Je sens vivement que je ne mérite pas vos soins, mais je vous prie de ne pas renoncer à vous occuper de mon âme, à cause de l'œuvre que Dieu a daigné confier à ma misère. Quelles que soient mes tentations et mes fautes, je n'en regarde pas moins la mission que vous remplissez depuis trente ans à mon égard, comme un des plus grands actes de miséricorde que Dieu ait bien voulu exercer envers moi. Si mes infidélités font sur la terre une de vos croix, je n'en suis que plus fortement convaincue que Dieu vous garde là-haut une grande récompense pour cette œuvre de support et de miséricordieux dévouement à la sanctification de mon âme. Je demande pour vous cette récompense par tous les cris de mon cœur ».

Non seulement la Mère du Saint-Cœur de Marie profite des instructions du P. Madelaine ; elle fait plus. Dominant par son énergie et par sa foi les inquiétudes de son âme, elle s'encourage elle-même à la confiance en Dieu. Pourquoi des craintes exagérées ?... Il n'est pas bon que la pensée de la mort même se résolve uniquement dans des sentiments de frayeur. « Cette pensée de la mort m'est depuis quelque temps ordinaire, dit-elle. Je chercherai à m'en servir utilement. Il faut y songer, non pour me tourmenter et me troubler, mais pour voir les choses au vrai point de vue ».

« La retraite apparaît alors, disait justement la vénérée Supérieure en parlant à ses filles, avec ses réflexions sérieuses sur la mort et l'éternité, comme une halte dans la vie. Elle met en garde contre le découragement. On se donne à Dieu et l'on ne compte plus que sur Lui ». « Je le sens, écrivait-elle dans le cahier de ses retraites en 1860, je dois vivre dans un entier dégagement et une sainte liberté de pensée et d'opinion, que je ne trouverai jamais en dehors de l'unique dépendance où je dois être de Dieu. O Jésus, il me semble que le souffle divin de votre Esprit me pousse fortement vers cette atmosphère de sainte liberté. Ouvrez-moi votre cœur !... Recevez-moi dans ce port de salut, ô mon divin Epoux : Que j'y entre comme un vaisseau battu par la tempête et dépourvu de ce qui lui est nécessaire pour recommencer une sûre et heureuse navigation... J'entends que vous me promettez d'être le divin réparateur de cette barque qui, sans Vous, n'est plus en état de voguer vers la Patrie. Je me livre à Vous, divin pilote ». Et plus loin : « O Jésus, vous avez prononcé sur mon âme la sentence d'absolution qui vient d'effacer tant de fautes, tant d'infidélités, tant d'ingratitudes. Quelle que doive être la durée du temps qui me sépare encore de mon éternité, appuyée sur votre grâce, soutenue par vos divins Sacrements, protégée par Marie votre Mère, oh ! il me semble que je pourrais dire que je ne vous offenserai plus, si le passé ne me rappelait toute ma faiblesse... O Jésus, je ne veux plus chercher que Vous ; je ne veux plaire qu'à Vous ! ».

Si la Mère du Saint-Cœur de Marie renouvelait sa dévotion dans ses Retraites annuelles, elle l'entretenait dans des retraites du mois et surtout dans de fréquentes communions. Le dogme de la présence réelle était vraiment pour elle, suivant l'expression de Mgr Gerbet, « le dogme générateur de la piété chrétienne. » Elle parlait très souvent à ses Religieuses de ce grand mystère d'amour. « L'Eucharistie c'est tout... Tout est là !... Aimez-vous la Sainte-Communion, leur disait-elle, la désirez-vous ? Une âme qui ne désire pas la Sainte Communion est bien malade... » Pour elle, son âme pure et saine recherchait avec une pieuse avidité cette nourriture céleste. La comparaison du « cerf altéré qui soupire après l'eau des fontaines » ne serait pas déplacée pour rendre les saintes aspirations de son âme, quand elle se préparait à recevoir son Dieu. Avec quel soin, elle se disposait à ce grand acte de la vie chrétienne ! Quelle ferveur ! quel amour, quel recueillement dans l'action de grâces !

Une sœur de travail, très digne de foi, assure qu'elle aperçut, après une communion, le visage de sa Supérieure tout rayonnant de joie sous son voile, et comme illuminé d'un éclat extraordinaire. Nous ne rapportons ce fait que pour mémoire et sans en rien conclure sur la vertu de la Mère du Saint-Cœur de Marie. Nous ne voulons ici connaître des relations intimes de son âme avec Dieu que ce qu'elle nous en a dévoilé dans des pages sincères. Or, elle écrit en 1866 : « Pendant trois semaines, après la communion, l'impression de votre présence au fond de mon cœur, ô mon Dieu, m'a peu quittée. Cette disposition continuait d'une communion à l'autre avec la faculté, si rare pour moi, de Vous parler cœur à cœur, de Vous consulter, de Vous prier, de Vous sentir en moi, avec moi. Il me semble que vous étiez entouré de tout ce qui pouvait me rappeler votre amour pour moi d'une manière plus efficace. »

Parmi ces symboles de la tendresse de Dieu pour son âme, se dressaient en première ligne les instruments de la Passion. Ainsi, dans la joie même, le Divin Maître lui rappelait que la vertu d'une Religieuse ne se consomme que dans l'épreuve. Elle ne l'entendait pas autrement, quand elle écrivait ces paroles qui forment comme le résumé assez exact de ce chapitre et de sa vie spirituelle : « Une Fille du Cœur Immaculé de Marie devrait désirer avoir mille cœurs et mille voix pour les employer et les sacrifier à sauver les enfants... Mais, souvenez-vous que pour sauver les âmes il faut s'humilier, souffrir et mourir. »

Quand on dirige son existence d'après ces principes, on est fondé à remercier le Seigneur de sa vocation, en répétant comme la Mère du Saint-Cœur de Marie : « Le temps et l'éternité, employés à dire des *Te Deum* et des *Magnificat*, ne seront pas assez longs pour exprimer à Dieu notre reconnaissance. »

CHAPITRE X

LA RELIGIEUSE

Sa charité envers ses Religieuses, ses Parents, les Pauvres,
les Enfants.

« Il serait singulier, disait Lacordaire, que le Christianisme, fondé à la fois sur l'amour de Dieu et des hommes, n'aboutît qu'à la sécheresse de l'âme à l'égard de tout ce qui n'est pas Dieu. Ce qui ruine l'amour, c'est l'égoïsme, ce n'est pas l'amour de Dieu ; et il n'y eut jamais sur terre d'ardeurs plus durables, plus pures, plus tendres, que celles auxquelles les Saints livraient leur cœur, à la fois dépouillé et rempli, dépouillé d'eux-mêmes et rempli de Dieu. »

La Mère du Saint-Cœur de Marie avait compris et goûté ces belles paroles. « O mes chères Filles, il faut que vous aimiez beaucoup, s'écriait-elle dans un entretien, votre cœur ne vous est donné que pour cela ; mais, aimez Celui-là seul, qui ne vous abandonnera jamais. »

Cependant la Religieuse, lorsque son cœur est une fois fixé dans l'amour de Dieu, n'ignore pas qu'il existe dans la loi divine un second commandement semblable au premier : « Vous aimerez le Seigneur de toutes vos forces : mais aussi, le prochain comme vous-mêmes... » Avec quel accent la Fondatrice de Blon n'enseigna-t-elle pas ce précepte aux Filles du Cœur Immaculé de Marie ! On a gardé vivant encore, dans la Communauté, le souvenir de son commentaire sur le texte fameux de Saint-Paul : « La charité est supérieure à la foi et à l'espérance. » (1) Elle précisa les devoirs que cette vertu impose aux âmes religieuses, puis s'arrêtant, et saisie pour ainsi dire d'une inspiration subite : « Ah ! s'il ne fallait, s'écriat-elle, que me jeter à vos pieds pour vous conjurer d'aimer vos Sœurs, comme Dieu veut que vous les aimiez, comme Il vous aime, comme la Sainte-Vierge vous aime, comme je vous aime moi-même... Mes enfants, je vous en supplie, aimez-vous les unes les autres. Que chacune de vous soit tout entière à ses Sœurs ! O mes Filles, c'est là un de ces beaux rêves, dans lesquels je m'étais complue ! Ici, un seul cœur, une seule âme ! Le voulez-vous ! Le voulez-vous ?...»

La voix de la Mère du Saint-Cœur de Marie était si pénétrante, que toutes ses Filles se levèrent d'un mouvement unanime et lui répondirent : « Oui, ma Mère, nous le voulons ! » Le cœur avait parlé au cœur. La charité avait rendu éloquente l'humble Supérieure.

La Mère du Saint-Cœur de Marie pratiquait la charité qu'elle recommandait à ses Religieuses. Elle

---

(1) *Major autem horum est caritas.* I. Cor. xiii. 13.

compatit à tous les ennuis et partage tous les bonheurs des enfants que la Providence réunit autour d'elle. Une jeune fille lui écrit, que la pensée de quitter sa mère pour entrer en religion la bouleverse et qu'elle n'ose se résoudre à la séparation. « Mon enfant, lui répond la Mère du Saint-Cœur de Marie, vous ne pouvez pas aimer votre mère plus que je n'aimais la mienne. Cependant je l'ai quittée. J'avoue que j'étais crucifiée, quand je lui annonçai ma détermination. » Les droits de Dieu et d'une vocation sainte étant ainsi sauvegardés, la Supérieure de Blon continue : « J'aime à voir qu'une femme est sensible. Une femme sans cœur c'est un corps sans âme. L'insensibilité est le défaut qui me révolterait le plus dans mes Filles : une Religieuse de cette trempe ne serait pas capable de comprendre l'œuvre à laquelle Dieu l'a associée. »

Son cœur demeurait ouvert, dans sa vocation nouvelle, à toutes les affections légitimes. « On ne me trompait pas, répétait à ce propos une de ses anciennes connaissances, quand on m'assurait qu'elle avait conservé sous l'habit religieux l'aimable simplicité et l'aménité charmante, qu'on admirait en elle dans sa vie du monde...»

Les Religieuses le savaient mieux que personne. Elle leur était indulgente et douce, plus douce même, ce semble, que ne l'aurait désiré, par instants, le P. Madelaine : « Mon Père, lui disait-elle, vous ne pouvez comprendre ce que c'est que d'être mère, et le bon Dieu, en me donnant la maternité spirituelle de cet Institut, m'a aussi départi la sensibilité des

mères selon la nature, avec toute leur sollicitude,
leurs prévoyances, leurs préoccupations, leur tendresse pour mes Filles spirituelles, et aussi leur
dévouement, sans rien attendre ni prétendre en
retour. » Dans ce sentiment, elle se montre attentive
à deviner et à consoler les peines de ses Filles.

Une sœur malade hésitait à lui parler de ses cha-
grins et de sa tristesse : « Pourquoi vous éloigner,
lui écrit la Mère du Saint-Cœur de Marie, c'est quand
vous êtes malheureuse que j'ai surtout besoin de
vous avoir près de moi. » « Il faut que je vous écrive,
disait-elle à une autre. La Sainte-Vierge veut que
j'aime mes Filles, et que ce ne soit pas même sans
le leur dire quelquefois. » Elle ne se privait point de
témoigner aux religieuses son attachement maternel.
Lorsqu'elle apprenait la mort d'un de leurs proches,
elle leur envoyait des lettres toutes remplies de paroles consolatrices. A une de ses Filles qui a perdu
sa sœur elle écrit : « J'ai été bien triste toute la
matinée, ma chère enfant, en pensant à la peine
qu'allait vous causer la fatale nouvelle que je devais
vous annoncer. » Et de la même plume, avec le
même cœur, elle adresse à la mère de la religieuse
en deuil, des pages débordantes de foi, de piété et
d'affection sincère.

Sa charité s'étendait à toutes les personnes qui
l'approchaient. Le 9 décembre 1868, la mère du professeur de dessin de Blon, Mme Guernier, mourait. La
Supérieure s'empressa d'exprimer au fils ses sentiments de chrétienne condoléance : « Que dire à un
cœur de fils tel que le vôtre, lui écrit-elle ! Rien, je le

sens. Je respecte vos larmes et je prie pour celle qui vient d'être enlevée à votre tendresse.

« Votre mère vous suit encore de ses vœux... Nous nous rencontrerons, elle et moi, lorsqu'elle priera pour son bien-aimé fils ; et vous me trouverez aussi, Monsieur, quand votre cœur éprouvera le besoin de parler de votre bonne mère à qui vous comprenne. »

Elle exigeait que ses Religieuses, dans les deuils de leurs parents, imitassent son exemple. Elle ne leur aurait point pardonné de se borner à de muettes sympathies. Une parole d'amitié vraie apporte tant de douceur à ceux qui sont dans les larmes !

La vie, que la Mère du Saint-Cœur de Marie avait menée dans le monde, lui avait créé des relations de famille, auxquelles il ne lui était pas possible de se soustraire. Elle sut unir dans ses rapports avec les siens les pensées de la foi et les sentiments de la nature. Sans rien relâcher de ses devoirs religieux, elle témoigne à ses parents, à sa mère, à ses filles, à ses frères, une tendresse d'autant plus profonde qu'elle est plus pure. « Je vous répète, écrit-elle aux siens, le 14 septembre 1845, que ma tendresse pour vous est bien grande. Dieu seul en connaît l'étendue. » A sa fille et à son beau-fils, M. et Mme de Magny, elle adresse ces mots : « Je me plais à espérer que, lundi, je vous embrasserai tous les deux ; et, c'est pour moi une bien douce perspective. » Quelques jours après, elle dit à sa fille : « Plus je dépense d'affection, plus j'en suis riche... Ton attachement pour moi est un de mes plus précieux trésors sur la terre. » En 1853, même pensée en d'autres termes : Laissez-moi, ton mari et toi, vous redire que vous êtes mes chers et très aimés enfants. C'est ma jeune et vieille histoire qui ne finira pas... Je la dirai encore là-haut au bon Dieu, si, comme je l'espère, j'y vais avant vous. »

Toute la correspondance de la Mère du Saint-Cœur de Marie avec sa fille et son gendre traduit ces mêmes sentiments d'amitié sous une forme tantôt grave et tantôt enjouée. Elle prend prétexte d'un événement insignifiant pour plaisanter avec sa fille. Un lapin meurt de maladie. Quelques jours plus tard, sa compagne quittait la garenne et prenait la clef des champs. « L'épouse survivante, écrit-elle, abîmée dans la douleur, a cherché une consolation dans les distractions de la promenade... elle s'est oubliée deux jours en plein air. Tout le monde s'est mis à sa poursuite. On a fini par la reprendre sur un des toits de la basse-cour. »

Mme de Magny était toujours la bienvenue dans la Communauté. « Je te recevrai, lui mandait sa mère, avec tout l'honneur qui t'est dû, et je te ferai passer par notre belle porte que tu salueras, je l'espère, d'un regard approbateur. » Elle disait encore : « Quand ma fille vient, je fais un plus grand sacrifice le jour de son arrivée que celui de son départ ; car, je crains tellement de ne pouvoir lui donner le temps qu'elle serait légitimement en droit d'attendre, que cette pensée me devient un tourment. »

La Supérieure de Blon gardait à son autre fille, la mère Saint-Jean Chrysostome, une affection toute pareille : « Je suis vieille, lui disait-elle, ne t'en étonne pas ; c'est le tribut à payer, mais le cœur ne s'en ressent pas : et sur ce point, j'ai vingt ans, à mes illusions près ! »

« Je dis quelquefois à Dieu, ajoutait-elle en écrivant à son frère M. Léon de Germiny, à propos de mes enfants : « Dieu me les a donnés ; ils lui appartiennent. Que sa sainte volonté soit faite. Mais je n'ose sonder mon cœur, de peur de me tromper moi-même. » D'autres mères ont égalé cet amour. En trouverait-on beaucoup qui l'aient surpassé ?...

Les lettres que la Fondatrice de Blon envoie à Mme de Germiny ne sont ni moins tendres ni moins saintement affectueuses. Avec quelle délicatesse ne reconnaît-elle pas l'amour dont sa mère l'environne : « Je ne sais comment, lui écrit-elle, le 12 août 1845, vous pouvez tant m'aimer et me le dire d'une façon si tendre, ma bonne mère. Vous gâtez votre pauvre fille qui ne le mérite pas. Ce sera seulement là-haut que vous saurez à quel point ce que vous me dites me touche. »

Mme de Germiny, devenue vieille et presque aveugle, passait tous les ans quinze jours ou trois semaines à la communauté de Blon. Elle y rencontrait chez les Religieuses un accueil véritablement filial. La vertu de la Mère du Saint-Cœur de Marie, sa fille, l'édifiait, et elle édifiait elle-même les Sœurs par sa piété. Quels saints entretiens les ombrages de la Communauté n'ont-il pas entendus, lorsque la Supérieure de Blon et Mme de Germiny, se promenant ensemble, échangeaient entre elles dans un commerce mystique, leurs espérances, leurs sentiments de foi, leurs désirs du bien et les chaudes tendresses de leur charité pour la Sainte-Vierge, pour le Christ Notre Seigneur et pour Dieu, son Père. Les Anges du Ciel ont seuls recueilli le secret de ces causeries. Des lettres trop rares ne nous en ont conservé qu'un écho affaibli. Elles montrent du moins suffisamment à quelle hauteur de vues s'élevaient ces deux âmes.

Quand Mme de Germiny apprit la mort de sa sœur, la Mère du Saint-Cœur de Marie lui écrivit sans tarder ces paroles, dans lesquelles s'unissent miséricordieusement la pitié humaine et la foi chrétienne : « Je prie pour vous, ma chère maman, afin que Dieu vous soutienne, vous console, vous fortifie. Oh ! n'oublions pas que les séparations ne sont que passagères. Dieu nous réunira tous dans son cœur, après que nous aurons travaillé et souffert pour l'amour de Lui. La croix et la souffrance sont un marchepied bien sûr pour aller au ciel. »

Ces lignes sont datées de 1847. C'était l'année même où devait mourir Mme de Germiny. Sa santé s'affaiblissait graduellement, mais n'inspirait point d'inquiétude. La mort arriva plus tôt qu'on ne l'avait supposé. La Mère du Saint-Cœur de Marie ne put être prévenue en temps utile. Elle n'eut pas la consolation d'assister sa mère à ses derniers instants : « Le bon Dieu a voulu de moi le sacrifice tout entier, dit-elle en apprenant la mort, puisqu'Il ne m'a pas permis de lui fermer les yeux et de recevoir sa bénédiction. »

Mme de Germiny disparut le 11 juin, jour de la Fête du Sacré-Cœur, envers lequel elle avait une dévotion spéciale. La Mère du Saint-Cœur de Marie reçut la triste nouvelle le second dimanche de la

Fête du Saint-Sacrement. « Je ne la reverrai donc plus sur cette terre, cette mère si tendre, si sainte, que nous avons perdue, écrivait-elle à son frère, M. Léon de Germiny. Que cette pensée est douloureuse !... Je ne lui parlerai plus ! Je ne l'entendrai plus ! » — Elle avait besoin de solitude pour pleurer. On lui en fit la remarque. « Non, non, répondit-elle, mon devoir est d'être ici à la procession. Je serai plus utile à ma mère. » Ainsi, son affection ne se bornait pas à donner de stériles regrets à une mémoire bénie. Elle offrait pour la chère disparue, en union avec la grande Victime propitiatrice de l'Autel et du Calvaire, des sacrifices expiatoires.

Redisons-le. Le monde commet une grande injustice, lorsqu'il se persuade que le cloître détruit les sentiments de la nature. La vie religieuse les développe et les fortifie plutôt. La correspondance de la Mère du Saint-Cœur de Marie en fournirait, s'il était nécessaire, une preuve nouvelle après tant d'autres. On lit dans une lettre à son frère, M. Léon de Germiny : « Adieu, cher ami, ma tendresse pour toi n'aura de terme que celui de mon existence ; elle ne cessera d'être un des plus doux sentiments de mon cœur. Et un autre jour : « Je comprends, cher ami, ton serrement de cœur, en t'éloignant de notre berceau commun, du lieu où nous vivions entourés de nos souvenirs les plus purs et les plus doux. Le temps, mon bon frère, peut bien abattre quelques pans de murailles, rendre solitaires des demeures jadis habitées ; mais il y a, tu le sais, un sanctuaire qu'il n'atteint pas : c'est notre cœur. Là, il n'y a ni débris, ni ravages du temps!... Là, se retrouvent dans toute leur force et leur jeunesse, les affections dont nous avons vécu tant d'années. » « Vous êtes une partie de ma vie, écrira-t-elle encore ; sans affection, je ne sais ce que l'on est, ni ce que l'on serait sur la terre. Je vous trouve dans mes pensées, dans mes prières, et si la distance des lieux nous sépare, je sens qu'elle perd sur la tendresse que je vous porte à tous toute sa puissance de diviser. »

Cette affection de la Mère du Saint-Cœur de Marie n'allait pas sans retour de la part de son frère. Pour lui, il n'existait point de repos plus désirable que de vivre quelques jours auprès de sa sœur, presque sous le même toit, et à l'ombre des grands arbres de la communauté de Blon. « Ma chère sœur, disait-il dans une de ses lettres datée de 1850, puisse Dieu faire tourner au profit de mon salut la douleur que j'éprouve lorsqu'il faut te quitter ! Ton affection me fait un bien extrême. Ta maison respire la paix..., la piété ; et, cette impression que je sens vivement, sans pouvoir précisément savoir comment elle m'arrive, donne un charme tout particulier à l'hospitalité que je reçois. »

M. le comte Léon de Germiny se montrait par ses bonnes œuvres et par sa foi le digne frère de la Mère du Saint-Cœur de Marie. Il s'occupait à Lille, où il résidait, de l'assistance des pauvres et de la sanctification des soldats. Le même esprit de zèle animait sa femme, Mme la comtesse de Germiny. La Mère du Saint-Cœur de Marie avait conçu pour cette dernière, comme pour son mari, un attachement tout fraternel.

« Sous mon sérieux habit, lui écrit-elle, mon cœur bat toujours bien tendrement pour mes amis ; il s'égaie des joies de vos enfants, il supplie la divine Providence de veiller sur eux et sur leurs parents. De douces émotions lui sont encore permises au souvenir de tout ce que sa tendresse pour vous lui a fait goûter de bons moments par le passé, et des naïves et douces caresses de vos chers petits enfants. » Cette mémoire du passé la fait participer à tous les bonheurs de la famille et à tous ses deuils.

Si son neveu, Auguste de Germiny, se marie : « Mes prières, dit-elle, iront avec les vôtres à la Messe nuptiale dont je ne donne point ma part. » Quand sa belle-sœur perd sa mère, elle la console en ces termes : « Vous êtes entourée d'une foule d'objets qu'aimait votre bonne et vertueuse mère ; et, pour vous, ils n'ont plus aucun charme, parce qu'elle n'est plus là pour en jouir. Eh bien, ma chère sœur, je vous dirai au contraire : Aimez tout cela, parce qu'elle s'en est occupée avec plaisir. Portez intérêt à ce qui l'intéressait ; ne vous laissez pas tomber sous le poids de la mission qu'elle vous a léguée. »

En 1870, lorsque s'ouvrent au mois de juillet les hostilités de la guerre franco-allemande, l'un des fils du comte Léon de Germiny, Antoine, sorti de Saint-Cyr, remplit son devoir militaire. Quelle angoisse dans la famille ! « Prions, espérons, confions-nous en Dieu, » dit la Mère du Saint-Cœur de Marie à sa belle-sœur.

Bientôt l'annonce d'un premier désastre éclate comme un coup de foudre : puis, les défaites succèdent aux défaites et jettent la consternation dans le pays. « Quelles inquiétudes, écrit alors la Supérieure de Blon ! Ce qui est vrai à dix heures du matin ne l'est plus à midi..... Si je vous aimais moins, je crois que j'aurais plus d'empire sur moi dans ce moment. Je pense à vous et à Antoine, jour et nuit. Il faut courber la tête et nous appuyer en Dieu. Là où finissent la science, et la sagesse, et les ressources des créatures, là commence le travail de Dieu. Cette pensée est ma vie en ce moment. Attendons et prions !... Mais que le temps paraît long !... »

Antoine de Germiny fut enfermé dans Metz avec l'armée de Bazaine. Après avoir contribué à la défense de la place, il endura, comme ses compagnons d'armes, les mornes tristesses de la captivité. Les Allemands internèrent le jeune officier à Dusseldorf. La pensée et l'amour de sa tante l'accompagnèrent dans son malheur : « Qu'elle m'a écrit de douces choses, à ma sortie de Metz, disait-il à sa cousine, la Mère Saint-Jean-Chrysostome, le 25 février 1871. Que nous parlerons d'elle quand je vous reverrai ! »

Pendant que le brillant officier souffrait d'être retenu loin des siens et loin de la France, la Mère du Saint-Cœur de Marie lui avait écrit : « Je me transporte souvent près de toi par la pensée et près de tous les tiens, dont je partage les inquiétudes et les peines..... L'hiver a bien aggravé mon état d'infirmité ; mais Dieu est là, mon cher ami. Il vient me consoler tous les jours sur mon lit de douleur. C'est Lui qui est ma vie. Je Le reçois dans mon cœur, où Il daigne entendre toutes mes supplications pour toi, pour ton père, pour ta sœur, pour tes chers parents, pour notre pauvre pays..... Autour de nous, personne n'est exempt de souci : tout le monde attend, craint ou espère selon le caractère que le bon Dieu lui a donné. Pour ma part, je ne vois pas d'autre moyen de supporter la vie que de s'en remettre à la Providence. Qu'elle daigne veiller sur toi, mon bien cher ami, qu'Elle te garde fidèle à tous tes devoirs et qu'Elle te préserve jusqu'à la fin du déluge de maux qui est venu fondre sur nous. »

La Mère du Saint-Cœur de Marie mêle le plus souvent des conseils salutaires à ses souhaits de bonheur et à ses paroles d'amitié. Quand sa nièce, la petite Henriette de Germiny, est en âge de faire sa Première Communion, la Religieuse exhorte la Mère à se « montrer avare de reproches... » « Encourage beaucoup, dit-elle! Donne des éloges lorsqu'une bonne action est accomplie. Fais espérer le succès parce que tu l'espéreras toi-même. »

Elle ne voulait pas pour ses nièces déjà grandes d'une éducation superficielle. Elle admettait qu'une femme devait avoir « des clartés sur tout. » L'ignorance, à son avis, ne saurait être l'auxiliaire ni de la piété, ni de la foi. « Nous sommes dans un siècle, dit-elle à son frère, où il faut plus aux femmes mêmes, en fait de religion, que la foi du charbonnier. Il leur faut, — surtout à celles qui sont dans la position de ta fille, — une instruction approfondie, une étude sérieuse, qui rende leur croyance solide et les mette à l'abri des écueils qu'elles rencontreront sans cesse au milieu d'une vie de futilité et de dissipation. Autrefois, la religion du cœur suffisait aux femmes. Je suis convaincue qu'aujourd'hui une piété tendre et sensible ne les rendrait pas seule ce qu'elles doivent être. Il faut y joindre une connaissance réfléchie et profonde des raisons de leur propre dévotion. »

Graves enseignements dictés par le bon sens et par une affection vraie à la Mère du Saint-Cœur de Marie ! Ses parents recevaient avec reconnaissance et respect ces sages avis. Ils saisirent l'occasion de l'en remercier, quand la Chapelle de la Communauté fut construite. Ils offrirent pour les fenêtres du sanctuaire des vitraux coloriés. Aujourd'hui encore, ces vitraux, marqués aux armes des de Saint-Léonard et des de Germiny, attestent la générosité des donateurs et rappellent l'amitié sincère que sa famille portait à la Supérieure de l'Institut nouveau.

La Mère du Saint-Cœur de Marie étendait le cercle de sa famille au delà des personnes qui lui étaient unies par les liens du sang. A ses yeux, les serviteurs étaient vraiment de la maison. Son cœur ne les oubliait point. Elle ne se tenait pas quitte envers eux, quand elle avait payé leurs gages. On l'entendit souvent demander pour la vieille bonne qui l'avait élevée les prières de ses Religieuses. Ses anciens serviteurs ne réclamèrent pas en vain son appui. Elle leur épargnait même, autant qu'elle le pouvait, jusqu'à la peine de lui découvrir leurs besoins, tant elle se montrait empressée à les secourir.

Une dernière catégorie de personnes, les pauvres, occupèrent une place de choix dans le cœur de la Mère du Saint-Cœur de Marie. « Les pauvres, les pauvres avant tout, » se plaisait-elle à répéter. Quand la sœur, que son obédience préposait au service du parloir, la prévenait pendant les récréations que des gens peu fortunés la demandaient: « Ce sont des pauvres, remarquait-elle avec simplicité, ne les faisons pas attendre. »

Avec ses chers pauvres, pas de témoignages de tendresse dont elle ne fût capable. Mais Dieu seul pourrait révéler le secret de toutes ses charités ; car, très rarement et par surprise les Sœurs ont été les témoins de ses actions généreuses, comme le jour où elle embrassait avec délices dans un accès de pieuse compassion une vieille femme dégoûtante.

Dans les débuts fort pénibles de la Communauté, une Religieuse parla d'économies qu'il serait possible de réaliser sur l'entretien des Orphelines. Elle expliquait que la santé des enfants n'en souffrirait point. « Ne me parlez pas de cela, reprit la Mère du Saint-Cœur de Marie avec vivacité : quand il n'y aura plus de pain dans la maison, je m'en passerai pour qu'elles en aient! »

La Supérieure de Blon donnait ainsi à ses Religieuses, par sa conduite, l'exemple de la sympathie et du respect pour les malheureux. Elle fit plus : elle rappela sans cesse devant les Sœurs la part, qui revenait aux pauvres dans la fondation de l'Institut : « Souvenez-vous, disait-elle, que sans les enfants pauvres, je ne serais pas votre Mère, comme sans elles, vous ne seriez pas les Filles du Saint-Cœur de Marie : car, c'est pour elles, d'abord, que la Sainte-Vierge nous a rassemblées ici. » La premièr place revenait donc de droit aux pauvres et aux orphelins dans les préoccupations d'une Fille du Cœur Immaculé de Marie.

La Supérieure, pour se conformer à ces sentiments, s'imposait l'obligation d'une surveillance plus attentive sur les classes des orphelines. Elle se dispensait parfois, lorsque de nombreux travaux réclamaient ses soins et son temps, d'assister aux récréations ou aux fêtes scolaires de la pension : jamais, aux modestes solennités des écoles gratuites, établies dans la Communauté. Des sœurs lui ayant conseillé dans le surcroit de fatigues d'une fin d'année de ne point paraître à la distribution des prix de l'Orphelinat. « Non, non je ne puis m'abstenir, répondit-elle . C'est la distribution de prix des Pauvres. »

L'amour de dilection que la Mère du Saint-Cœur de Marie portait aux orphelines entretenait en retour dans l'âme des Enfants une affection toute spéciale pour sa personne. Les chères petites ne connaissaient pas de bonheur humain plus grand que de la voir, de l'entendre, de l'approcher. Converser avec elle paraissait la plus enviée des récompenses. « Bien sûr que moi aussi, je me ferai religieuse, s'écriait une enfant dans un élan de naïve candeur, au moins, je m'entretiendrai avec elle aussi longuement que je voudrai. »

Touchante réciprocité de tendresse entre la Mère et les Enfants ! Dans ces conditions, « l'amitié sainte, comme l'écrivait le P. Lacordaire, aux premières pages de la vie de Sainte-Marie-Madeleine n'est-

elle pas vraiment une divine chose, le signe assuré
d'une grande âme, et la plus haute des récompenses
attachées à la vertu ?... (1). »

La vie de la Mère du Saint-Cœur de Marie perdrait
quelque chose de son charme, si cette amitié sainte
n'y avait tenu une large place. Nous sommes heureux
pour notre part, que tout un chapitre de ce livre
soit consacré, comme un hymne pieux, aux effusions
de son amour filial et aux joies graves de son affection chrétienne ou fraternelle.

---

(1) *Vie de Ste-Madeleine*. Ch. I. p. 33.

CHAPITRE XI

L'INSTITUTRICE
1842-1869

Principes d'éducation. — Science, douceur, patience, affection, abnégation. — Piété. — Relations avec les Anciennes Élèves ; conseils que la Mère du Saint-Cœur de Marie leur adresse.

Si la Mère du Saint-Cœur de Marie était trop surchargée d'occupations pour entrer, à Blon, dans le détail des études et des classes, du moins fit-elle sentir dans toutes les branches de l'enseignement. son influence. Les Maîtresses reçurent d'elle les directions décisives. « Je m'occupe beaucoup du Pensionnat, écrivait-elle, pour la direction générale et les caractères. Je surveille aussi l'instruction, mais en grand. »

Les surveillances, exercées de trop haut, sont le plus souvent inefficaces ; telle ne fut pas celle de la Mère du Saint-Cœur de Marie. Elle descendit des généralités aux détails les plus précis et les plus pratiques. C'est ainsi que, dans l'une de ses circulaires, non seulement elle signale à ses Religieuses l'obligation, qui leur incombe, de corriger les copies des enfants ; mais encore, elle attire leur attention sur les lettres mal formées et sur l'omission des virgules qui doivent séparer les décimales. « On va trop vite au début, concluait-elle : on gagnerait du temps, si les premiers principes étaient bien enseignés. »

La Supérieure prenait rang très volontiers, du reste, parmi les Maîtresses, quand les circonstances l'exigeaient. Elle donna longtemps au Pensionnat la leçon d'Anglais. Dès son enfance, on peut s'en souvenir, cette langue lui était devenue presque aussi familière que la langue maternelle.

Or, c'était l'une de ses maximes que, pour bien enseigner, une Maîtresse devait avant tout bien posséder les matières qui faisaient l'objet de son enseignement. L'instruction élémentaire n'est pas, d'ailleurs, celle qui offre le moins de difficultés. Il y faut plus de connaissances qu'on ne le pense d'ordinaire. « Je voudrais, disait la Mère du Saint-Cœur de Marie dans une conversation, que toutes mes Filles fussent très instruites. Qu'on ne vienne pas me dire qu'on en sait toujours assez pour montrer à lire à des enfants. Moi, je trouve qu'on n'a jamais assez de science pour se mettre à la portée de ces petits. Il est vrai, ajoutait-elle, que je préfère la vertu aux talents ; mais, je voudrais que ces deux choses fussent si intimement unies dans les Membres de cet Institut, qu'il fût tout à la fois le plus religieux et le plus savant des Instituts enseignants. »

« Il ne faut pas surtout, écrivait-elle dans une lettre à sa fille, la Mère Saint-Jean-Chrysostome, que les Religieuses vouées à l'enseignement soient par leur faute hors d'état de remplir consciencieusement leur mission. Viendra-t-il un temps, où elles seront déclarées inaptes, c'est possible, et ce serait probable si Dieu n'y met son *Veto* divin ; mais, cela ne nous trouble point : la Sainte volonté du Bon Maître avant tout. » Ces lignes vraiment prophétiques sont datées du 4 mars 1867. La communauté de Blon, ainsi que les autres Congrégations du même genre, peut se rendre le témoignage de n'avoir jamais trompé la confiance du public. Ses Religieuses, munies de leurs diplômes, habilement formées, solidement instruites, sont toujours demeurées à la hauteur de leur tâche et au courant de tous les programmes. Aucune réforme ne les a prises au dépourvu, bien qu'elles aient sans doute pensé parfois avec de bons juges, que l'on encombrait de trop de faits l'esprit et la mémoire des enfants, ou avec Fénelon, « qu'on ne doit verser dans un réservoir si petit et si précieux, que des choses exquises. »

Si les Religieuses du Cœur Immaculé de Marie ne sont pas toujours maîtresses de leur plan d'études, il leur appartient, en revanche, de tempérer sans cesse dans la direction de leurs classes la fermeté par la mansuétude. Pas de maîtresses maussades ; point de classes tristes ; mais partout une amosphère de joie. Fénelon réclamait pour les petits enfants « des livres bien reliés, dorés même sur tranche, avec de belles images, des caractères bien formés, » des livres « pleins d'histoires courtes et merveilleuses. » La Fondatrice de Blon désirait que les maîtresses, plus encore que les livres, eussent un air avenant. « Il faut, déclarait-elle à ses Religieuses, que, non seulement vos paroles, mais votre tenue et vos actes redisent : « Laissez venir à moi les petits enfants. » « Vous serez toujours pour les enfants, écrit-elle à l'une de ses Filles, infatigablement bonne et tendre... Ne craignez donc pas l'excès ; vous n'y êtes pas portée. Je voudrais vous confire en tendresse pour vos enfants. » Elle pensait avec l'Auteur du *Traité sur l'Education des filles* qu' « une âme menée par la crainte en est toujours plus faible. »

Une Sœur se plaignait un jour à la Mère du Saint-Cœur de Marie que les Orphelines refusaient avec quelque entêtement de manger ce qu'on leur servait. « Voyez-vous, répondit la Supérieure, il faudrait être mère envers elles. Eh bien ! une mère ne donne pas toujours à ses enfants ce que ses enfants n'aiment pas. On ne fait semblant de rien, mais, on tâche de servir à chacune ce qui lui convient, autant qu'on le peut. »

Dans l'enseignement, mêmes conseils de douceur et de patience : « Faites moins avancer vos élèves, disait-elle ; ne les harcelez pas ; ne leur demandez pas plus qu'elles ne peuvent donner. Ce serait une injustice et une impatience. Désirer le bien n'est plus une qualité, quand on le veut avec excès. » Elle rappelait souvent ce sage principe de direction. C'est ainsi qu'elle écrivait une autre fois, « N'abandonnez pas la perfection d'Euphrasie. Vous savez que chez vous et chez moi, aussi bien que chez elle, on n'arrive pas au but tout d'un coup. Imitons, autant que nous le pouvons, la longanimité dont le Bon

Maître use envers nous : La Charité couvre tant de péchés ! »

Elle redisait dans le même esprit à une religieuse qui s'irritait devant elle de la tenue trop dissipée d'une élève : « Prenez patience. Si nous ne supportons pas cette enfant, la voilà perdue ! Où ira-t-elle, si on la renvoie ?... Pardonnez-lui... Soyez mère toujours pour elle... Priez surtout, et Dieu vous exaucera. » Elle unissait ses prières aux vœux qu'elle recommandait d'adresser au ciel ; et ses supplications ont opéré de véritables prodiges de transformation morale.

Le souci du bien des enfants la préoccupait le jour et la nuit. « Combien de fois ne l'avons nous pas vue, disait une pensionnaire, après une journée laborieuse, et avant de prendre quelque repos, faire le tour des dortoirs pour s'assurer que tout son petit monde reposait tranquillement. Elle passait devant chaque lit, regardait ses enfants, s'arrêtait parfois, et tantôt arrangeait les couvertures, tantôt nous traçait sur le front un petit signe de croix. »

Dans ses maladies mêmes, quand il lui était impossible de se mêler à la vie des enfants ou de travailler pour elles, elle offrait du moins à leur intention ses souffrances. « J'ai beaucoup souffert, écrivait-elle, pour une enfant à laquelle on ne voulait pas laisser le temps de se convertir. »

Il y avait des moments dans l'année, où la Mère du Saint-Cœur de Marie redoublait de sollicitude. Au lendemain de la rentrée, sa charité se montrait plus compatissante. Il en coûtait beaucoup aux nouvelles venues de ne plus retrouver à leur réveil au Pension

nat les murs, les horizons et les visages de la demeure
paternelle. La Supérieure de Blon s'appliquait à consoler leur inévitable tristesse. Elle les visitait pendant
les récréations, s'informait de leurs habitudes, de leur
pays, de leur famille, et par ses prévenances dissipait
leur ennui.

La Première Communion fournissait à la Mère du
Saint-Cœur de Marie l'occasion de témoigner davantage encore son affection aux enfants. Elle assis-
tait aux exercices de leur retraite, et les aidait dans
leur préparation par des paroles toutes pénétrées
d'amour de Dieu et de bonté pour leurs âmes. On la
vit plusieurs fois abréger la durée d'un voyage, afin
de rentrer à la Communauté pour la Première Communion. S'il arrivait que les devoirs de sa charge la
tinssent éloignée de Blon, dans cette circonstance,
elle ne manqua jamais d'accompagner les Communiantes de ses vœux et de ses prières, ou même de
leur écrire de sages et pieux avis. Les chères petites
écoutaient ou lisaient avec une émotion visible les
lignes que la Supérieure leur adressait; car, elles
savaient que ces lignes venaient d'un cœur qui leur
était tout dévoué. Il aurait été permis, en effet, à la
Mère du Saint-Cœur de Marie de redire à toutes les
enfants de Blon, dans les mêmes termes qu'au jour
de l'une de ses fêtes à ses chères Orphelines : « Je
vous assure que je ne vieillis pas par le cœur... Je
ne suis jamais plus heureuse que lorsque je puis vous
réunir autour de moi, et que je vois ainsi le bonheur
briller dans tous vos yeux. »

L'esprit des enfants ne saurait être toujours tendu.

Les fêtes et les récréations font donc partie essentielle de l'éducation. La Mère du Saint-Cœur de
Marie ménageait, en conséquence, de légitimes distractions à ses élèves. Au jour de l'an en particulier,
pendant que les Pensionnaires se reposaient dans
leur famille des labeurs du premier trimestre, elle
organisait tantôt une loterie et tantôt une vente en
faveur des orphelines. Objets utiles, fichus, ciseaux,
tabliers pour les grandes ; friandises, noisettes, fruits
ou gâteaux pour les petites, garnissaient de longues
tables que l'on dressait dans une des salles de la
maison. Les enfants achetaient des billets ou se
payaient des friandises avec les bons points qu'elles
avaient obtenus. On les récréait ainsi et l'on récompensait tout ensemble leur travail et leur bonne
volonté. La Supérieure se mêlait à ces divertissements
de la meilleure grâce du monde. Elle immolait ses
goûts personnels et son amour même du recueillement à l'intérêt et au bien de ses orphelines. Une
institutrice ne vit pas pour elle ; mais pour les jeunes
âmes qui lui sont confiées.

Cette abnégation, la Supérieure de Blon en prêchait
souvent la pratique à ses Sœurs dans l'accomplissement de leurs devoirs. « Après tout, disait-elle, quelle
glorieuse destinée que de se sacrifier soi-même pour
ceux que Dieu aime ! » Ce sacrifice, du reste, ne doit
pas prendre sa source dans un enthousiasme passager,
ni non plus ne consister qu'en vaines paroles :
« J'aime mieux, écrivait à une de ses Religieuses
la Mère du Saint-Cœur de Marie, un dévouement
calme et vrai, qu'une exaltation qui n'échauffe que

la tête et ne produit pas les actes qui sauvent les âmes ».

Les âmes attendent de la Sœur Institutrice la direction, les conseils, la science dont elles ont besoin. « Peut-être, disait la Mère Supérieure de Blou, n'avez-vous pas remarqué la traduction de ces paroles que nous récitons tous les jours *Edent pauperes* : Les pauvres ont faim. Nos Enfants ont faim de notre dévouement, de notre sacrifice ; elles ont faim d'instruction, de connaissances. Mes filles, répondons-leur : *Saturabuntur* : (1) Elles seront rassasiées... Soyons généreuses, oublions-nous pour les sauver ».

Ainsi, la Religieuse du Cœur-Immaculé de Marie ne se proposera dans l'éducation des enfants, que d'accomplir la volonté du ciel et de gagner des âmes à Notre Seigneur et à Dieu son Père. La Mère Fondatrice l'exposait très nettement à ses Filles : « Souvenez-vous, leur répétait-elle, que vous êtes religieuses pour apprendre aux enfants leur religion. Les sciences que vous enseignez ne sont qu'une amorce, un appât pour attirer à vous et conduire les jeunes filles à Dieu ». L'instruction morale et la formation chrétienne des orphelines et des pensionnaires donnaient seules, à ses yeux, quelque valeur à l'enseignement que distribuaient les Religieuses. Elle estimait avec l'un de nos grands écrivains, que « science sans conscience n'est que ruine de l'âme !... » « Dieu, disait-elle aux enfants, vous a communiqué le don

---

(1) Ps. xvi. 28.

d'intelligence pour procurer sa gloire et faire le bien. Autrement, ce don ne servirait qu'à vous rendre plus coupables à ses yeux. »

La Mère du Saint-Cœur de Marie ne se contentait pas d'instruire ses Elèves de leur devoir, elle sollicitait en leur faveur les grâces d'En Haut « avec des gémissements inénarrables. » « Je demande à Dieu cette grâce pour vous, écrivait-elle à une Enfant de Marie, avec ce cri du cœur que seules les Mères connaissent, et qui trouverait certainement un écho dans le cœur de Madame votre Mère...»

Son zèle maternel se manifestait surtout lorsque les enfants confiées à ses soins tombaient malades... Avec quel accent de foi elle implorait alors la guérison des infirmes! En 1860, une Orpheline fit une chute si malheureuse qu'elle fut obligée de garder le lit. L'une de ses jambes s'étant raccourcie à la suite de cet accident, les médecins, qui la soignèrent, lui défendirent d'appuyer même légèrement sur le membre blessé. On exécuta scrupuleusement tous les remèdes prescrits, on prit toutes les précautions, mais sans parvenir à enrayer le mal. La situation se prolongeait depuis trois mois sans espoir de guérison, quand le 10 mars, la Mère du Saint-Cœur de Marie, n'attendant plus aucun secours du côté de la terre, se tourna vers le ciel. Elle ordonna de commencer, en l'honneur de Saint-Joseph, une neuvaine. Durant les huit premiers jours, aucune amélioration ne se produisit. — Le 18 mars même les douleurs, loin de diminuer, augmentèrent. Dans la matinée du dix-neuf, aucun changement ne fut encore constaté. La Mère du Saint-Cœur de Marie n'en persévéra pas moins dans la prière. Sa confiance en Dieu ne fut pas trompée. Au soir de la fête du Saint, vers cinq heures, l'enfant malade se sentit subitement mieux. Elle se leva, se promena plusieurs fois autour de l'infirmerie et se rendit auprès de la Supérieure pour lui annoncer sa guérison. On devine les remerciements que les Religieuses adressèrent à saint-Joseph pour cette faveur insigne.

Quatre ans plus tard, la Mère du Saint-Cœur de Marie apprit, en rentrant à Blon d'une visite dans les postes, qu'une Pensionnaire était tombée gravement malade. Tous les traitements suivis étaient restés inefficaces. L'état de la jeune fille avait tellement empiré que l'Aumônier lui avait administré le sacrement d'Extrème-Onction. Les Religieuses étaient désolées, et leur ennui redoublait à la pensée que les parents connaîtraient en même temps la mort et la maladie de leur enfant. La famille habitait, en effet, à San-Nicolas, dans la République Argentine. On était alors au 13 juin, à neuf jours de la fête de saint Louis de Gonzague. La Mère du Saint-Cœur de Marie prescrivit une neuvaine en l'honneur de ce Saint. On constata le 21, au matin, que la situation de la jeune malade devenait meilleure. Dès le lendemain, le mieux s'accentua, et, bientôt la guérison fut complète. La Supérieure de Blon reconnaissante décida que saint Louis de Gonzague serait désormais un des patrons du Pensionnat.

Lorsque les Elèves avaient parcouru près d'elle

et sous sa direction le cycle ordinaire des études, la Mère du Saint-Cœur de Marie ne regardait pas son œuvre comme terminée. Elle leur continuait ses encouragements ou ses avis. Avant tout, elle les exhortait à garder la mesure ; et, suivant le mot de Saint-Paul, à se montrer « sages avec sobriété. » (1)

« Que tout dans votre conduite, leur écrivait-elle, soit pondéré... Il ne faut pas craindre de se montrer ce que l'on doit être ; mais, il ne faut pas non plus fronder avec humeur les opinions d'autrui. » « On disait de Sainte Chantal : « Madame prie toujours, « mais sa dévotion n'est à charge à personne... » C'est aussi, je l'espère, ce qu'on dira de vous. »

La piété vraie, du reste, se prouve par des sacrifices beaucoup plus que par de longues prières et des élans de sensibilité. « N'oubliez pas surtout, dit-elle à une ancienne élève, que votre piété doit vous rendre douce, complaisante et dévouée ; » ou bien encore : « Les pratiques de piété les plus multipliées ne sont rien devant Dieu et sont même une véritable illusion pour celles qui s'y livrent, si elles n'ont pour effet de nous inspirer une plus grande vigilance sur nous-mêmes, si elles ne nous portent pas à une plus grande égalité d'humeur, à nous imposer même certaine contrainte pour être agréable au prochain. »

Mais, si la Mère du Saint-Cœur de Marie recommande la vigilance sur soi-même, elle condamne tout ce qui mènerait au scrupule et aux inquiétudes d'âme sans fondement. La parole bienfaisante de la

---

(1) St Paul. Ep. Rom. xii 3.

nuit de Noël n'a pas été en vain apportée par les Anges dans ce monde : « Paix sur la terre aux âmes de bonne volonté !.. »

« Soyez assurée, mande-t-elle à l'une de ses Filles, que vous trouverez Dieu, puisque vous voulez aller droit à Lui. Il ne se laisse pas longtemps chercher, quand c'est pour tout de bon qu'on se met à l'œuvre. »

Et une autre fois, à une âme troublée : « Vous vous représentez Dieu comme un juge sévère, tandis qu'il est Père au delà de toute expression. Une faute est à peine commise qu'elle est pardonnée, quand on se repent. C'est de la confiance que Dieu veut. Voyez un père de la terre : il pardonne si facilement à son enfant. Est-ce que Dieu serait moins bon ? Oh ! s'il m'était donné de vous faire voir jusqu'à quel point il vous aime ! »

La Supérieure de Blon préférait encourager de la sorte que réprimander. C'est dans le même senti-ment qu'elle faisait volontiers appel à l'affection que lui conservaient ses Elèves après leur sortie du Pensionnat, pour les porter au bien : « Hélas ! mon enfant, écrivait-elle à une ancienne pensionnaire, que je serais malheureuse, si j'apprenais, quand vous serez partie de cette maison, que vous êtes frivole, légère, comme le sont trop de jeunes filles. Voyez-vous, je n'y tiendrais point ! Et je ferais tout pour vous obliger à sortir de ce mauvais pas ! »

Ainsi la Mère du Saint-Cœur de Marie ne se recher-chait pas elle-même dans l'amitié qu'elle témoignait à ses enfants ; mais, elle n'avait en vue que leur bien et que leur sanctification. Elle aurait cru trahir leur confiance, si elle ne les eût prémunies non seulement contre des fautes possibles, mais aussi contre des illusions funestes.

L'expérience est une dure maîtresse pour l'âme tendre encore et délicate d'une jeune fille de dix-sept ou dix-huit ans ; combien salutaires en revanche ses leçons !

La Mère du Saint-Cœur de Marie invite ses anciennes élèves à en profiter. Elle s'insurge contre les rêveries creuses qui paralysent dans l'action et qui font prendre en dégoût les occupations utiles. « Méfiez-vous, dit-elle, d'une certaine disposition à la mélancolie, qui paraît se manifester en vous. Je ne regrette pas que vous commenciez à voir la vie dans sa sérieuse réalité. Mais, ne permettez pas à votre imagination d'assombrir l'horizon de votre existence. Rien n'est plus nuisible que de livrer votre avenir aux caprices d'une imagination qui ne se repaît que de rêves, et de se bâtir en l'air une existence dont Dieu ne réalisera pas la construction. »

Elle revient à la charge et ne craint pas, un peu plus tard, de renouveler en d'autres termes les mêmes conseils : « Combattez, écrit-elle, toute tendance à la taciturnité, à la tristesse. Fuyez la solitude trop prolongée dans votre chambre, surtout si vous n'y faites que rêver. Toute occupation, même manuelle, est meilleure à l'âme que cette rêveuse inaction. »

« Au surplus, continue-t-elle, il est bon de se servir soi-même ; sans cela, ne sachant rien faire, on s'expose à être très injuste envers ceux qui nous servent ; et aussi à n'être jamais bien servie. »

La Mère du Saint-Cœur de Marie mettait dans les moindres paroles qu'elle prononçait un accent si particulier que l'âme, même la plus distraite et la plus légère, en conservait le souvenir. Les élèves cependant préféraient quelquefois aux mots qui passent les lignes écrites qui demeurent et laissent aux âmes comme un témoignage permanent de l'affection. La Supérieure de Blon se rendit à un désir de cette sorte, lorsqu'elle résuma pour une jeune fille de seize ans au commencement d'un petit livre, où était contenu le Règlement des Enfants de Marie, ces maternels souhaits : « Puisse ce petit livre, avec tous les souvenirs dont il est l'expression, être pour vous, mon Enfant, au milieu du monde, un secours dans la tentation, une sauvegarde dans le péril, un auxiliaire dans le bien, un guide dans la vertu. »

Cette vertu n'imposait pas à toutes les élèves les mêmes devoirs. La mère du Saint-Cœur de Marie excellait à distribuer à chacune de ses correspondantes, selon les occasions, les conseils les mieux appropriés. Existe-t-il dans nos auteurs de *Pensées*, ou dans les *Traités de Morale*, une observation plus juste que l'enseignement contenu dans la lettre suivante ? Il était destiné à une jeune fille déjà grande, qui servait de mère à une sœur moins âgée. « Une sœur n'obtient rien que par le sentiment de l'affection et de la tendresse qu'elle manifeste et qu'elle inspire. Il faut dès à présent, que votre petite sœur vous trouve indulgente, dévouée, comme le sont les mères !...

Si vous êtes obligée de lui refuser quelque demande, qu'elle soit bien certaine que vous ne le faites qu'avec regret, que pour son bien... Laissez aux maîtresses la tâche toujours pénible et difficile de la correction, et gardez pour vous la part de l'indulgence. »

Lorsque ses anciennes élèves avaient fixé leur vie devant Dieu et devant les hommes par le Sacrement de mariage, la Mère du Saint-Cœur de Marie continuait de s'intéresser à leur sort et à leur personne. « Soignez-vous, écrivait-elle à une jeune femme, soyez prudente, soignez-vous en conscience, pour votre mari, votre famille et votre avenir en ménage. » Et, quand elle apprit que le Ciel avait béni cette union par la naissance d'une fille : « Croiriez-vous, dit-elle, que je me suis mise à pleurer, comme j'eusse fait, si l'on m'eût appris que ma propre fille m'avait rendue grand'mère ?... Puisse cette chère petite ne cesser d'être votre ange de la terre, et réaliser toujours les heureuses et douces perspectives que sa naissance vous présage ! Désormais votre petite fille sera chaque jour, avec son père et sa mère, l'objet d'une de mes quotidiennes prières. »

Après des paroles semblables, la Mère du Saint-Cœur de Marie n'avait-elle pas le droit de clore ses lettres, comme elle se plut un jour à le faire : « Bonsoir, ma chère enfant, croyez à la durée autant qu'à la sincérité de l'affection maternelle que vous a vouée　　　　　Votre Mère de Blon ? »

Les enfants, qui se croyaient appelées à la vie religieuse, consultaient plus souvent encore que les autres leur ancienne Supérieure. La Mère du Saint-

Cœur de Marie ne décourageait aucune bonne volonté.
Elle comprenait et entretenait tous les saints désirs.
Elle exaltait mieux que personne les grâces et les
mérites de la vie religieuse; mais, elle prémunissait
aussi les imaginations trop vives contre les surprises
d'une ferveur passagère et des élans d'enthousiasme,
que n'auraient pas soutenus des efforts continuels
dans la pratique des vertus fondamentales du Christianisme. Jamais elle ne dissimula les sacrifices que
les règles imposent dans une Communauté.

« On me dit, écrit-elle en souriant à une jeune
fille qui rêvait du cloître, que vous aimez beaucoup le
reversi et que le *quinola* trouble votre repos. Savez-
vous que ces *Messieurs-là* n'ont point leur entrée
au Noviciat ? » Ce trait n'est qu'une plaisanterie.
Dans la suite de la lettre, la Mère du Saint-Cœur de
Marie traite avec plus de gravité la question. On
dirait qu'elle s'acharne à détruire toutes les illusions
de sa jeune correspondante pour ne laisser apercevoir
la vie du couvent que sous son aspect sévère. Elle
écrit : « Après avoir fait, mon Enfant, le très grand
sacrifice de quitter votre famille bien aimée, vous vous
attendez à ce que tout vous sera aisé. Mais, je dois vous
le dire : Vous vous trompez. Partout où l'on se porte
soi-même, on porte son cortège de misères et de
défauts, occasion de sacrifices toujours renaissants.
Attendez-vous à en trouver beaucoup de prévus et
d'imprévus. » Elle disait une autre fois : « N'êtes-vous
pas trop enthousiaste de Blon, et, en cela, votre imagination vive et ardente ne jouerait-elle pas un trop
grand rôle ? Il faut vous méfier de cette folle, qui,

pour l'ordinaire, ne laisse point apprécier les choses à leur juste valeur. Sans doute, après Dieu, aimez Blon de toute votre âme. Mais, je crois qu'il faut que vous y pensiez avec calme. »

Toutefois si l'une de ses filles se trouble sans raison, après les heures d'enthousiasme, la Mère du Saint-Cœur de Marie la relève par ces fortes et instructives paroles : « Croyez-vous que ce besoin instinctif qui vous presse de demander à la Religion ce que ne vous donnent ni la vie de l'esprit et de l'intelligence, ni la vie de ce cœur blessé qui reste inquiet et agité, croyez-vous que cette laborieuse recherche de Dieu ne signifie rien !... Pensez-vous qu'elle soit stérile en vous? Non, non : à une nature comme la vôtre, il faut le rude labeur que donne l'expérience du néant des créatures et de leur impuissance à procurer la consolation : il faut la rencontre de Notre-Seigneur dans la voie douloureuse de la souffrance ; il faut l'étude de tout son amour pour vous ; et, c'est cette étude qui n'est point faite encore. Laissez au monde ses illusions : donnez-vous tout entière à Celui qui vous a créée pour lui et qui se montre divinement jaloux de vous avoir à Lui seul. Ne rêvez pas ! mais agissez, lisez, priez ! Versez dans les cœurs attristés la sensibilité de votre cœur. Ne vous faites pas sauvage, mais ne tournez point vos pas vers les heureux du monde. Il n'y a là rien pour vous. Rapetissez-vous à la mesure des petits, des pauvres, de ceux qui souffrent. Dévouez-vous ! Je ne sais pourquoi, j'ai la conviction que vous ne trouverez la paix qu'à cette condition. »

Tous les enseignements de la Mère du Saint-Cœur de Marie furent empreints de la même sagesse. Elle renonçait au parfait quand le parfait l'aurait détournée du mieux, ou simplement du bien, dans la conduite de ses Élèves. « Dans les premiers temps du Pensionnat, écrivait-elle, j'aurais été bien tentée de m'insurger contre certaines exigences des parents, mais j'ai fini par m'apercevoir que tous les raisonnements fléchissaient devant la mollesse du jour, et que, tout en faisant convenir avec moi bien des mères des travers de leur système de perpétuelles concessions, ces réflexions n'amenaient aucun changement dans la pratique ; que leur faiblesse était toujours la même et que notre mission consistait bien moins à réformer des idées généralement adoptées aujourd'hui, qu'à nous efforcer d'en combattre les effets dans les enfants. Nous avons besoin de nous rappeler qu'il faut un peu marcher avec son siècle sous peine de ne pas atteindre le but et de nous donner tort dans la forme ce qui est grave, tout en ayant raison dans le fond, ce qui ne suffit pas. Au reste, conclut-elle, nos enfants nous quittent, sinon dévouées, au moins beaucoup moins égoïstes qu'elles ne nous arrivent. Et c'est plutôt aux Parents qu'aux Enfants qu'il est juste d'attribuer beaucoup de leurs actes les plus regrettables en la matière. »

Louis XIV se plaisait à nommer l'une des Institutrices les plus distinguées que la France ait connues, Mme de Maintenon, « Votre Solidité ». La Mère du Saint-Cœur de Marie ne mériterait-elle pas le même éloge ? Où rencontrer plus de modération et de mesure ? Sa raison et sa logique étaient d'ailleurs, —

et c'est ce qui manquait un peu à la Fondatrice de
Saint-Cyr, — toutes tempérées de douceur et de
tendresse. L'affection, une affection vivifiante et pure,
jaillissait à tout propos de son cœur, comme une
source à fleur de terre toujours prête à se répandre
sur le sol pour le féconder.

Les admirables qualités de la Mère du Saint-Cœur
de Marie expliquent le rapide succès du Pensionnat de
Blon ; et, les souvenirs affectueux et reconnaissants,
que gardent d'elle les nombreuses élèves formées par
ses soins, permettraient de graver sur sa tombe la
formule sainte : « *In memoria æterna !* Mémoire
éternelle ! ! ! »

CHAPITRE XII

LA SUPÉRIEURE

Les idées de la Mère du Saint-Cœur de Marie sur les qualités d'une Supérieure. — Ses Conseils et sa Direction. — Les visites de Mgr Hugonin et de Mgr Thomine-Desmazures à la Communauté. — Les projets de démission de la Mère du Saint-Cœur de Marie.

Les Supérieurs excellents, selon une pensée de nos Livres Saints, méritent d'être doublement honorés. (1) Il est en effet beaucoup plus difficile de bien commander que de bien obéir. Le vulgaire ne voit dans la fonction de Supérieur que le titre conféré et les égards qui en sont la suite. Le Supérieur vraiment chrétien songe avant tout aux devoirs plus délicats qui lui incombent et à la charge plus lourde qu'il lui faut porter.

La Mère du Saint-Cœur de Marie exerçait depuis vingt-six ans la Supériorité, lorsqu'elle écrivit, en 1868, le résumé de ses pensées et de ses réflexions sur ce sujet.

---

(1) S. Paul. I. Tim. v. 17.

Nous les transcrivons en partie dans leur désordre apparent et avec ce que leur rédaction peut avoir d'incomplet :

« Il faut prendre garde, dit-elle,

1° « de s'accoûtumer à une omnipotence de commandement qui vient de ce qu'on se croit presque infaillible et nécessaire ;

2° « de vouloir tout faire par soi-même ;

3° « d'empêcher ainsi le développement des aptitudes dans les sujets. On paralyse leur bonne volonté, en ne les mettant pas à même d'exercer leur zèle et d'accroître leur capacité ;

4° de rouler dans un cercle d'idées qui ont pu avoir leur sagesse et leur opportunité et d'y rester avec une certaine routine qui nuit au perfectionnement de l'œuvre ».

Elle ajoutait dans un autre endroit : « Il faut parler extrêmement peu. Tout porte préjudice ou profit dans la parole d'une Supérieure. Rien n'est indifférent. Il faut garder pour soi ses boutades, ses bons mots. Une inférieure qu'une parole blessante, échappée à la vivacité d'une Supérieure, aura mortifiée, en conservera un amer souvenir, pendant dix ou quinze ans, peut-être pendant sa vie entière. Qu'il n'arrive jamais à la Supérieure de prononcer une parole que Dieu n'avoue pas, car elle parle en son nom ! »

La Mère du Saint-Cœur de Marie réglait sa conduite d'après ces sentiments. Peu de personnes ont mieux exercé le commandement : et cependant, combien elle eût aimé à échanger son autorité de

Supérieure contre l'obéissance de la plus humble des Novices. — Elle s'écrie : « Ah ! J'étais faite pour obéir ! » « Au moins que je constate avec bonheur la sagesse des autres, continue-t-elle, que je me réjouisse en Mère de la supériorité de leur capacité et de leurs talents, que je me repose avec confiance dans leur action. Il faut qu'elles croissent et que je diminue ! » — Ces dernières paroles sont datées de 1857, du jour et de l'année où, pour la première fois, la Fondatrice de Blon, sans que la vieillesse fût encore venue, priait les Religieuses de la relever de ses fonctions de Supérieure.

La Mère du Saint-Cœur de Marie n'avait pas attendu, on le voit, aux dernières années de sa vie à comprendre l'importance de sa tâche et la gravité de ses devoirs. Elle revint souvent devant ses Filles, pour y insister, sur ces sentiments : « Quelle triste Fondatrice, leur disait-elle! Mon esprit, mes exemples passeront à d'autres et vivront après moi dans toutes les Religieuses qui se succéderont dans cette Maison. Si vous saviez combien est lourde cette responsabilité !... Quel poids effrayant c'est d'avoir à répondre pendant l'éternité de toutes ces âmes, dont Dieu me demandera compte une à une !... Mais souvenez-vous que cette responsabilité vous la partagez ; car, toutes celles qui vivent de la vie des Fondatrices sont elles-mêmes fondatrices : Et vous vivez de ma vie, je puis le dire, car je n'ai pas une pensée, pas un désir, pas un sentiment qui ne vous soit connu. Je vous livre tout.

« Vous devez donc vous considérer vous-mêmes,

comme les Mères de ces jeunes Sœurs qui vous sui-
vront et leur donner le bon exemple. Il faut que
vous m'aidiez dans cette tâche. Puis-je compter sur
vous ?... » Après un moment de silence et quand
le regard interrogateur de la Mère, en se promenant sur ses Filles, eut encore ajouté à la force de
sa parole et sollicité une réponse à sa demande,
toutes les Religieuses s'écrièrent d'une même voix :
« Oui, ma Mère ! »

La Mère du Saint-Cœur de Marie revenait souvent
sur ces pensées. « Mes Sœurs, disait-elle une autrefois, j'aurai à répondre de vos âmes, songez-y : et,
sauvez mon âme en sauvant les vôtres ». De son
côté, elle s'employait de tout son pouvoir à procurer
la sanctification des Religieuses que la Providence
plaçait sous sa conduite. Elle aurait souhaité
d'être deux fois sainte, et pour ses Filles et pour
elle-même. La parole de Notre-Seigneur dans l'admirable prière qui précède la Cène lui pouvait
être appliquée : « Je me sanctifie pour les âmes que
Dieu m'a confiées. »[1] Elle était persuadée pour son
compte de la vérité de ce conseil qu'elle adressait à
la Mère du Sacré-Cœur : « Puissiez-vous être une
sainte maîtresse des Novices ; car, il n'y a que les
Saints qui font les Saints ».

Elle écrivait encore pendant une visite des Postes :
« Je n'ai jamais eu tant d'envie d'être bonne Mère, et
d'avoir de Saintes Filles... Ne soyons pas religieuses à demi ; c'est déplorable : mieux vaudrait

______

(1) S. Jean. XVII. 19.

cent fois ne l'avoir jamais été. On n'est pas longtemps d'ailleurs une demi religieuse : Quand on en
vient là, on s'égare bientôt. Que Dieu nous préserve
d'un semblable malheur !

« Pour vivre en religieuse véritable, il faut du
dévouement sans doute : mais sans oubli de soi, où
donc est la vie religieuse? Et n'est-ce pas pour rappeler à la Fille du Cœur Immaculé de Marie cette
nécessité du dévouement que la Croix lui est remise
au jour de sa Profession?

« On ne sacrifie pas ses volontés, ses désirs, son
bien-être sans souffrance. Eh quoi! Jésus-Christ
n'est-il pas mort sur la croix? Vous ne pouvez pas
vous attendre, vous, ses Epouses, à marcher par un
chemin semé de roses : votre crucifix est là pour vous
en faire souvenir, si jamais vous pouviez l'oublier. »

« Or, on ne s'approche de Dieu, ajoute-t-elle au
cours de ses instructions à ses Filles, qu'en s'éloignant
de soi-même. On n'est éclairé de ses divines lumières,
qu'en fermant les yeux aux fausses clartés qu'allume
en nous notre orgueilleux jugement. Le détachement de la Religieuse doit être aussi complet que
possible. N'arrive-t-il pas quelquefois, qu'après avoir
renoncé à des biens assez considérables, du moins
par le prix que vous y attachiez, vous venez en communauté vous coller à des bagatelles, à un livre, à un
porte-plume, que sais-je encore ? »

Jésus-Christ a ouvert la voie du sacrifice. Toutes
les Religieuses du Cœur Immaculé de Marie ont une
étroite obligation d'y marcher à sa suite. A son
exemple, « une Fille du Saint-Cœur de Marie doit

aimer la croix, la porter généreusement, et si elle ne peut mieux, se courber sous son poids et la subir, en demandant à Dieu qu'Il l'aide de sa force. Son vêtement noir doit lui rappeler sans cesse qu'elle est morte aux jouissances de la terre. Elle doit se dire : Un jour au ciel, je revêtirai la robe nuptiale : sur la terre, je dois souffrir et porter mes croix. Si vous regrettez les satisfactions du monde, pourquoi gémir plus longtemps ? Reprenez vos vêtements séculiers et allez demander au monde ce qui vous manque dans la religion. Rien de si misérable que la Religieuse qui mendie autour d'elle des regards, des consolations, un appui. »

Le 1er janvier 1853, les souhaits de nouvelle année qu'elle adressa à ses Religieuses, sont empreints du même esprit : « Ne sortez qu'à regret de votre demeure, à moins que Notre-Seigneur ne vous envoie vers ses amis les pauvres et les malades. Les autres personnes et même les personnes pieuses vous loueront, et, vous en serez bien aises : elles vous plaindront de vos privations ; elles verseront dans votre cœur, sans s'en douter, le poison de l'ennui, le dégoût d'une vie de renoncement et d'oubli. »

« Souvenez-vous, disait-elle un autre jour, que le bon Dieu vous prête au monde pour l'édifier et essayer de lui faire un peu de bien ; mais Il ne vous donne pas, c'est à Lui seul que vous appartenez ! » « Que ce Dieu soit mille fois béni d'avoir voulu que les Filles du Saint-Cœur de Marie vécussent de cette vie un peu âpre quelquefois à la nature, mais si fructueuse pour le ciel ! »

La Mère du Saint-Cœur de Marie n'aurait du reste jamais gardé dans l'Institut une religieuse qui lui aurait paru peu digne de sa vocation. « Ma Mère, lui disait un jour une de ses Sœurs, il me semble que, si vous vouliez me renvoyer de la Communauté, je me jetterais à vos pieds pour vous supplier de me garder. » « Ma Fille, repartit la Supérieure, si je croyais devoir vous renvoyer, rien ne pourrait m'en empêcher. Monseigneur l'Evêque et Notre Saint-Père le Pape seraient ici, que je les prierais de me laisser faire mon devoir. » Quelles larmes amères elle aurait toutefois répandues en prononçant une pareille exclusion ! La parole du Maître divin dans la grotte de l'agonie lui serait montée aux lèvres : « Mon Père, s'il est possible, que ce calice s'éloigne de moi ! » (1)

Dieu n'exauce pas toujours cette supplication. Il n'entre pas dans les desseins de Dieu d'éviter tout ennui aux personnes constituées en dignité. La souffrance joue dans leur vie un rôle providentiel. « Malheur à la Supérieure, écrivait elle-même la Mère du Saint-Cœur de Marie, si elle était exempte de croix ! car, ce sont les croix qui fécondent les œuvres... Aux peines extérieures, il plaira peut-être à Dieu d'ajouter la lutte contre sa propre nature, les tentations, l'épreuve ; et toujours il faudra conserver l'humeur égale, la parole douce, le cœur serein. »

Nulle qualité plus essentielle dans une Supérieure de Communauté que cette égalité d'humeur. Elle ne

______

(1) S. Math. xxvi. 39.

doit, en effet, jamais céder à son caprice ou sacrifier à ses goûts personnels. Aucun instant dans sa vie ne lui appartient! « Dans ma situation, écrivait la Fondatrice de Blon à sa fille, Mme Saint-Jean-Chrysostome, le 13 août 1853, on commande à tout le monde, et on obéit sans cesse. Il en résulte pour les Supérieures une dépendance continuelle, qui fait qu'on n'est pas maîtresse cinq minutes de son temps. C'est pour les Supérieures la manière d'obéir. Aussi, faut-il faire bonne mine à ces dérangements perpétuels, qui morcellent la vie et rompent continuellement la volonté! »

La Mère du Saint-Cœur de Marie se prêtait avec une bonne grâce souriante non seulement aux légitimes désirs de ses Religieuses; mais encore, à tous les incidents qui formaient la trame de sa vie. Elle était heureuse de fortifier l'autorité de ses avis et de ses enseignements par ses exemples.

A Saint-Sever, pendant que les Sœurs faisaient la classe, durant les premiers jours de leur établissement dans cette commune, elle vaquait au service de la cuisine. Elle réussissait même assez mal, s'il faut en croire sa modestie, les moindres préparations culinaires. Lorsque ses Religieuses arrivèrent au Tronquay, elles manquaient des choses les plus indispensables. Dans les chambres, deux vieux rideaux troués pour tout ornement : sur le buffet de service, une seule tasse en terre, dans laquelle la Mère et ses Filles buvaient à tour de rôle. La Mère du Saint-Cœur de Marie se réjouissait d'être réduite avec ses Sœurs à cet état d'indigence.

Ce n'était pas seulement l'esprit de pauvreté et de sacrifice que la Supérieure enseignait à ses Filles ; mais, la foi, la charité, l'amour de la vie humble et cachée, le goût de la prière. Là dessus encore, sa conduite valait la plus éloquente des exhortations, et, la vie de la Mère du Saint-Cœur de Marie ne fut, au demeurant, qu'une longue et instructive leçon de vertu donnée aux Sœurs de la Communauté. On ne devra donc pas être surpris que les conseils de la Supérieure rappellent assez souvent les pensées et les actes de la Religieuse. Elle se montrait ainsi fidèle à la tradition évangélique. Jésus n'enseignait la vertu qu'après l'avoir pratiquée.

L'esprit de foi tenait l'un des premiers rangs parmi les vertus que la Mère Fondatrice de l'Institut de Blon recommandait aux âmes qui se plaçaient sous sa conduite : « Demandez la Foi, ma chère Fille, écrivait-elle à une religieuse. Une Religieuse sans foi, c'est une pauvre fille habillée d'une robe noire, et qui n'est guère jolie, voilà tout ! » « Je ne vous le dirai jamais assez, mon Enfant, ne travaillez que pour Dieu et ne cherchez à satisfaire que Lui. »

« L'absence de l'esprit de foi, disait-elle ailleurs dans une de ses circulaires aux Membres de l'Institut dispersés dans les Postes, fait que tout languit chez vous, que vous ne pensez pas, que vous n'agissez pas comme les Saints. Vous comptez sur les instruments dont Dieu se sert, plus que sur Dieu lui-même... Dieu finit par n'être presque rien, la créature devient tout : vous n'espérez qu'en elle !... »

Lorsque la Supérieure avait pénétré les âmes de ces fortes et surnaturelles maximes, elle bâtissait sur ce fondement l'édifice de la charité chrétienne.

« Ma chère Fille, écrit-elle à l'une de ses Sœurs, vous êtes jeune, vous avez un cœur ardent, un cœur capable d'aimer beaucoup. Eh bien ! Je me demande ce que vous en faites... Aimez-vous assez Dieu ? Pensez-vous à Lui ? »

« Il faut, marque-t-elle dans une autre lettre, que vous aimiez Dieu seul... Dieu seul peut remplir votre cœur ; c'est-à-dire qu'il faut aimer avec Lui tout ce qu'Il aime, les privations, les sacrifices, les souffrances, la Croix. Il faut aimer Dieu en réalité, et non simplement en spéculation, aimer sa sainte volonté dans les petites choses comme dans les grandes... »

Dans ces sentiments, comme elle presse les Sœurs de se donner sans retour au Maître divin ! « Il en coûte plus, dit-elle, pour se donner et se reprendre que pour se donner tout à fait. » « Qu'est-ce que cette manière de compter pour une année, écrit-elle ailleurs, le temps de fidélité à ses obligations ? Est-ce que les Filles du Cœur Immaculé de Marie n'ont pas dans l'exercice de leur amour pour l'Epoux céleste une numération éternelle ? Pour elles, en ce genre, il y a un premier jour ; mais, le dernier se perd dans l'Eternité ! » « Qu'il n'y ait entre vous qu'une seule rivalité, celle d'aimer le Bon Maître à qui mieux mieux... Le reste est si peu de chose !... »

« Aimer Dieu, c'est vous plaire à penser sans cesse à Lui, c'est rentrer souvent en vous-même au fond de votre cœur, où Il vous attend pour s'entretenir avec vous de ses intérêts et des vôtres ; c'est Lui parler souvent avec une sainte familiarité... Aimer Dieu, c'est ne converser jamais avec les créatures, sans que Dieu soit en tiers entre elles et vous. »

Au surplus, la Religieuse du Cœur Immaculé de Marie n'entretiendra avec le monde que les rapports nécessaires : « Chaque Institut, disait la Supérieure, possède son esprit distinctif et son caractère spécial. La sainteté, une dans son fond, est très variée dans ses formes. Les Sœurs du Cœur Immaculé de Marie s'appliqueront plus particulièrement à reproduire en elles avec la pureté virginale de Marie son amour de la vie cachée. »

Leur Fondatrice ne concevait ses Sœurs, suivant ses paroles, que « séparées du monde dans le monde même. »

« Sainte Magdeleine de Pazzi, leur disait-elle, baisait avec amour les murs de sa cellule, en pensant que là elle était à l'abri des tentations venant du dehors, et toute à Celui qu'elle voulait aimer sans partage. Ne manquons pas de reconnaissance pour ce don si précieux de la vocation qui nous a été faite. Notre cellule nous met à l'abri des écueils. Au fond, concluait-elle, pour résumer toute ma pensée, j'ai voulu fonder un Institut, dont les Membres menassent, quoique dans le monde, la vie du cloître ; et, que, sous une apparence de Religieuses séculières, mes Filles fussent de véritables Religieuses cloîtrées. »

De là, certaines pratiques imposées aux Sœurs et des précautions particulières pour les isoler du monde jusque dans les moindres postes qu'elles occupaient. Lorsque la petite colonie qui devait diriger l'école de Saint-Sever arriva pour la première fois dans cette localité, toutes les mesures n'avaient pas été prises pour mettre les Sœurs entièrement chez elles. Une porte de communication restait ouverte entre leur logis et la maison voisine. La Mère du Saint-Cœur de Marie exigea qu'elle fût fermée. Elle aurait préféré, si l'on n'eût point fait droit à sa demande, enlever ses Religieuses.

Le détachement des choses extérieures ne servirait à rien, s'il ne conduisait au détachement intérieur dans l'obéissance et l'humilité. C'est donc de leur amour-propre que la Supérieure de Blon demande avant tout à ses Filles de se déprendre.

« Vous n'êtes rien, vous ne savez rien, leur dit-elle, et vous voulez des éloges ! Vous vous croyez quelque chose, parce qu'une de vos *petites mazettes*, qui ne sait rien non plus, vous aura fait un compliment.

« Oh ! combien nous nous séduisons, quand nous nous figurons que nous valons quelque chose. C'est un rêve cela ; mais un rêve ne peut toujours durer, sauf le temps du sommeil, autrement dit le temps de l'illusion. Réveillons-nous donc et soyons bien aises de rouvrir les yeux à la lumière de Dieu, qui nous fait voir ce que nous sommes en réalité. »

« Ne reculez jamais, dit encore la Supérieure, devant le premier aveu de vos infirmités physiques et morales. Ne sommes-nous pas toutes, après tout, de grandes malades ? » « Ne prenons point confiance en nous-mêmes, mais en Dieu. »

« Oui, nous rapporterons tout à Dieu, écrit-elle ; Dieu aime à cacher son action ; mais si l'on veut paraître agir par soi-même au lieu d'être dans les mains divines un instrument docile, il nous brise en ruinant nos plans et nos entreprises. Et c'est une grande miséricorde de sa part, lorsque nous avons la sagesse de nous humilier. »

« Chérissons donc nos impuissances, s'écriait-elle, réjouissons-nous sincèrement quand toutes les autres font mieux que nous... L'humilité qui naît de toutes nos maladresses, de toutes nos incapacités, est la seule chose que Dieu aime en nous. » « Si vous me disiez aujourd'hui que vous n'avez plus d'orgueil, je prendrais le deuil ou de votre raison, ou de votre perfection à venir. »

La connaissance de sa faiblesse ne mènera point la Fille du Cœur Immaculé de Marie au découragement. « C'est là un mot à bannir à tout jamais, déclare la Mère Supérieure, du vocabulaire d'une religieuse. Il faut mettre au commencement et à la fin de toutes les pages de votre vie : Confiance, confiance encore, confiance toujours et malgré tout, parce que Dieu infiniment bon vous aime d'un amour incompréhensible. »

« Je ne connais pas de plus doux oreiller que la confiance en Dieu. »

« On oublie que Dieu n'est tout puissant que pour nous faire du bien. »

« Laissez le passé à sa miséricorde, confiez l'avenir à sa Providence, et concentrez toutes vos pensées sur le présent : efforcez-vous de le rendre meilleur et tel qu'il veut qu'il soit : aussi bien, à chacune le petit succès que Dieu lui destine. Ce n'est pas sur cette part qu'il paie le travail, mais sur la bonne volonté avec laquelle on l'accomplit. »

Or, il est une vertu par laquelle la bonne volonté doit principalement se manifester dans la vie religieuse, c'est l'obéissance aux Règles et aux pratiques de l'Institut. Cette vertu forme l'objet d'un des trois vœux de religion. La Supérieure de Blon y exhorte ses Filles. Elle leur redit que dans l'obéissance « la prudence regarde, suivant le mot de Saint-Ignace, ceux qui commandent, non pas ceux qui obéissent. »

Une Fille du Cœur Immaculé de Marie est soumise aux conseils et aux ordres de ses Supérieures jusque dans les soins qu'elle donne à sa santé. « Obéissez, soignez-vous, écrit en substance la Mère du Saint-Cœur de Marie, votre santé ne vous appartient pas. Elle est à Dieu, qui vous l'a donnée et qui vous la conserve : mais, qui ne veut pas que vous l'exposiez. »

Une obéissance servile, que la foi n'eût pas inspirée, n'aurait point satisfait la vénérée Fondatrice.

« Avez-vous bien compris, disait-elle à une aspirante au Postulat, en quoi consiste la vie religieuse ?... Sachez bien que c'est Dieu seul qu'il faut avoir en vue ; car, sans cette pensée de foi, cette vie n'est à mes yeux que le plus honteux esclavage et l'avilissement de tout ce qu'il y a de plus noble dans l'homme : ce n'est plus disposition méritoire de soi-même... Si je savais qu'une de mes Filles m'obéit

par attachement humain et se fit ainsi l'esclave de la
créature, sans penser que c'est à Dieu qu'elle obéit,
je crois que je la chasserais comme indigne de porter
l'habit religieux !... »

Il faut donc que Dieu reste le principe et la fin de
toute vie parfaite. L'âme qui tend à la perfection
chrétienne doit, en conséquence, entretenir avec Lui
un commerce intime. Il est nécessaire qu'il existe
comme un perpétuel échange de pensées et de sentiments entre le ciel et le coin de terre ignoré, sur
lequel se cachent et vivent des Vierges consacrées
au Christ. Par la prière, les adorations et l'amour des
créatures s'élèvent jusqu'à Dieu : mais Dieu répond
à ces hommages par l'effusion de sa grâce. Les deux
choses sont corrélatives. Pas de grâce sans prière.
Il s'ensuit qu'une Supérieure de Communauté doit
s'efforcer d'entretenir dans l'âme de ses Sœurs l'esprit
d'Oraison. La Mère du Saint-Cœur de Marie ne l'oubliait pas.

« Il y aura entre vous, redisait-elle fréquemment,
une sainte rivalité à qui priera le mieux. »

La prière était mêlée à toutes les actions des Religieuses. La Supérieure en indiquait le plus souvent
les intentions. Elle réclamait des prières pour les
œuvres de la communauté ; mais, son regard portait
plus loin. Les intérêts généraux de l'Eglise primaient
dans ses demandes les désirs et les besoins parti-
culiers : « Vous devez à la Sainte-Eglise, écrivait-elle,
un amour tout spécial ; ses joies doivent être vos
joies ; ses douleurs, vos douleurs. » Aussi avait-elle
réglé que ses Filles prieraient souvent pour le Sou-

verain Pontife, la France chrétienne, le Diocèse, les Missions. Elle ne souffrait rien d'étroit ni de mesquin dans leurs pensées : rien d'étroit non plus, dans leurs pratiques de piété.

La Mère du Saint-Cœur de Marie ne comptait point sur ses seules paroles pour instruire ses Filles et les mener au bien. Le P. Madelaine multipliait dans le cours de l'année ses conseils autorisés. Les Prédicateurs des Retraites étaient choisis avec un soin extrême. De plus, la Supérieure profitait du passage des ecclésiastiques de distinction, qui visitaient sa Communauté, pour solliciter d'eux quelques mots d'édification.

C'est ainsi que Mgr Thomine-Desmazures, premier Evêque du Thibet, commenta dans une réunion des Sœurs, en 1866, avec un accent que sa foi profonde rendait plus persuasif, le beau passage de l'Apocalypse : « Les vierges suivent l'agneau... » et les versets si suaves de l'office de Sainte-Agnès : « L'amour du Christ me rend chaste : son toucher me purifie. » Le souvenir de cet entretien est resté présent dans la mémoire des Religieuses qui l'ont entendu. Elles en ont transmis l'impression toute vive à leurs Sœurs plus jeunes.

En 1867, Mgr Hugonin, promu récemment à l'Evêché de Bayeux, visita pour la première fois l'établissement de Blon. Le Prélat avait dévoué sa vie jusqu'à ce jour à l'éducation de la jeunesse. Les questions d'enseignement l'intéressaient donc d'une façon spéciale, et les Congrégations qui s'occupaient d'instruire les enfants étaient assurées à l'avance de sa protection. La Mère du Saint-Cœur de Marie et ses Filles furent heureuses de la venue de leur Évêque. Sur leur front et dans leur regard, où la joie éclatait, mieux encore que sur les banderoles qui flottaient au vent on aurait pu lire la parole liturgique : «Béni soit celui qui vient au nom du Seigneur ! » La réception fut solennelle. On tendit des guirlandes et l'on sema des fleurs à profusion. Les enfants des Hébreux n'avaient pas mieux honoré le Sauveur au jour des Rameaux. Mgr Hugonin reçut successivement les Religieuses, les Novices, les Élèves du cours normal, les Pensionnaires et les Orphelines. À chacun de ces groupes, il distribua des conseils et des encouragements.

Quelques-unes des paroles que l'Évêque prononça ont été fidèlement recueillies. Elles ont leur place marquée dans ce livre, car elles expliquent, en parlant de Blon, la raison d'être de toutes les Congrégations enseignantes. « J'ai déjà été à même, dit Sa Grandeur, de constater le bien opéré par les Communautés religieuses, de voir la différence qui existe entre ce qui se fait dans une paroisse par une Religieuse ou par une Institutrice laïque. Je suppose cette dernière aussi bonne, aussi dévouée que possible, une sainte : mais elle ne formera jamais un centre dans la paroisse ; et, après sa mort, tout sera fini. Il n'en est pas de même de la Religieuse : sa charité, son dévouement subsistent alors même qu'elle n'est plus là. Elle disparaît, elle meurt : vite, une autre Religieuse occupe sa place. C'est le même costume, la même charité, le même dévouement. Les enfants viennent de nouveau se grouper autour d'elle. Les anciennes élèves retrouvent encore une Mère dans cette Religieuse. Elles viennent lui demander des conseils... Aussi, je suis bien résolu à soutenir les Communautés de tout mon pouvoir ».

Mme de Saint-Léonard n'avait eu d'autre désir en fondant sa Congrégation, que d'assurer cette perpétuité dans le bien. Le nouvel évêque de Bayeux justifiait ses projets et son entreprise.

La Supérieure de Blon se dépensait tout entière pour son œuvre. Sa volonté toutefois demeurait subordonnée au bon plaisir de Dieu. « Mon Dieu, disait-elle, que je n'aime notre Institut que dans la mesure où vous l'aimez ; que je n'en désire la prospérité que dans la mesure où vous la voulez ; que je vous bénisse d'aussi bon cœur des adversités qui le frappent, que des prospérités que vous lui avez accordées ! ».

Mais puisque Dieu semblait approuver la tâche accomplie : « Aimons, écrivait-elle à ses Filles, en 1854, aimons notre Institut d'un amour d'enfant, d'un amour que rien ne lasse, ni ne rebute, d'un amour que les revers animent, que les obstacles excitent, d'un amour qui sache souffrir sans se plaindre et sans se trouver à plaindre ».

Huit ans plus tard, en 1862, dans une nouvelle circulaire : « Je me suis sentie prise, ce matin, au vingtième anniversaire de mon entrée en Communauté, par une foule de souvenirs, auxquels je ne veux pas vous laisser étrangères. Lorsque je me rappelle les premiers pas faits sur la terre de Blon, les premières paroles dites dans l'enceinte de ces murs ; ces enfants délaissées, dont Dieu s'est servi pour m'y amener ; les premières compagnes de mes travaux qui ont aidé mon inexpérience et que je retrouve dans la terre des morts et dans le fond de mon cœur, au milieu de mes plus vivants souvenirs ;... cette succession d'évènements me cause une émotion que je ne saurais exprimer, et un étonnement auquel viennent se joindre l'amour et la reconnaissance !... »

Elle était dans les mêmes dispositions, lorsqu'elle consignait par écrit avant l'un de ses nombreux départs pour la visite des Postes, ce qu'elle appelait son Testament Spirituel.

« Je vous lègue, écrivait-elle à ses Religieuses, mon amour pour l'Institut en général et pour chacun de ses membres en particulier. Oui, mes chères Filles, je le sens plus que je ne le peux dire ; mais Dieu sait que je donnerais pour la dernière d'entre vous jusqu'à la dernière goutte de mon sang.'

« Je vous lègue mon amour pour Dieu ; car c'est Lui que j'aime dans tout l'Institut et que je vois dans chacun de ses membres.

« Je vous lègue encore mon dévouement pour les enfants. Aimez les enfants : sauvez-les !... »

La Mère du Saint-Cœur de Marie avait rédigé cette sorte de testament longtemps avant sa mort dans un de ces moments où elle aurait souhaité, vers 1857, de faire agréer à son Conseil sa démission de Supérieure. Le Conseil refusa d'accéder à ce désir. Il lui paraissait utile que l'Institut, récent encore, continuât de vivre sous la direction de sa Fondatrice.

La Supérieure s'inclina devant le refus, mais son humilité ne cessa de s'effrayer qu'on la voulût maintenir dans sa charge. Elle écrivait en 1866 : « Je ne suis plus que l'enseigne de la Communauté... » Et en 1868 : « Il y a pour une Communauté une sorte de devoir de charité et de reconnaissance à acquitter envers une Supérieure, qui a longtemps épuisé ses forces et porté le poids des responsabilités... en lui donnant le temps de préparer ses comptes pour l'Eternité. » Les Religieuses ne purent encore se ré' soudre, non plus qu'en 1857, à ce douloureux sacrifice. Qui donc aurait accepté de la remplacer ?... Les Filles du Cœur Immaculé de Marie préféraient redire sur leur Mère vénérée les paroles et la prière de Newman à propos de l'un de ses maîtres et de ses amis : « C'est l'humilité même, et la bonté, l'amour et le zèle, et le dévouement ! O. Dieu, bénis cette âme en la comblant de tes dons, et accorde-nous de l'imiter ! » (1)

---

(1) Lettres, T. I., p. 118, cité par Thureau-Dangin. *La Renaissance Catholique en Angleterre.*

CHAPITRE XIII

Dernières années. — Maladie et mort. — Funérailles

1869-1871

La Mère du Saint-Cœur de Marie ressentit les premières atteintes de la maladie dont elle mourut, à la fin de décembre 1868. Elle souffrit alors de malaises continuels : mais, son « âme, toujours maîtresse du corps qu'elle animait », n'en fut point abattue. La Religieuse, accoutumée à se vaincre, mena sa vie ordinaire et remplit ses habituelles fonctions.

Le 7 janvier 1869, la Mère du Saint-Cœur de Marie écrivit aux Sœurs de la Communauté la lettre-circulaire qu'elle leur adressait, tous les ans, vers cette époque. Ce travail lui occasionna de violents maux de tête qui persistèrent le lendemain et les jours suivants. Elle assista néanmoins, le dimanche 10 janvier, à tous les offices de la solennité de l'Epiphanie.

Le lundi 11, elle recevait, pour l'examen d'une jeune fille, la Commission qui décidait de l'entrée des élèves à l'Ecole normale. Les Sœurs ayant remarqué, ce jour-là, son extrême fatigue obtinrent que leur Mère se reposerait, le soir, de fort bonne heure.

Au matin du mardi 12, la Supérieure de Blon descendit comme d'habitude à la Chapelle pour entendre la Messe et recevoir la Sainte-Communion. Plusieurs fois durant le Saint-Sacrifice son livre lui échappa des mains. « J'étais occupée, disait-elle en souriant, à ramasser d'une main ce que l'autre ne pouvait tenir. »

Le docteur Ruelle, médecin de l'Établissement, visitait alors une Religieuse malade. La Mère du Saint-Cœur de Marie le consulta. Après l'avoir examinée, M. Ruelle ne dissimula point ses craintes. Il prit à part la Mère assistante et lui communiqua ses pressentiments.

Le diagnostic du praticien n'était que trop fondé. Le même jour, vers onze heures du matin, l'une des Sœurs trouvait la Mère Supérieure affaissée dans un fauteuil au milieu de la salle du Sacré-Cœur, où elle avait coutume de travailler. Ses lèvres balbutiaient encore des paroles inintelligibles.

L'alerte fut aussitôt donnée et les Religieuses mandèrent en toute hâte plusieurs médecins. Ceux-ci constatèrent que la malade était atteinte d'apoplexie, compliquée de paralysie du côté gauche. La mort, à leur avis, pouvait suivre à bref délai. Cette nouvelle sema l'effroi dans toute la maison. Or, par une coïncidence malencontreuse, le P. Madelaine n'était pas encore revenu de La Salette où il avait célébré la Sainte-Messe ; et l'aumônier, M. l'abbé Auvray, venait de s'absenter pour quelque temps. Il fallut appeler de Vire M. l'abbé Artois, l'un des vicaires de Notre-Dame, pour administrer, s'il était nécessaire, les derniers Sacrements. Pendant ce temps, la prière ininterrompue des Sœurs, des Pensionnaires, des Élèves de l'École normale et des Orphelines sollicitait la guérison de la vénérée malade.

La Mère du Saint-Cœur de Marie, après une légère amélioration, recouvra la parole : elle exprima les sentiments de foi et de piété, dont son cœur débordait : « Mes Filles, dit-elle, le bon Dieu veut que j'apprenne à souffrir. » Pendant la nuit, quand trois heures sonnèrent : « Voici l'heure du reniement de saint Pierre, murmura-t-elle, et cependant Notre-Seigneur ne l'abandonna pas. » — « C'est que Notre Seigneur est la Miséricorde infinie, reprit la Mère Sainte-Anne qui se tenait près d'elle. » — « Oh oui ! répondit-elle à son tour, Il est si bon ! » Après un silence, elle ajouta : « Je crains beaucoup les jugements de Dieu ! Oh ! priez beaucoup pour moi ! C'est si pesant d'avoir à rendre compte de la Supériorité !... Ce qui me console et me fait espérer, c'est que j'ai souffert et toujours porté la Croix. » Pour s'animer à l'espoir en Dieu, elle se fit lire l'un des psaumes qu'elle affectionnait : « *Levavi oculos meos in montes unde veniet auxilium mihi.* J'ai levé les yeux vers la Sainte Montagne, d'où me viendra le secours que j'attends. (1)

Le mercredi 13 janvier, lorsque la Mère du Saint-

---

(1) Ps cxx. 1.

Cœur de Marie reçut la Sainte-Communion en viatique, elle fit assembler les Religieuses auprès de son lit et leur adressa quelques paroles.

Après avoir demandé pardon des mauvais exemples qu'elle avait donnés, elle pria les Sœurs présentes de maintenir l'esprit de charité dans la Congrégation. « La Charité, dit-elle, est la vie des Communautés. » Elle ajouta : « Aimez beaucoup les pauvres... Aimez beaucoup vous-mêmes à être inconnues. Pas de jalousie sur les autres Instituts. Mais, cherchez à paraître le moins possible. »

Le P. Madelaine insista, dans la même journée, sur ces recommandations de la malade. Des Religieuses voulaient offrir leur vie, afin qu'il plût à Dieu de prolonger les jours de leur Supérieure. Le Père les exhorta à mieux pratiquer les vertus que la Règle et les Constitutions de l'Ordre exigeaient des Membres de l'Institut. C'est là, concluait-il, le véritable sacrifice que le Seigneur réclame.

Pendant plusieurs jours, la Mère Supérieure ressentit, comme aux premières heures de sa maladie, de violents maux de tête. Une nuit, prenant la main d'une de ses garde-malades, elle la porta à son front, puis : « Oh ! qu'il fait bon, dit-elle, se souvenir de la couronne d'épines du divin Maître !...» Et dans le même esprit de résignation : « Les souffrances sont un grand bien. Je le dis sans arrière-pensée. Oui, mon Dieu, je vous remercie de me donner des souffrances. Ôtez de mon cœur un trop grand désir de les voir diminuer. Je vous demande ma guérison par obéissance. Si vous ne voulez pas de soulagement dans mes douleurs, je n'en veux pas non plus. Donnez-moi seulement de la patience.

« Oui, mon Dieu, je veux bien souffrir si vous le voulez, comme vous le voulez, autant que vous le voulez, et tout le temps qu'il vous plaira ».

La Mère du Saint-Cœur de Marie se montrait confuse des égards qu'on lui témoignait et des soins que la Communauté prodiguait à sa personne. « On en fait trop, répétait-elle ! Surtout, n'agissez pas pour moi, vous perdriez le fruit de vos travaux : travaillez pour Dieu ».

C'était pour Dieu, et dans l'union avec Jésus qu'elle-même voulait souffrir.

Vous offrez, lui demandait un jour la Mère assistante, une partie de vos souffrances pour vos ennemis, si vous en avez ? » — « Oh oui, reprit-elle, mais je n'en connais pas. Enfin, dans le cas où j'en aurais!...»

Le regard du Sauveur avait embrassé du haut de la Croix le monde entier. La Mère du Saint-Cœur de Marie offrit le mérite de sa souffrance, non seulement pour ses Religieuses, pour ses parents ou ses amis, mais aussi pour l'Eglise universelle, pour le Souverain Pontife, pour l'Evêque du diocèse, la France chrétienne et le Concile général du Vatican près de s'ouvrir.

Parfois elle se reprochait, en songeant aux fruits merveilleux de la douleur, d'accepter, de rechercher même des adoucissements à ses maux : « Valent-ils encore la peine, disait-elle, d'être agréés par Dieu en expiation ? » — « Mais, lui répondait une Sœur, ces soins et ces remèdes sont prescrits par l'obéis-

sance ! » « Et par mon immortification aussi, repre-
« nait-elle dans son humilité ».

Au bout d'un mois, dans les premiers jours de
février, la malade remua le pouce de sa main para-
lysée, et elle éprouva de vives douleurs dans tous
les membres. On espéra que la sensibilité allait
revenir. « Il paraît que c'est bon signe, disait une
religieuse ». Mais, elle : « Ma fille, c'est toujours
bon signe de souffrir ainsi, puisque cela prouve que
le bon Dieu se souvient de moi ».

Le 8 mars, l'amélioration survenue était assez sensible pour qu'on permit à la Mère du Saint-Cœur de
Marie de dicter une lettre de remerciement à ses
chères Filles. Elle priait Dieu de les récompenser
des soins dont elles l'avaient entourée et des marques de sympathie qu'elles lui avaient prodiguées
dans son infirmité. Elle signait : « Votre Mère impo-
tente, mais toujours et à jamais dévouée ».

La Communauté attendait du ciel davantage encore.
Elle demandait une guérison complète. On commença, pour obtenir cette grâce, une Neuvaine en
l'honneur de Saint-Joseph et de Notre-Dame de
Séez. La Neuvaine, ouverte le 11 mars, se termina
le 19. L'Évêque de Séez, le Clergé et les Communautés de la ville, joignirent leurs supplications aux
prières des Sœurs de Blon.

La maladie de la Mère du Saint-Cœur de Marie ne
disparut pas entièrement, mais il se produisit un
mieux considérable. Le 19 mars, on transporta la
chère infirme à l'une des entrées de la Chapelle, et
elle y pénétra de son pied, soutenue par deux Reli-

gicuses. S'agenouillant alors devant le Tabernacle, elle pria quelque temps en silence, puis elle ordonna de chanter le *Magnificat*. Lorsqu'elle eut regagné sa chambre, elle ne ressentit pas plus de fatigue qu'avant son déplacement.

L'infirmerie reçut la seconde visite de la Mère Supérieure. Dans l'une des salles, la sœur Marie de Sainte-Geneviève, jeune religieuse de vingt-neuf à trente ans, touchait au dernier période d'une maladie de poitrine ; et, le P. Madelaine se disposait à lui administrer l'Extrême-Onction. La Mère du Saint-Cœur de Marie se rendit auprès de la mourante; elle la bénit de sa main restée libre, l'exhorta à la confiance, puis se penchant vers elle : « Si vous entrez Là-Haut la première, dit-elle, vous demanderez pour moi au bon Dieu cette faveur...» la phrase fut achevée trop bas pour que l'entourage l'entendît. — « Oui, ma mère, répondit la jeune Sœur ». La Mère reprit : « Quelles belles Pâques vous allez faire ! » On était au Jeudi Saint. Le dimanche de la Résurrection, à midi, la poitrinaire mourait. La scène n'était-elle pas attendrissante et vraiment digne du pinceau de nos grands artistes chrétiens !

Avec le printemps, la Mère du Saint-Cœur de Marie avait pris l'habitude de sortir dans les jardins et dans la grande prairie de la Communauté. Une sève de vie remontait par moments en elle, ainsi que dans les fleurs et les bois, moins forte, hélas ! et moins abondante. Son état de langueur se prolongea durant toute la saison d'été : mais, plus la vie paraissait près de se retirer, plus la malade vivait par l'esprit et par le cœur.

Le 8 septembre 1869, elle fut conduite à la Salette. La secrète douceur de cette solitude lui plaisait. Elle y pouvait à loisir « humer l'air et respirer l'odeur du serpolet jusqu'à six heures du soir ». Le sommeil revint un peu, et aussi l'appétit. « Le bon Dieu fera le reste, écrivait-elle, s'il le juge à propos; car, je n'ai pas le libre usage de ma jambe et de mon bras ». Elle donnait ces nouvelles aux Sœurs des Postes, qu'elle félicitait en même temps de leur bon esprit durant la Retraite annuelle.

À la Salette, la plus grande partie des journées de la Mère du Saint-Cœur de Marie fut employée à la « méditation, à des prières vocales, à des visites à la Chapelle et à des recommandations ou des lettres qu'elle dictait pour ses Religieuses. Elle jouissait de se croire « comptée pour rien aux yeux du monde ». C'était à son avis, « un moyen miséricordieux et providentiel d'expiation du passé, une source d'espérance pour l'avenir éternel. Oh! mon Dieu, je l'accepte de grand cœur, disait-elle, malgré les répugnances et les réclamations de la nature, cette vie d'inutilité, d'inaction, de souffrances, que vous avez permis qui fût ma part ».

Elle s'arrête volontiers sur ces pensées, ou sur d'autres sentiments analogues.

« Il m'a semblé, écrivait-elle encore, que le Seigneur me permettait de lui adresser ces mots devant le Tabernacle : « Seigneur, que voulez-vous que je fasse ? » Il me répondait : « Je veux que tu sois anéantie dans ta propre estime, dans celle de ta Communauté, dans celle du monde ; que tu saches et que l'on sache que tu es devenue en réalité un être nul, inutile, incapable... Oui, je te veux anéantie ; c'est ainsi que je t'aime, c'est dans cette voie que je te donnerai des grâces de réparation, d'expiation de ton orgueil passé... O Sacré-Cœur de Jésus, daignez me conserver toujours présente la pensée de mon néant, de ma misère et du besoin que j'ai de me tenir petite, cachée, oubliée. »

La vertu de la Mère du Saint-Cœur de Marie se perfectionnait vraiment dans l'infirmité.

Elle avait cependant repris, lorsqu'elle dictait les lignes précédentes, la direction générale de la Congrégation. Sa maladie lui parut alors une occasion favorable de rappeler avec plus de force à ses Religieuses ses pensées et ses desseins sur la Communauté. « Les choses dites dans la maladie frappent davantage. Les Sœurs s'en souviendront mieux plus tard ».

Jamais, il est vrai, ses avis ne furent formulés de façon plus précise.

« Je vous recommande, disait-elle à ses Filles, l'œuvre des Retraites. Je vous lègue le soin de l'entretenir et vous n'y manquerez pas. C'est une des fins de la Communauté.

« Gardez sans altération, conseille-t-elle une autre fois, l'esprit de simplicité, l'estime et l'amour de la vie humble, l'absence complète d'ambition. Ne nous laissons pas gagner par l'envie de paraître ; restons simples en tout... Pendant le mois de mai, ce sera cet esprit de simplicité que vous demanderez par l'entremise de Marie ».

Aux approches de la Pentecôte, elle écrit : « Plus j'avance dans la vie, plus j'expérimente combien l'esprit humain est court dans ses vues, incertain dans ses paroles, impuissant dans l'action. Je sens le néant de ce qui est de la terre, et j'ai uniquement faim, pour vous et pour moi, de tout ce qui vient du ciel... J'appellerai sur chacune de vous par tous les cris de mon cœur et par la fatigue de mes souffrances, les richesses ineffables des Dons de l'Esprit-Saint ».

Quelques jours plus tard, en la fête du Cœur de Jésus, elle exhorte ses Religieuses à l'amour de Dieu. « Jamais, dit-elle, notre Dieu n'a été plus méconnu, plus délaissé, plus outragé !... N'est-ce pas de nous qu'Il a droit d'attendre une compensation à tant d'insultes ? Il la trouvera dans notre générosité, dans notre dévouement à ses intérêts, dans la multiplication de nos petits sacrifices journaliers, dans notre oubli de nous-mêmes, pour nous livrer aux œuvres de zèle que notre sainte vocation nous impose ».

Elle écrit encore pour la fête de l'Immaculée Conception : « Restons petites, inconnues, si nous voulons être pures. Qu'elle est relevée, du reste, aux yeux de Dieu la mission de garder pure l'âme des enfants pauvres ! »

Non seulement elle disposait ses Filles à célébrer dignement les grandes Fêtes de l'Église ; mais, elle ordonnait encore, pour mieux perpétuer l'esprit et les œuvres de son Institut, de rédiger un *Coutumier*.

Les Sœurs garderaient ainsi dans l'avenir les usages et les pratiques de leurs devancières.

Lorsque ses pouvoirs de Supérieure expirèrent, au mois de septembre 1870, elle insista pour qu'on élût enfin à sa place, comme elle l'avait plusieurs fois demandé depuis 1857, la première assistante, Mère Sainte-Anne. Les Religieuses consentirent moins que jamais à se priver de la joie et de la grâce de l'avoir à leur tête. Les suffrages unanimes de ses Filles lui conférèrent de nouveau, pour trois ans, le gouvernement de la Congrégation. Elle ne sera pas sans doute, non plus que dans les mois précédents, la main qui agit ; mais, c'est d'elle que partiront jusqu'à la fin les pensées directrices. Elle restera l'âme et le lien de la Communauté. Les derniers jours de sa vie seront de la sorte aussi féconds et aussi remplis que les années de son âge mûr.

La Mère du Saint-Cœur de Marie vivait à la Salette depuis quatre mois, lorsque les douleurs qu'elle éprouvait dans son côté paralysé redevinrent plus aigües. La recrudescence du mal était due à un déboitement de l'os du fémur. A cet accident, aucun remède. La malade ne trouva de consolation et de soulagement que dans la prière et dans le pieux souvenir de la Passion du Sauveur. « Mon Dieu, disait-elle, parmi les plaies les plus sensibles de votre cœur, il faut placer l'abandon de vos Disciples... Eh bien ! mon Sauveur, je veille en ce moment... Si cette veille pouvait vous consoler !... »

Elle renouvelait souvent ses actes d'abandon à Dieu et elle acceptait ses épreuves « comme un don du cœur et de la main paternelle de la Providence... » « J'attendrai ou je recevrai heure par heure, murmurait-elle, les souffrances, les contrariétés et les évènements quelconques, les aimant et bénissant dans un *Amen* de toutes les minutes ».

Les Sœurs de la Communauté cependant désiraient toujours plus vivement le retour de leur Mère à la santé. Elles implorèrent de nouveau cette grâce, en janvier 1870, dans une neuvaine au Bienheureux Pierre Fourier. Le Ciel n'octroya point leur demande. Dieu jugeait sans doute que la Mère du Saint-Cœur de Marie avait accompli sa tâche ici-bas. Il fut seulement possible de la ramener de la Salette à la Maison-Mère.

Avec quelle joie, la Supérieure retrouva ses Enfants, ses Novices et ses Religieuses dans la demeure où « elle avait choisi d'habiter ! » Ses Filles s'appliquèrent à lui éviter toute fatigue et à lui ménager au milieu du mouvement général de la Communauté comme une oasis de calme, de solitude et de paix. Les maîtresses du Pensionnat, du Cours Normal et des Orphelines, toutes les Sœurs de la maison, chaque jour ; et, le jeudi, celles des postes voisins se relayaient auprès d'elle pour l'aider dans son infirmité et quelquefois même, pour chanter en sa compagnie, à haute voix, les louanges de Dieu ou de la Très Sainte Vierge.

Quant à la Mère du Saint-Cœur de Marie, elle s'oubliait de plus en plus pour ne s'occuper que des intérêts généraux des âmes et de l'Eglise. Elle écrivait à ses Sœurs, au mois de mars, quelques jours avant la fête de Saint-Joseph : « Appelez sa protection sur le Concile du Vatican... A côté de quelque chose de si grand, de si important, je dirai presque de si divin, peut-on placer des prières personnelles ? Qu'importe en effet à la gloire de Dieu la guérison ou la maladie, la vie ou la mort d'une Supérieure... Il s'agit de l'Eglise !... Il faut demander son triomphe, tout faire pour l'obtenir !... Il faut se donner à Dieu sans réserve, se clouer à la Croix, s'il est nécessaire, avec Notre Seigneur Jésus-Christ, qui n'a fondé l'Eglise qu'à cette condition ».

La France réclama bientôt, après l'Eglise, des prières pour sa détresse dans la malheureuse année 1870. Quand la guerre avec l'Allemagne éclata, le 18 juillet, la Communauté de Blon fut profondément émue par cette grave nouvelle. La Supérieure et les Religieuses comptaient, en effet, de nombreux parents dans l'armée Que de craintes dès lors pour des vies très chères et très précieuses ! Dès le début des hostilités, les maîtresses et les élèves versèrent d'abondantes souscriptions pour les ambulances de la Croix-Rouge. Elles confectionnèrent des vêtements, des bas, des chemises, des caleçons, pour être distribués aux soldats. La Fondatrice fit davantage. Elle informa le sous-préfet de l'arrondissement, qu'elle mettait à la disposition de l'autorité militaire quarante lits pour les soldats blessés, si l'on jugeait utile d'en hospitaliser dans la ville.

Après la déclaration de guerre, pas une prière publique ne s'éleva de Blon vers le Ciel, sans que la Communauté n'y mêlât une intention spéciale pour la

France. Quand les premiers désastres furent connus, plus de fêtes, plus de joie. Tous les cœurs furent attristés ; tous les fronts, assombris par le sentiment poignant des maux de la Patrie. Les chants d'allégresse eux-mêmes, aux grandes solennités de l'Eglise, s'imprégnèrent de mélancolie. Sur toutes les lèvres, la parole de supplication monta plus incessante : « *Parce Domine, parce populo tuo*, Seigneur, épargnez votre peuple ! »

Ce fut seulement le 28 janvier 1871, que les lits offerts par l'Institut pour les blessés ou les malades furent occupés. Soixante-quatorze soldats reçurent à Blon une hospitalité cordiale. Les Sœurs s'estimèrent heureuses d'adoucir les souffrances de ces malheureux. Elles les traitèrent avec la même délicatesse et la même affection qu'elles auraient fait leurs connaissances ou leurs parents.

Les soldats, touchés de cette conduite, en exprimaient tout haut leur reconnaissance. Plus belle et plus désirable leur apparut la Religion, qui inspirait à des femmes inconnues une sainte pitié pour leurs souffrances. Sept malades seulement succombèrent, tous résignés, et après avoir reçu les derniers Sacrements.

L'un des survivants, une fois rentré dans son pays, écrivit à la Sœur qui l'avait soigné : « .... Pendant le cours de mon voyage et depuis mon arrivée dans ma famille, je n'ai pu songer à autre chose qu'au bien immense que vous m'avez fait. Je ne saurais assez remercier le bon Dieu qui a voulu que je fisse une si bonne rencontre. Vous êtes après Lui le salut de

mon âme. Je ne suis pas le seul à me réjouir. Ma
sœur et ma mère ne sont pas moins contentes que
moi. » Il ajoutait : « Ne pouvant acquitter toute la
dette de reconnaissance que j'ai contractée envers
vous, j'ai imaginé un moyen d'en payer au moins
quelque chose : c'est de faire des économies afin de
me mettre en mesure d'aller vous voir pour vous dire
un bon merci et vous assurer de vive voix que je
demeure fidèle à vos pieuses recommandations. »

Peu de jours après l'installation des soldats malades
dans sa Communauté, durant la nuit du 5 au 6 février,
la Mère du Saint-Cœur de Marie se trouva de nouveau
plus souffrante. Le 6 au matin, elle s'assoupit ; ses
traits s'altérèrent ; son visage se décomposa. Sa main
demeurée libre s'agita dans des mouvements convul-
sifs, comme pour saisir ou pour écarter un objet.

Sa garde-malade ordinaire, Sœur Saint-Maxime,
effrayée de ces symptômes, appela la Mère assistante.
Celle-ci n'était pas encore arrivée que la malade
tombait évanouie. Les Religieuses craignirent que
leur Mère n'expirât dans cet évanouissement, avant
que le P. Madelaine ne lui eût administré l'Extrême-Onction. La Providence leur épargna cette
douleur. La Mère du Saint-Cœur de Marie recouvra
sa connaissance et put suivre avec attention les prières
et les cérémonies des derniers Sacrements. Comme
elle n'avait point communié le matin, elle exprima le
désir de recevoir Notre Seigneur. Le P. Madelaine,
se prêtant à ses vœux, lui apporta le Saint-Viatique.
« Oh ! que je suis heureuse, disait-elle ensuite, je
craignais de mourir sans Sacrements. » Puis, après

un silence, d'une voix forte : « Mon Dieu, que vous êtes bon et que je vous remercie !... »

Le soir venu, quand M. l'abbé Auvray, qui était absent durant la journée, la visita, elle lui dit avec son sourire habituel : « Sœur Saint-Maxime s'est effrayée; elle m'a fait administrer parce que je dormais un peu plus fort que de coutume. Au reste, je suis bien contente que cela soit fait. » « Mon Dieu, murmurait-elle tout bas, vous savez que je veux tout ce que vous voulez, la vie ou la mort ! »

La nuit s'écoula paisible. Après minuit, la Mère du Saint-Cœur de Marie refusa de rien accepter; car, elle désirait communier le matin. Elle eut ce bonheur.

La journée fut moins bonne que la nuit; mais, pendant douze jours encore, l'état de la malade demeura stationnaire. Elle souffrit beaucoup plus de ses peines intérieures, de ses troubles, de sa crainte des jugements de Dieu que de ses douleurs physiques. Dans ses bons moments toutefois, elle se remémorait les sentiments qu'elle avait ainsi traduits quelques mois auparavant : « Dieu m'a accordé la grâce de comprendre que la croix et la souffrance sont pour moi un gage de l'amour divin, une preuve de l'amour de prédilection que Dieu daigne m'accorder. Cela me soutient dans mes souffrances. »

Les Sœurs et le P. Madelaine encourageaient de leur côté la mère du Saint-Cœur de Marie en l'entretenant de la miséricorde divine. Par une grâce de Dieu, ses inquiétudes de conscience s'évanouirent entièrement durant les derniers jours.

« Vous avez daigné, ô mon divin Epoux, disait-elle, me délivrer de mes pensées inquiétantes sur ma vie passée, qui ne me laissaient pas un instant de paix et de repos. Cent et cent fois, l'obéissance m'avait prescrit la confiance, et jamais ce sentiment n'avait pu prendre racine dans mon âme. La Croix et la souffrance ont produit en moi ce consolant effet. »

Plus de frayeurs injustifiées ! La peur de la mort même disparut. La malade se reprocha presque de souhaiter trop vivement de mourir. Il vaut mieux, pensait-elle, s'abandonner à la volonté de Dieu. « Mais, lui dit le P. Madelaine, vous pouvez très bien désirer la mort pour aller voir Dieu. » « Oui, reprit- « elle, mais j'aurais peur que cela ne fût pour ne plus « souffrir. » « Mon Dieu, ajouta-t-elle un peu plus tard, je vous fais le sacrifice de ma vie pour la paix de l'Eglise, le salut de la France et pour cet Institut qui m'est si cher. »

Le dimanche 19 février, au matin, la Mère du Saint-Cœur de Marie reçut son Dieu dans la Sainte-Communion pour la dernière fois. « Voici, dit le P. Madelaine, lorsqu'il lui présenta l'Hostie consacrée, votre Sauveur qui vient à vous pour vous fortifier et vous donner toutes les grâces dont vous avez besoin. Recevez donc avec grande confiance ce divin Epoux, qui vous apporte les richesses inépuisables de sa tendresse et de son amour. »

La malade, avant de communier, s'excusa, une dernière fois, des scandales qu'elle avait pu causer par ses fautes et par ses manquements à la Règle. Elle ajouta : « Si j'ai fait de la peine à quelqu'une des Sœurs, je lui en demande pardon ! » Quand l'union mystique fut accomplie entre le Dieu de gloire et sa servante infirme, la Mère du Saint-Cœur de Marie communiqua sa pensée la plus intime à ses Filles : « Je vous laisse, par testament, dit-elle, l'abandon à la sainte volonté de Dieu et la confiance en sa Providence. »

Le P. Madelaine présida lui-même à l'action de grâces. Il suggéra aux Sœurs présentes de réciter le *Magnificat* : puis, en sortant de l'appartement, il commença le cantique *Te Deum laudamus*, Seigneur, nous vous louons ! Il pouvait mieux que personne prononcer ces paroles, lui, qui connaissait les merveilles de grâce opérées dans le cours de cette existence près de finir. Oui, il était juste que Dieu fût béni pour avoir prêté à la terre, durant près de soixante-huit ans, cette âme généreuse !

M. et Mme de Magny avaient été informés par les Religieuses des progrès effrayants de la maladie. Lorsque la fatale nouvelle leur parvint, ils quittèrent Falaise et se rendirent à Blon pour visiter leur Mère bien-aimée. En les apercevant, la mourante essaya de sourire : « Cela ne va pas bien maintenant, dit-elle doucement, mais ce n'est qu'un moment à passer... » Madame de Magny fut atterrée. Son amour filial l'avait bercée d'un vague espoir de guérison ; elle comprit que toute espérance serait illusoire. S'agenouillant auprès du lit où sa Mère agonisait, elle demanda pour elle et pour son mari une suprême bénédiction. « C'est juste, dit la malade. » La Mère du Saint-Cœur de Marie leva sa main droite et l'étendit sur la tête de ses Enfants.

La situation s'aggrava dès lors de minute en minute. Les souffrances augmentèrent et la malade suppliait à chaque instant qu'on la changeât de situation. Son infirmière, sœur Saint-Maxime, satisfaisait son désir, mais sans la soulager. Pendant qu'on la retournait sur son lit, la Mère du Saint-Cœur de Marie s'informa de l'heure. « L'heure de souffrir, répondit tristement l'Assistante, Mère Sainte-Anne ! » « C'est vrai, reprit la mourante, que la souffrance « soit la bienvenue, puisque Dieu l'envoie !... »

Dans la soirée du dimanche, l'agonie commença. La malade ne parlait plus que difficilement; sa respiration s'embarrassa. Elle réunit ce qu'il lui restait de forces, pour former un acte de contrition : le P. Madelaine prononça sur elle les paroles de l'absolution sacramentelle, et lui appliqua les indulgences que l'Eglise et le Souverain Pontife accordent aux fidèles à l'article de la mort.

La Mère du Saint-Cœur de Marie conservait toute la lucidité de son intelligence : elle baisait avec amour le Crucifix que le Prêtre lui présentait. On voyait qu'elle s'unissait aux prières que les Religieuses récitaient pour elle; mais, elle ne répondait plus que par des signes aux paroles qu'on lui adressait.

Le lundi 20 février, les Sœurs qui avaient veillé pendant la nuit prévinrent de grand matin la Mère du Sacré-Cœur, maîtresse des Novices, qu'elle eût à se rendre en toute hâte auprès de la mourante, si elle voulait la revoir en vie. Quand elle se présenta : « Ma mère, dit le P. Madeleine à la malade, voici la

Mère du Sacré-Cœur, vous la bénissez, n'est-ce pas ? Vous demandez bien que la plénitude de l'esprit religieux repose sur elle, afin qu'elle procure dans cet Institut la plus grande gloire de Dieu. »

Sur la demande de Mère Sainte-Anne il reprit : « Vous bénissez vos deux Assistantes, n'est-ce pas, afin que, toujours unies, elles travaillent de concert au bien des âmes et accomplissent en tout la sainte volonté de Dieu ?... Vous bénissez toutes vos Filles... toutes vos Sœurs des Postes ?... toutes celles qui sont ici ?... les Enfants ?...

« Et quand Dieu vous aura fait miséricorde, vous n'oublierez ni cette chère Congrégation que vous avez tant aimée, ni le pauvre Père que vous laissez ici-bas !... »

Le Père se tut. Les Religieuses psalmodièrent les prières des agonisants et multiplièrent les invocations pieuses. Les sanglots se mêlaient aux supplications. Les Sœurs disaient du milieu de leurs larmes : « Seigneur, ne la traitez pas comme nos péchés le méritent, et ne la punissez pas à proportion de nos iniquités !

« Seigneur, ayez pitié d'elle !

« Sang précieux de Jésus, sauvez-la ! »

Le P. Madelaine et les Religieuses, que leurs occupations ne retenaient pas en cet instant dans un autre endroit de la Communauté, assistèrent leur vénérée Mère dans cette lutte douloureuse. Elle avait, à maintes reprises, exprimé le vœu d'expirer en répétant ces mots : « Jésus, mon Dieu, je vous aime par par dessus toutes choses ! » Ce furent les dernières paroles que l'on murmura près de son lit de mort.

Le P. Madelaine, à la première heure du jour, avait quitté la chambre funèbre pour célébrer la Sainte Messe. Il lisait les oraisons de la Collecte, lorsque la Mère du Saint-Cœur de Marie rendit son âme à Dieu. Après un arrêt subit dans la respiration, la malade poussa deux faibles soupirs, puis ses lèvres entr'ouvertes se fixèrent immobiles. Le mystère de la mort était consommé. Il était quatre heures et demie du matin.

Les Filles du Cœur Immaculé de Marie revêtirent leur Mère de ses habits de religion. Sous la guimpe blanche et le voile noir qui les encadrèrent, ses traits apparurent empreints d'une grande douceur. Les Sœurs, au souvenir de ses vertus et devant le rayonnement quasi surnaturel de leur chère défunte, ne pouvaient pleurer comme ceux qui n'ont pas d'espérance. Sans doute, elles souffraient trop du sacrifice que le Ciel leur imposait pour ne point verser de larmes. Une même foi remplisssait toutes les âmes. On comprenait que celle qui n'était plus n'avait point péri tout entière. Elle vivait jusque dans le trépas pour protéger son Institut.

Les Élèves, les Orphelines, les personnes de la ville que l'on admit dans la chambre mortuaire emportèrent la même impression fortifiante. Beaucoup de visiteuses se demandaient, si elles prieraient pour la défunte, ou plutôt si elles ne prieraient pas en union avec Elle à leurs propres intentions. Elles firent toucher aux restes de la Mère du Saint-Cœur de

Marie des objets de piété, des chapelets, des médailles et des croix qu'elles conservèrent comme un précieux souvenir.

Le mercredi 22 février, dans la soirée, les Religieuses chantèrent à la chapelle, qu'elles avaient tendue de noir, les *Matines de l'Office des Morts*.

Le lendemain, les obsèques solennelles furent célébrées au milieu d'une assistance considérable. Les connaissances, les amis et les parents, que leurs occupations ou des motifs impérieux retenaient éloignés de Blon, s'excusèrent de ne point assister à la Cérémonie.

M. de Magny conduisit le deuil de celle qui le considérait comme son fils. Mme de Magny n'eut pas la force de suivre le convoi, tant elle était accablée par sa douleur.

Le P. Madelaine chanta la messe d'inhumation.

À la fin de la cérémonie, il monta en chaire et parla de la Mère du Saint-Cœur de Marie avec une émotion profonde et en des termes d'une éloquence communicative. (1)

« Avant de confier à la terre, dit-il, ces dépouilles mortelles, je voudrais dire quelques mots sur cette existence qui vient de finir pour la terre et qui commence sa glorieuse immortalité. »

À grands traits, l'Orateur retraça la carrière de la Fondatrice et première Supérieure de Blon. Il évoqua devant l'auditoire la jeune fille, la mère, la veuve, la religieuse et l'institutrice qu'elle avait été.

---

(1) Voir à l'Appendice le discours entier du P. Madelaine.

Institutrice : « elle lit dans le cœur de ses enfants, disait-il, elle le dilate par la confiance ; elle inspire à ces jeunes âmes l'amour de la vérité, du travail, du bien ; elle éveille en elles le sentiment moral et le sentiment religieux.

« Faire du bien, continue le Prêtre, pendant le temps d'une courte existence, c'était trop peu ! ce n'était rien pour un cœur compatissant comme le sien. Elle aurait voulu donner un caractère de durée, j'ai presque dit d'éternité, aux élans de cette bonté expansive qui débordait de son cœur généreux. De là l'Institution des Filles de la Miséricorde du Cœur Immaculé de Marie et les œuvres auxquelles la Communauté de Blon s'est livrée. » Lorsque l'orateur eut parcouru le cycle des travaux accomplis par la Défunte, il s'excusa de ne pouvoir pas assez découvrir les trésors cachés de la femme forte qu'il pleurait. « Quel admirable spectacle, s'écria-t-il, j'offrirais à vos regards ! Il n'y avait dans cette âme qu'une seule aspiration : faire du bien, en faire à tous, en faire toujours ! Quelle aimable simplicité ! Quelle noblesse de caractère ! Quelle délicatesse et quelle élévation de sentiments ! Quelle ignorance de ce qu'elle valait ! Quel oubli de soi-même ! Quelle profonde et sincère humilité ! Quelle abnégation !... Faire plaisir, quelle jouissance pour son cœur !... Refuser un service, causer la moindre peine, quelle torture !... L'esprit religieux le plus pur, le plus exempt de tout alliage mondain, venait couronner cet ensemble de qualités de l'esprit et du cœur qui la distinguaient si éminemment. Si elle fut un objet d'admiration pour les hommes, toute sa vie elle a été pour les Anges un spectacle ravissant!... »

L'orateur conclut :

« Nous en avons la douce confiance ; ses Filles, dans le ciel, l'ont reçue dans les transports de l'allégresse, et l'Époux dans les divins embrassements de son éternel amour. Si néanmoins il lui restait encore quelques dettes, que vos prières et vos larmes ne lui fassent pas défaut!... »

L'absoute termina la cérémonie funèbre. On descendit le corps dans la crypte, aménagée sous la Chapelle, au lieu où il reposera en attendant la résurrection bienheureuse. La pierre sépulcrale qui recouvre le cercueil porte ces mots gravés au-dessous du Signe de la Croix :

ICI REPOSE LE CORPS

DE MADAME LA COMTESSE VALOIS DE SAINT-LÉONARD,

NÉE LÉONTINE LE BÈGUE DE GERMINY,

EN RELIGION SŒUR DU SAINT-CŒUR DE MARIE,

FONDATRICE ET PREMIÈRE SUPÉRIEURE GÉNÉRALE

DE LA CONGRÉGATION DES FILLES DU CŒUR IMMACULÉ DE MARIE,

DÉCÉDÉE A BLON,

LE 20 FÉVRIER 1871,

AGÉE DE 67 ANS,

DONT 28 DE PROFESSION RELIGIEUSE.

Requiescat in pace !

Lorsqu'il eut achevé les dernières prières, le P. Madelaine parut à la salle de communauté parmi les Sœurs des Postes, que la triste cérémonie avait rassemblées. Il leur recommanda de resserrer davantage, s'il se pouvait, les liens qui unissaient tous les Membres de l'Institut.

« Ne formons, dit-il, qu'un cœur et qu'une âme ; que la séparation dont nous souffrons si cruellement soit le signal et la raison de cette union des volontés, qu'elle rend plus indispensable que jamais. »

Aucune parole ne pouvait s'élever en ce moment, qui fût plus en rapport avec les continuels désirs de de la Mère du Saint-Cœur de Marie. Dans cette journée, « si longue et si courte à la fois », comme disent les *Annales de la Congrégation*, la tombe donnait aux Religieuses l'Instruction que leur Mère n'avait cessé de leur rappeler durant sa vie, en commentant les paroles de saint Pierre : « Avant tout, gardez les unes envers les autres une continuelle charité ! » (1)

La Communauté reçut de tous les côtés des lettres de condoléance. L'un des premiers, Mgr Hugonin, évêque de Bayeux, exprima les regrets que lui causait la mort de la Mère du Saint-Cœur de Marie. « Je prends une part bien vive, écrivait-il, à la perte douloureuse que vient d'éprouver la Communauté de Blon, et j'unis mes prières aux vôtres pour cette chère et vénérée défunte. »

L'inspecteur d'Académie, M. Hébert-Duperron, déplorait la perte que faisaient l'École normale et l'Institut des Filles de la Miséricorde du Cœur Immaculé de Marie.

Si les lettres adressées à Blon diffèrent dans les

____

(1) S. Pierre. IV. 8.

termes, elles furent dans leur fond à peu près iden-
tiques : « Votre Mère ne s'est pas présentée au grand
Juge, disait M. Perrée, les mains vides, ni avec une
lampe éteinte. La sienne était garnie d'huile jusqu'aux
bords et répandait autour d'elle la plus pure et la
plus brillante flamme. »

Le P. Chaignon, de la Compagnie de Jésus, écrivait de son côté : « Votre Mère continuera son
œuvre ; elle vous sera utile au Ciel autant et plus que
sur la terre. »

Un autre religieux, le P. Mathieu Lecomte, domi-
nicain, disait : « Le malheur qui vous frappe était
prévu depuis longtemps ! On a même pu s'étonner
qu'il restât si longtemps suspendu. On peut croire
que la Mère du Ciel hésitait en quelque sorte à enlever aux Filles de son Cœur immaculé leur Mère d'ici-
bas ! C'était par cette admirable veuve qu'Elle les
avait conçues, enfantées, nourries, élevées : et, bien
qu'à vrai dire, l'heure fût venue où les filles avaient
suffisamment grandi et où la mère chargée de fatigues
et de douleurs semblait avoir mérité de s'en aller au
repos de la Sainte Jérusalem, néanmoins la Très
Sainte-Vierge sentait qu'il était dur de briser tant de
liens qu'Elle avait elle-même formés... Enfin voilà
cette sainte femme arrivée au terme !... Comment ne
pas espérer, après une vie si laborieuse, si crucifiée,
si exclusivement employée aux œuvres du pur amour,
qu'elle est déjà en possession du Ciel ?... Et, si cette
grâce lui est présentement accordée, quelle joie pour
elle de se trouver là-haut, entourée, comme de fleurs
éclatantes, des prémices les plus pures de sa Con-

grégation, transplantées avant elle-même par la main de Marie, afin que les Anges et les élus reconnussent en elle, dès le premier moment de son entrée, une vraie fondatrice de famille religieuse. »

Beaucoup de Communautés écrivirent à Blou comme les Sœurs de la Vierge fidèle : « Votre deuil est notre deuil ! »

Les anciennes pensionnaires ne furent pas les dernières à pleurer la mort de celle qui avait été leur Mère. « Je ne puis me faire à l'idée que je ne la reverrai plus sur cette terre, disait l'une d'elles à la Mère Assistante : je la revois toujours telle que je l'ai quittée; je me souviens de son dernier adieu. Peut-être, l'une et l'autre, avions-nous le secret pressentiment qu'il serait en effet le dernier : il fut bien triste et bien déchirant. Elle me bénit, et, comme elle me pressait sur son cœur, je vis une larme s'échapper de ses yeux. Que de choses j'aurais voulu lui dire !... Mais l'heure du départ était venue... Elle m'accompagna jusqu'à la voiture. Son œil maternel continua de me suivre de loin, et mon regard attendri ne la quitta, que lorsque le grand portail me cacha ses traits chéris et vénérés !...

« Quelle épreuve pour vous toutes, Mères chéries, poursuit-elle, pour ce bon Père qui lui était si dévoué et qui connaissait mieux que personne toute la beauté de son âme !... Quelle épreuve pour nous, ses enfants, pour moi surtout, que mon jeune âge et l'éloignement de ma famille avaient plus particulièrement attachée à la Communauté ! Quelle perte et quelle douleur !... » La jeune fille regarde, à travers ses larmes, au delà de son deuil présent. « Notre Mère, ajoute-t-elle, était heureuse de continuer son œuvre, de souffrir pour Celui qu'elle aimait par dessus tout, de faire en tout sa sainte volonté ; mais, ce bonheur des Saints sur la terre, par quelle félicité ne doit-il pas être remplacé au ciel !... Oublions-nous donc et réjouissons-nous du bonheur dont jouit à cette heure, (il faut l'espérer), celle dont la présence nous était si douce. Son image vénérée est là sous mes yeux, en face du portrait de ma Mère chérie ; son nom est inscrit ineffaçable dans mon cœur, au siège de mes plus chères affections. Son souvenir est associé à tout ce que je fais : je la consulte et je la prie. Ses lettres sont pour moi un précieux trésor ; je les conserve et les relis souvent ».

Le frère de la Mère du Saint-Cœur de Marie, M. Léon de Germiny, était au désespoir de son éloignement au jour de la mort et des obsèques. Il épanchait sa vive douleur tantôt avec les Religieuses de Blon et tantôt avec Madame Saint-Jean-Chrysostome, sa nièce. Il disait aux premières : « Quand je mesure la place qu'elle tenait dans mes affections, je sens bien que le vide qu'elle y laisse ne sera jamais rempli... J'espère que je pourrai venir encore à Blon, si Dieu me prête vie. J'y chercherai les traces de ma Sœur ; j'entendrai parler d'elle, je pourrai entrevoir, non sans consolation, dans bien des yeux, des larmes que son souvenir fera couler ».

A la Mère Saint-Jean-Chrysostome, pour la consoler dans son affliction, son oncle écrivait le 23 février : « Je veux commencer cette journée avec toi ;

c'est une journée de deuil et de larmes. Nos cœurs s'entendront et nous pleurerons ensemble, toi la plus tendre des Mères ; moi, la plus tendre des sœurs....

« Elle s'est purifiée, continuait-il, de plus en plus perfectionnée dans la souffrance. Elle a béni sans cesse la main qui la frappait.... elle a toujours été calme, patiente, remplie de l'amour de Dieu et tout occupée de ses devoirs ».

Le Père Madelaine adressait à la même fille de Madame de Saint-Léonard ces quelques lignes : « Je n'essaierai pas de vous dire ma douleur, le vide qui s'est fait autour de moi et l'amertume de ma vie... Vous le comprenez... Vous puiserez dans votre foi les pensées qui peuvent adoucir votre deuil...» Ce fut en effet dans la religion seulement et dans la prière, que la Mère Saint-Jean-Chrysostome trouva quelque consolation.

Elle écrivait elle-même : « Malgré mes espérances, mon sacrifice se fait bien difficilement. Il me faut, pour l'accomplir, ranimer toute ma foi et l'offrir pour la prospérité de la Congrégation à laquelle ma sainte mère avait voué son existence. Je l'offre aussi pour mériter qu'elle veille sur la mienne, sur ma chère famille, et pour qu'elle obtienne de Notre-Seigneur, qu'elle a tant aimé et tant fait aimer, des grâces de choix pour notre chère et si malheureuse France... J'éprouve, ajoute-t-elle, au milieu de ma douleur un certain adoucissement en songeant que ma bien-aimée Léontia et mon pauvre Anatole de Magny ont pu recevoir encore une fois la bénédiction de notre mère... Quand ma sœur reportera sa pensée vers ce cruel moment, elle aura du moins ce souvenir pour la consoler. »

Mme de Magny disait de son côté au P. Madelaine : « Il me semble que, depuis que je ne l'ai plus, elle me manque plus encore que dans le passé. Pourrait-il en être autrement ? Je ne me suis jamais faite à notre séparation : mais elle n'était pas loin ; et, quand je ne pouvais la voir, quelques lignes échangées entre nous étaient une joie pour moi. Dix fois, depuis quinze jours, j'ai pensé à lui écrire, et la vérité de l'absence pour toujours s'est faite plus dure encore.»

Les Religieuses de la Communauté du Cœur Immaculé de Marie sentirent aussi plus vivement chaque jour, comme Mme de Magny, après la mort de leur Mère Fondatrice, les amertumes de la séparation.

Mais, le trépas est pour les âmes saintes, dans le Christianisme, un commencement beaucoup plus qu'une fin. Il confirme et consacre les œuvres qui sont destinées à durer. Une communauté, jusqu'à la mort de la personne qui l'a établie, semble parfois s'appuyer sur le fondement humain d'une grande âme, d'une volonté énergique et d'une intelligence élevée. Quand cette première Supérieure disparaît, il reste à la grâce de Dieu de maintenir l'ouvrage entrepris. C'est dans cette pensée que Monseigneur l'Evêque de Bayeux écrivait à la fin de sa lettre de condoléance : « Je demande à Dieu qu'il conserve à la famille spirituelle de la Mère du Saint-Cœur de Marie l'esprit qui l'anime ; et, qu'il continue à féconder son zèle et son dévouement. »

Le P. Madelaine ne survécut que deux ans à la Mère du Saint-Cœur de Marie. Il décéda le 26 septembre 1873. (1) Depuis lors, l'Institut de Blon n'a cessé de prospérer : ses accroissements ont continué comme aux premiers jours, et la grâce de Dieu y a fécondé les mêmes entreprises. Les enfants pauvres y ont été reçues et instruites. L'éducation s'y est distribuée dans le Pensionnat, ou dans les Postes, avec un caractère de simplicité qui n'exclut ni la distinction ni la science. (2)

La maison garde pieusement la mémoire de la Mère du Saint-Cœur de Marie. On y suit ses exemples ; on y pratique ses vertus. Élèves et Maîtresses vont s'inspirer à son tombeau.

Pendant qu'elle vivait, les mères lui présentaient leurs enfants, pour que sa main les bénît en formant sur leur front une petite croix. Après sa mort, l'une d'elles apporta sa plus jeune fille dans la chapelle ardente, où reposait le corps vénéré de la Fondatrice de Blon. Elle voulait que sa dernière enfant reçût, comme ses aînées, la bénédiction de la Mère du Saint-Cœur de Marie.

Combien de fois, depuis le jour de la sépulture, de ferventes chrétiennes n'ont-elles pas confié tout bas, en s'agenouillant près de ses restes, leurs

---

(1) Voir à l'Appendice B l'oraison funèbre du P. Madelaine par M. l'abbé Mabire.

(2) Ces lignes étaient écrites avant les mesures qui ont si durement éprouvé, dans les derniers mois de 1902, les Congrégations enseignantes. Mais, si la mauvaise volonté des hommes entrave pour un moment l'essor de ces Communautés, elle ne saurait empêcher les âmes chrétiennes de garder avec le souvenir du passé l'invincible espérance d'un avenir meilleur.

soucis ou leurs vœux, à Celle qui les aurait jadis si affectueusement partagés !

Tous les ans, les Élèves du Pensionnat déposent sur la pierre de son tombeau les couronnes de leur distribution des prix et les roses blanches qui ceignent leur tête, lorsqu'elles entrent dans la Congrégation de la Très Sainte Vierge.

Quant aux Religieuses, après avoir prié dans la crypte où dort son dernier sommeil celle que l'on nomme toujours à Blon « notre bonne Mère », elles se relèvent meilleures, plus dévouées à leur Dieu et à leur saint emploi.

La Mère du Saint-Cœur de Marie n'est plus : mais, les traditions qu'elle a laissées forment le plus précieux héritage de son Institut. On ne visite guère les endroits dans lesquels elle a vécu, sans se sentir une sorte d'affection rétrospective pour cette grande chrétienne : il est resté comme un parfum de sa grâce aux fleurs de la prairie et aux arbres des promenades.

Puissent ces humbles pages, résumé de sa vie, reproduction le plus souvent littérale de ses pensées et de ses entretiens, participer au charme qui émanait de sa personne et faire aimer en elle les dons de Dieu !

Appendice A

ALLOCUTION DU R. P. MADELAINE

AUX OBSÈQUES DE Mme DE SAINT-LÉONARD
Mère du Saint-Cœur de Marie

Avant de confier à la terre ces dépouilles mortelles, je désirerais vous dire quelques mots sur cette existence qui vient de finir pour cette terre, et qui commence sa glorieuse immortalité.

L'enfance et la jeunesse de celle que nous pleurons se résument dans un mot : je le tiens d'une femme d'un mérite distingué, sous les yeux de laquelle elle avait grandi : « Léontine ! c'était un ange !! »

Unie plus tard, par un lien bien intime et bien doux à un membre d'une honorable et illustre famille, M. le comte de Saint-Léonard, son bonheur fut court. Ce n'est pas à l'école de la prospérité mondaine que Dieu forme les âmes auxquelles il a fait de grandes destinées, c'est à l'école de la Croix !

Les grandes œuvres sont préparées par de grandes souffrances !

Une cruelle maladie vint atteindre celui auquel elle avait voué toutes ses affections, et ce fut, pour elle, l'occasion de déployer une énergie de caractère, une série de sacrifices, un héroïsme de vertus qui semblent au-dessus des forces humaines.

Dieu, qui la récompense en ce moment, a pu seul en mesurer l'étendue.

Environ douze années s'écoulèrent dans ce milieu si douloureux, pendant lesquelles jamais elle ne consentit à emprunter une main étrangère, même celle de la charité religieuse, pour rendre à son époux des services qu'elle s'était réservés dans toute la mesure du possible.

La mort vint mettre un terme à cette époque d'héroïsme en enlevant subitement M. de Saint-Léonard. Femme de devoir avant tout, sa veuve ne pensa plus qu'à perfectionner l'éducation des deux enfants que Dieu lui avait donnés, et sur lesquelles se concentrèrent toutes ses affections.

Quand elle eut assuré leur avenir en les faisant entrer dans la vocation où Dieu les appelait, elle se sentit elle-même fortement pressée de vouer le reste de son existence à l'éducation des petites filles pauvres, et à toutes les œuvres de charité chrétienne dont son âme si généreuse et si compatissante était avide.

Après des signes providentiels qui ne laissaient aucun doute sur l'appel de Dieu à son égard, elle eut à faire un double sacrifice : celui de deux filles tendrement aimées, et celui d'une mère sexagénaire, presque aveugle, d'une mère vénérable et vénérée qu'il fallait laisser en des mains étrangères.

Ce sacrifice dépassait visiblement les forces de sa nature. Cette pensée seule bouleversait tout son être et produisait sur elle une violente impression, qui n'échappait à personne, et qui la conduisit aux portes du tombeau.

Mais la toute-puissance de la grâce, dans des circonstances exceptionnelles, sait élever l'âme au-dessus des affections les plus légitimes.

Au reste, la foi de son héroïque mère adoucit la force de la lutte : « Sans doute ma fille, lui disait-elle, sans doute, j'ai besoin de tes soins, mais Dieu y pourvoira : s'il t'appelle, va !.. je ne remuerais pas une paille pour changer la volonté divine à ton égard. »

Le sacrifice est consommé ! La Providence ne tarde pas à écrire en caractères évidents les diverses nuances de l'œuvre et surtout le lieu où elle doit s'accomplir. Un vénérable prêtre, dont la mémoire est restée si justement en honneur parmi nous, à cause des immenses largesses dont il a doté nos établissements de bienfaisance, attendait Mme de Saint-Léonard sous ce vaste toit, où il abritait une trentaine de pauvres orphelines, auxquelles il prodiguait ses soins paternels. Il leur fallait une mère : la Providence l'envoyait.

Son cœur fut tout entier à cette petite famille qui ne manqua pas de trouver auprès d'elle la tendre et maternelle adoption dont elle avait besoin.

Mme de Saint-Léonard n'avait pas cherché le repos dans le cloître. La flamme de sa charité ne pouvait demeurer oisive. Elle faisait appel à tous les besoins.

à toutes les misères. Toujours en elle retentissait ce cri : « Venez à moi !... et je vous soulagerai !... »

La voilà donc à l'œuvre ! Ses jours se passent d'abord dans l'intimité de ses chères orphelines : travail, leçons, instruction religieuse, voilà ce qui occupe le premier début de cette nouvelle vie.

Elle lit dans le cœur de ses enfants, elle le dilate par la confiance ; elle inspire à ces jeunes âmes l'amour de la vérité, du travail, du bien ; elle éveille en elles le sentiment moral, religieux.

Cette tâche demeura son œuvre de prédilection. Sa joie la plus douce fut toujours de se retrouver au milieu de ses chères orphelines ; et, quand ces enfants rentraient dans le monde, sa maternelle sollicitude les y poursuivait encore pour assurer leur persévérance et leur bonheur. Près de quatre cents enfants ont été ainsi arrachées à la misère, peut-être au désordre qu'elle produit, et ont repris une place convenable dans le monde.

Mais l'œuvre de ses chères orphelines ne l'absorbait pas tout entière. L'éducation de la famille religieuse qu'elle était venue fonder l'occupait avant tout.

Faire du bien pendant le temps d'une courte existence, c'était trop peu, ce n'était rien pour un cœur compatissant comme le sien.

Elle aurait voulu donner un caractère de durée, j'ai presque dit d'éternité aux élans de cette bonté expansive qui débordait de son cœur généreux.

Aussi, son grand désir était de continuer à vivre dans ses Filles ; et elle importunait le ciel par les demandes réitérés de vocations solides et vraies, qui pussent perpétuer l'esprit religieux qui l'animait si profondément.

Dieu n'a pas été sourd à ses vœux : il lui a été donné pendant vingt-huit années de former à son image et ressemblance près de deux cents jeunes filles dont un certain nombre, déjà rappelées au ciel par l'Epoux céleste goûtent le bonheur attaché à la pratique des bonnes œuvres, qu'elles avaient appris à faire sous ses yeux et à son école. Elles forment aujourd'hui un des plus beaux fleurons de sa brillante couronne.

Avant de mourir, il lui a été donné de compter trente-deux établissements de son ordre où d'innombrables petites filles ont été élevées dans des sentiments de foi et de piété que beaucoup d'entre elles transmettent maintenant à leurs enfants.

Sous son infatigable direction s'est établie une école normale, où se forment des maîtresses laïques, dont l'utile et salutaire mission n'échappe à personne.

Sollicitée depuis longtemps par de respectables mères de famille qui appréciaient vivement le bonheur de lui confier leurs enfants, elle fonda son pensionnat. Cette œuvre, destinée à exercer une salutaire influence sur l'avenir des familles et de la société, fut toujours pour elle l'objet du plus maternel dévouement.

Par ce moyen, en peu d'années, elle a rendu à leurs familles, après les avoir formées à la piété, et leur avoir donné une instruction religieuse et profane aussi solide que variée, plus de trois cents jeunes personnes qui, par leur persévérance, donnent au milieu du monde l'exemple des vertus chrétiennes et de la fidélité aux devoirs que réclame leur position sociale.

Des retraites pour les personnes du monde et les institutrices, des asiles pour la vieillesse délaissée offrent une preuve de plus de son inépuisable charité et de son zèle ardent pour le salut des âmes.

Elle trouvait encore au milieu de ses innombrables occupations des moments qu'elle consacrait aux œuvres de bienfaisance spirituelle et corporelle. Elle n'allait pas au devant du monde, mais lorsqu'il venait à elle, malheureux et brisé par les déceptions et les revers, en proie à la douleur, cherchant la lumière dans les ténèbres, un conseil dans l'incertitude, il la trouvait toujours compatissante, dévouée, empressée d'essuyer les larmes de ceux qui pleuraient et de relever les courages abattus.

Que de personnes ont pris pour base de leur conduite les conseils qu'elles recevaient de cette âme si éclairée dans les voies de Dieu !

A Falaise, pendant sa vie du monde, elle connaissait le noir escalier qui conduit au réduit du pauvre.

A Paris, elle savait le chemin des Incurables.

Des souvenirs en restent : et, jamais femme n'exerça peut-être par le spectacle de ses vertus héroïques une influence aussi salutaire et aussi puissante que celle qu'elle exerça dans la première de ces villes.

A Blon, le besoin de son cœur sous ce rapport n'était pas éteint. Elle a toujours choisi parmi ses Filles une religieuse chargée de pourvoir aux nécessités les plus pressantes des êtres malheureux qui entouraient la Communauté.

Elle n'a pas non plus reculé devant les sacrifices qu'exigeaient les nombreux besoins de la cité de Vire, que son cœur avait adoptée.

On l'a dite riche ! Et cependant, elle, qui avait été élevée au milieu des jouissances du luxe et du bien-être de la richesse, a été dans la Communauté un modèle de pauvreté et de mortification.

Que ne puis-je vous ouvrir la modeste cellule qu'elle a occupée pendant vingt-six années de santé ! vous n'y trouveriez qu'une chaise de paille, une petite table et un pauvre lit !

Que ne puis-je vous montrer la place qu'elle occupait au réfectoire, et l'extrême simplicité des aliments dont elle usait dans la mesure du strict nécessaire.

Mais, vous voulez parler des richesses de sa Communauté.

Tout ce qui provenait de ses revenus personnels, des dots de ses sœurs, était employé d'abord à pourvoir aux besoins de sa famille religieuse, de ses orphelines, de ses écoles gratuites ; le reste était distribué en aumônes et dépensé en travaux utiles qu'elle ne cessait d'ordonner, tandis que ses ressources particulières permettaient à la Communauté de les entreprendre.

Cette gracieuse chapelle, qui va être sa dernière demeure, ne vous dit-elle pas bien haut quel noble emploi elle faisait des biens dont Dieu l'avait rendue dépositiaire.

Sans doute les croix ne lui ont pas manqué, mais le Ciel lui a prodigué des consolations bien vivement senties.

L'Etat a donné la stabilité à son œuvre par une reconnaissance légale, et l'Eglise, par l'organe du vénéré Pie IX, le plus grand pape, peut-être, des temps modernes a mis le comble à son bonheur, en approuvant son Institution et ses Constitutions.

Voilà la femme et ses œuvres !... Mais le cœur qui les a produites est encore pour vous le trésor caché.

Que ne puis-je vous le découvrir ! Quel admirable spectacle j'offrirais à vos regards !!!...

Il n'y avait dans cette âme qu'une seule aspiration : Faire du bien, en faire à tous, en faire toujours !

Quelle aimable et touchante simplicité ! Quelle noblesse de caractère ! Quelle délicatesse et quelle élévation de sentiments ! Quelle ignorance de ce qu'elle valait ! Quel oubli d'elle-même !... Quelle profonde et sincère humilité !!! Quelle abnégation !... quel désir vrai et constant de s'effacer, d'échanger la première place qu'elle occupait contre la dernière !!...

Faire plaisir, quelle jouissance pour son cœur !!... Refuser un service, causer quelque peine, quelle torture !...

L'esprit religieux le plus pur, le plus exempt de tout alliage mondain, venait couronner cet ensemble de qualités de l'esprit et du cœur qui la distinguaient si éminemment.

Si elle fut un objet d'admiration pour le monde, toute sa vie elle a été pour les anges un spectacle ravissant. Mais j'oubliais de vous parler de ce long martyre de deux années, supporté avec une patience si courageuse et si résignée, de ce martyre dont elle n'avait pas besoin pour se purifier, elle déjà si pure, mais qui lui était nécessaire pour acquérir de nombreux mérites, et donner à son œuvre ce cachet que les souffrances peuvent seules imprimer aux œuvres de Dieu.

Nous en avons la douce confiance, ses Filles, dans le Ciel, l'ont reçue dans les transports de l'allégresse, et l'Epoux dans les divins embrassements de son éternel amour.

S'il lui restait encore quelques dettes, que vos prières et vos larmes ne lui fassent pas défaut!!!...

Appendice B

ORAISON FUNÈBRE DU R. P. MADELAINE

Directeur de la Communauté de Blon (Vire)
prononcée le mardi 30 septembre 1873, par M. l'Abbé MABIRE
Vicaire-Général Honoraire de Bayeux

Mes chères Sœurs, mes Frères,

Nous avons deux devoirs à remplir en face de ce cercueil, où sont tristement attachés nos regards et nos cœurs : un devoir de piété filiale envers celui dont nous avons sous les yeux les restes vénérables ; un devoir de reconnaissance envers Dieu, pour le présent qu'il a fait à cette Communauté et par elle à l'Eglise et à la religion, dans la personne du saint fondateur de Blon, du serviteur fidèle et prudent qu'il avait prédestiné dans ses miséricordieux desseins, pour établir et pour diriger l'une de ses familles religieuses de prédilection : la Congrégation des Filles du Cœur Immaculé de Marie. Ce double devoir que je regrette de ne pouvoir remplir d'une manière qui réponde à votre attente et à vos justes désirs, je prie Dieu qu'il m'aide à l'accomplir dans la mesure de mes forces. J'ai à dominer mon émotion et la vôtre. Recueillons-nous devant le Maître de la vie et de la mort, et avant de nous séparer de ces froides dépouilles, profitons une dernière fois des souvenirs que ce sanctuaire nous rappelle et des leçons qu'il nous donne.

Je ne puis qu'effleurer cette vie, dont beaucoup d'entre vous ont d'ailleurs mieux connu que moi les particularités et les changements divers, tous amenés à leur jour et à leur heure par cette Providence, dont l'action n'est pas moins sensible dans la vie des âmes, dociles à suivre son impulsion et à répondre à ses desseins, que dans la suite des grands événements qui apparaissent dans l'histoire des peuples et des empires. Pour comprendre cette suite des desseins de Dieu sur l'âme, si riche des dons de la nature et de la grâce, qui animait, il y a quelques jours encore, ces organes que la mort vient de briser et de dissoudre, plaçons-nous au terme où devait s'arrêter cette vie si féconde en œuvres inspirées par l'esprit de dévouement et de charité. — Il s'agissait de fonder une famille religieuse, qui eût pour objet et pour but spécial, avec la sanctification de ses membres, celle de ces âmes d'enfants, trop souvent négligées ou délaissées, qui vivent dans nos campagnes, ignorantes ou mal instruites des vérités chrétiennes et des grands intérêts de l'Eternité ; de ces âmes d'enfants que Notre-Seigneur aime plus tendrement que toutes les autres, auxquelles Marie réserve les tendresses les plus délicates de son cœur maternel, que saint Joseph aime à entourer de sa protection de père et d'ami fidèle. J'admire, en me reportant avec vous de trente ans en arrière, comment Dieu avait préparé le P. Madelaine à cette tâche, toujours laborieuse et souvent difficile et décourageante, de Fondateur et de Supérieur d'une nouvelle Congrégation religieuse.

Né en 1796, au temps le plus pénible et le plus sombre dont nos vieillards aient conservé le souvenir, il eut le bonheur de trouver dans sa respectable famille le secours, plus précieux alors qu'à toute autre époque, de l'instruction religieuse, appuyée sur le solide fondement des vertus chrétiennes. Pieux enfant, il se sentit appelé dès son jeune âge à entrer dans le sanctuaire, dont les ruines attristaient alors les regards, mais dont les pierres dispersées commençaient à se réunir, pour recueillir les débris de la foi et de la piété de toutes parts renaissantes. L'édifice spirituel de l'Eglise avait besoin, lui aussi, d'être reconstruit et restauré ; et il lui fallait ces pierres vivantes sans lesquelles le sanctuaire est muet, et la grâce stérile. L'enfant dit à Dieu comme Samuel : « Seigneur, me voici parce que vous m'avez appelé. » Dieu l'appelait, en effet, et comme il voulait en faire un restaurateur de la foi et de la piété par le zèle et par l'influence de la parole, il lui avait donné en abondance, avec la grâce précieuse de la piété, l'éloquence et ce don d'éclairer les âmes et d'entrainer les cœurs, qu'il réserve d'ordinaire à ceux dont il veut faire ses instruments de choix dans le ministère du salut.

Jeune encore, au sortir du séminaire, mais déjà brûlant de zèle, riche des trésors de la science et merveilleusement préparé à prendre la parole dans les chaires chrétiennes, il ne tarda pas à entrer dans la célèbre compagnie des Missionnaires de France, qui devait ravir tant d'âmes au vice, à l'erreur et au mensonge, et en portant de si rudes coups à l'empire du mal, susciter contre elle tant de haines et de puissantes résistances. Le jeune missionnaire était faible, et son organisation délicate suffisait à peine à soutenir, au début, cette vie de luttes et de fatigues incessantes. Et c'est là, pour le dire en passant, l'une des merveilles de cette vie dont Dieu seul voulait être le soutien. Mise constamment en péril par une faiblesse, dont les soins les plus dévoués ne purent jamais triompher entièrement, attaquée maintes fois par des maladies auxquelles la nature réduite à elle-même devait infailliblement succomber, elle s'est prolongée jusqu'aux limites de la vieillesse avancée; réduite souvent à un souffle, mais toujours active, et jamais privée de ce qui en fait le prix, après la grâce de Dieu : de l'intelligence, du zèle, de la force morale et de la puissance du cœur !...

J'ai résolu et j'ai besoin d'être court. Je passe sur ces années fécondes en précieuses conquêtes dans le ministère de la parole évangélique. Je ne veux rappeler ni ces nombreuses missions qui produisirent de si heureux fruits en Normandie, ni celles qui suivirent et qui ne furent pas moins fécondes dans le midi de la France. Plusieurs de nos grandes villes entendirent avec admiration cette voix à laquelle la foi et le zèle donnaient une si entraînante autorité, et qui sut toujours contenir sa force et ses élans dans les bornes de la charité et de la prudence. Le P. Madelaine amassa pendant cette période de sa vie, avec des trésors de mérite qui devaient lui être comptés dès la vie présente, d'autres trésors dont il devait être ici-même l'habile et fidèle dispensateur : des trésors d'expérience dans la conduite des âmes et dans la connaissance des voies de Dieu.

La vie du missionnaire, à cette époque surtout où il y avait tant d'âmes égarées qu'il fallait ramener à Dieu ; tant de vocations nécessaires à la restauration de notre société chrétienne qu'il fallait découvrir, diriger, affermir et conduire à leur terme ; tant de maladies spirituelles qu'il fallait traiter avec des soins délicats ; tant de vertus, écloses comme des fleurs sur les ruines dont notre sol était couvert, et qu'il fallait préserver du souffle ennemi qui pouvait les ternir ou les briser ; la vie du missionnaire, disons-nous, était une préparation providentielle à l'œuvre si importante et si délicate d'une fondation religieuse. Cette préparation achevée, les événements extérieurs et retentissants qui survinrent transportèrent le P. Madelaine sur un autre théâtre et lui ouvrirent une autre voie.

Une de ces tempêtes, comme nous en avons vu trop souvent, éclata sur notre pays, et dispersa la compagnie des Missionnaires de France. Le P. Madelaine, rendu momentanément à lui-même, revint dans son cher diocèse de Bayeux, où il consacra son zèle, son expérience et son talent de la parole à

donner des retraites aux personnes du monde, si
exposées dans l'apparente régularité de la vie commune, à perdre de vue ou à oublier l'esprit et les
saintes obligations de la vie chrétienne.

Ce fut dans une de ces retraites qu'il rencontra l'âme
pure et docile, douée comme la sienne de l'intelligence du bien, de l'ardeur du zèle, de l'amour de la
perfection et de la soif du sacrifice, qui devait être
quelques années plus tard la Mère du Saint-Cœur de
Marie. Je n'en dis pas davantage, je laisse à tous ceux
qui m'entendent la tâche facile de comprendre et d'expliquer ce que Dieu voulait faire, quand il amena en
présence l'une de l'autre ces deux âmes, préparées
par sa grâce prévenante et toute-puissante à échanger
leurs pensées, à se communiquer leurs intentions, à
entrer généreusement et docilement l'une et l'autre
dans ces desseins merveilleux de sa Providence, qui
devaient aboutir à fonder l'œuvre bénie que ces murs
abritent, que ce sanctuaire protége et sanctifie, que
ces restes bienheureux, déposés comme un gage
sous ces dalles (1), continueront, nous ne saurions

---

(1) C'est dans le cimetière de la Communauté, à l'extrémité du
grand jardin de la maison, que le corps du P. Madelaine a été
déposé. Conformément à ses dernières volontés, on l'a inhumé au
pied de la Croix, dans une tombe modeste, simple comme celles
de ses chères filles, qui reposent en grand nombre déjà dans ce
pieux asile des espérances chrétiennes. Il n'y avait de place que pour
deux cercueils, dans le caveau qui est au-dessous de la chapelle.
C'est là que repose la Mère du Saint-Cœur de Marie, à côté de
cet autre fondateur de Blon, si généreux et si dévoué à toutes les
œuvres de la charité chrétienne. M. l'abbé Henri Achard de
Saint-Manvieu, dont la mémoire est restée en bénédiction comme
celle du P. Madelaine, et qu'il serait injuste d'oublier quand on
parle de Blon.

en douter, de sanctifier et de bénir. Egalement éprises du désir ardent de se dévouer à la gloire de Dieu et au bien du prochain, ces deux âmes n'ont cessé de rester unies ; l'une dirigeant l'œuvre commune au nom de l'Eglise et par l'autorité que donne le caractère sacré du sacerdoce ; l'autre se laissant docilement conduire et gardant constamment l'humilité et l'obéissance pendant qu'elle épanchait de son cœur, pour en faire part à ses chères filles, ces merveilleux trésors de sagesse, de zèle et de charité qu'elle avait mérité de recevoir d'en haut ; toutes deux s'encourageant dans la pratique des plus hautes vertus et s'efforçant à l'envi d'approcher chaque jour davantage du but élevé de la perfection chrétienne.

C'était pour cela que la Providence les avait réunies ; car, tout dans ces deux vies, que nous ne saurions séparer, a été manifestement l'œuvre d'une Providence, constamment attentive à préparer de loin, puis à diriger et à mener à son terme, au milieu des épreuves et des difficultés, l'œuvre qu'elle avait en vue. Inconnus l'un à l'autre pendant plus de trente années, amenés à se rencontrer par un de ces évènements qu'on ne saurait ni prévoir ni préparer d'avance, n'ayant d'abord ni le même dessein, ni le même attrait, le P. Madelaine et la Mère du Saint-Cœur de Marie comprirent bientôt, à la suite de circonstances ménagées manifestement par l'action toute-puissante d'en haut, que Dieu les voulait à Blon ; qu'il voulait les employer à son service de la manière et pour le but qu'il leur désignait ; et cela, sans prévision de leur part, et même contre toutes

les apparences et toutes les prévisions auxquelles il
fut d'abord permis de s'arrêter et de s'appuyer. Les
épreuves, qui affermissent et qui épurent la foi et qui
donnent à la charité plus de force et d'élévation, à
l'humilité et à l'abnégation plus de constance et de
solidité, apparurent d'abord comme un obstacle,
mais bientôt se changèrent en encouragements et en
consolations. Je ne puis les raconter ici ; on les
connaîtra plus tard ; et tous les cœurs chrétiens pour-
ront bientôt contempler dans la vie de son fidèle
serviteur et dans celle de son humble servante, la
conduite à leur égard de ce Dieu dont le bras n'est
pas raccourci, et dont les œuvres sont toujours admirables.

La vie du P. Madelaine s'est écoulée à Blon depuis
trente ans, sans éclat et sans bruit, sous les yeux et
sous l'action du divin Maître, féconde en œuvres
utiles, dévouée tout entière au bien du prochain,
employée à perfectionner en lui, pendant qu'il sanc-
tifiait les autres, les vertus dont le prêtre de Jésus-
Christ doit s'efforcer d'être constamment l'image et le
modèle. Traversées plus d'une fois par de graves maladies et habituellement éprouvées par la souffrance et
par l'infirmité, ces années n'ont pas cessé d'être laborieuses et actives.

Au-dedans le soin de cette maison et de l'œuvre
qu'elle abrite, la rédaction de ces admirables Constitutions qui sont ici la loi aimée et si fidèlement
obéie : celle du Directoire qui les explique et qui
en facilite l'application aux détails pratiques de la
vie religieuse ; la direction des âmes ; l'instruction

répandue à tous les degrés et selon la mesure propre
à chaque âge et à chaque situation, depuis les pauvres
orphelines jusqu'aux âmes les plus avancées dans les
voies de la perfection; au-dehors le soin des postes
et tout ce qu'il demande de prévisions, de sollicitudes,
de vigilante affection ; tout ce qu'il impose de préoccupations paternelles, de difficultés, quelquefois, à
éviter ou à résoudre ; et, avec cette attention continuelle sur l'œuvre fondamentale de Blon, cet épa-
nouissement de l'œuvre principale en œuvres particulières qui la complètent et qui sont sorties comme
des rameaux féconds de la tige bénie qui les porte et
qui leur donne la vie : voilà en quelques traits et
comme en raccourci, ce qui a rempli ces années
pleines de travaux et de mérites qui se sont écoulées
silencieuses sous le regard de Dieu et qui, à peu près
ignorées des hommes, ont été marquées en lettres
d'or par les anges dans le livre de la vie éternelle.
Voilà ce que nous pouvons dire sans flatterie, ni
vaine complaisance, en mémoire de celui dont nous
allons bientôt nous séparer, dont la vie devra servir
de modèle à la nôtre, dont le nom restera, comme
celui du juste, en bénédiction parmi nous.

Cette maison vivra de la vie qu'il lui a communi-
quée ; elle vivra pour redire aux générations qui
s'élèvent et à celles qui leur succéderont tout ce
que Dieu avait déposé de charité, de zèle, d'esprit
de dévouement et d'abnégation, d'humilité aussi
et d'amour pour la vie parfaite, dans ce cœur de
prêtre et de religieux, dans cette âme formée à
l'image et pour le même but que celle des François

destinés par la Providence à fonder une œuvre qui
devient dans l'Eglise le principe du salut pour une
multitude innombrable d'âmes d'enfants et, par
suite, pour une multitude nombreuse de familles
chrétiennes, ce présent a bien plus de valeur encore.

Quand, aux jours de la vie mortelle du Sauveur, les
Apôtres qu'il avait choisis pour être ses coopérateurs,
contemplaient avec lui ces riches campagnes de la
Judée, toutes blanches déjà de leurs moissons, et
n'attendant plus que le travail des moissonneurs :
« Priez, leur disait Jésus, le Père qui est au ciel, afin
qu'il envoie des ouvriers dans son champ. » Ce champ
de l'Eglise a besoin de notre temps plus que jamais,
de nombreux moissonneurs. Remercions Dieu, mes
frères, d'avoir envoyé celui-là, si laborieux et si
fidèle dans cette partie de son champ où ont été
récoltés tant de fruits précieux, gage d'une fécondité qui, nous l'espérons bien, ne cessera pas de
consoler l'Eglise. Puis, en remerciant Dieu, de ce
qu'il a fait déjà pour son œuvre, prions-le qu'il donne
à ceux qu'il chargera de la continuer les grâces
abondantes et toutes privilégiées, par lesquelles cette
œuvre s'est fondée et si solidement établie.

Je voudrais, avant de finir, rappeler encore un
touchant souvenir. Nous avons dit comment Dieu
avait disposé les évènements et les volontés pour
rapprocher et unir dans une même pensée et dans
une même action le P. Madelaine et la Mère du
Saint-Cœur de Marie. Une fois à l'œuvre, ils ne se
quittèrent plus ; et malgré les menaces fréquentes de
la maladie et presque de la mort, ils ont vécu trente

ans dans cette maison, l'édifiant et la consolidant tous les deux par leur zèle et par leurs vertus. Dieu, cependant, n'a pas permis que la mort les frappât tous les deux au même moment. Il lui a plu d'appeler à lui la première, après l'avoir longtemps purifiée par la souffrance, l'âme sainte et courageuse qui fut plus directement l'instrument de sa grâce dans la fondation de l'Institut du Cœur Immaculé de Marie. Il convenait d'ailleurs, ce semble, que celui qui avait accueilli au seuil de sa vie religieuse cette âme d'élite qu'il devait diriger dans les voies de la perfection, reçût aussi ses dernières confidences et son dernier soupir. Qu'aurait-elle fait sans lui sur cette terre où il était sa lumière, son guide et son soutien ? Dieu ne lui a pas imposé cette épreuve. Elle a quitté la première cette vie, où elle avait accompli si noblement sa tâche ; et nous ne saurions douter qu'elle n'ait obtenu à son fidèle coopérateur, depuis qu'elle habite un monde meilleur, la grâce de bien achever lui-même sa vie de dévouement religieux.

Le jour où elle mourut, quelques heures avant qu'elle expirât, le P. Madelaine était près d'elle, lui demandant de bénir sa chère famille de Blon et de demander pour ses Filles, que la plénitude de l'esprit religieux reposât sur celle qui est aujourd'hui leur mère, et sur toutes les Sœurs qu'elle dirige. Et lorsqu'il eut achevé de lui recommander, avec ses chères Filles, les orphelines, les enfants du pensionnat, les élèves de l'école normale, tout ce qu'elle aimait en Dieu ; « et quand Dieu, ajouta-t-il, vous aura fait miséricorde, vous n'oublierez ni cette chère Congrégation que vous avez tant aimée, ni le pauvre Père que vous laissez ici-bas. » Elle ne l'a pas oublié. Elle a obtenu qu'il lui survécût plus de deux années encore, pour cicatriser la plaie que sa mort faisait dans la maison, pour continuer les traditions et les conseils, la direction et les exemples qu'on suit ici. Sa tâche achevée, Dieu est venu lui donner à son tour le signal du départ. Il est mort plein de jours, laissant dans sa vie et dans sa mort un modèle et un encouragement.

Il y a deux ans et quelques mois, à cette place même que j'occupe en ce moment, il disait en parlant de la Mère du Saint-Cœur de Marie : « Nous en avons la douce confiance ; ses Filles, dans le Ciel, l'ont reçue dans les transports de l'allégresse, et l'Epoux dans les divins embrassements de son éternel amour. » Nous aimons à lui appliquer ces paroles ; nous en avons donc, nous aussi, la douce confiance ; Dieu l'a reçu dans sa miséricorde au nombre des saints prêtres qu'il lui plait de glorifier dans le Ciel ; et celle qu'il a encouragée et soutenue sur la terre est venue à sa rencontre pour l'introduire dans les tabernacles éternels.

Toutefois, j'ajoute avec lui ces dernières paroles : « S'il lui restait encore quelques dettes, que nos prières et nos larmes ne lui fassent pas défaut !!!... »

Appendice C

ÉTABLISSEMENTS DE LA CONGRÉGATION

DES

SŒURS DE LA MISÉRICORDE DU CŒUR IMMACULÉ DE MARIE

BLON (Calvados)

fondés pendant la Vie de la Mère Fondatrice

I. — A VIRE.

1   L'Orphelinat de Blon, fondé en 1840, par M. l'abbé Achard de Saint-Manvieu et confié à la Mère du Saint-Cœur de Marie, le 28 Octobre 1842.

2   La Classe externe gratuite de Blon, fondée le 3 Janvier 1846.

3   Le Pensionnat de Blon, établi le 17 Octobre 1853.

4   Le Cours Normal, fondé en principe à Blon, en Septembre 1844 et officiellement le 17 Janvier 1859.

     (Il fut supprimé en Juillet 1886).

5   L'Externat (Maison de l'Enfant Jésus), fondé à
    Vire, le 29 Septembre 1860.

6   L'Orphelinat de la Salette (Calvados) fondé le
    3 Novembre 1864.
        (N'existe plus).

7   L'Œuvre des Aspirantes, fondée le 8 Septembre
    1869.

II. — Postes dépendants de la Maison-Mère.

1   Céaucé (Orne), fondé le 18 Novembre 1845.   .

2 o   Mouën (Calvados), fondé le 30 Septembre 1846.

3 o   Tournay-sur-Odon (Calvados), fondé le 13 Sep-
      tembre 1848.

4 o   Bérigny (Manche), fondé en Octobre 1848.

5 /   Roullours (Calvados), fondé le 2 Février 1849.

6 †   Tour (Calvados), fondé le 30 Septembre 1850.

7 †   Sommervieu (Calvados), fondé le 21 Novembre
      1850.

8 /   Vaudry (Calvados), fondé le 21 Mai 1851.

9 †   Le Tronquay (Calvados), fondé le 15 Septembre
      1851.

10 † Le Molay (Calvados), fondé le 15 Septembre
      1851.

11 o Neuville (Calvados), fondé le 4 Octobre 1852.

12   Viarmes (Seine-et-Oise), fondé le 1er Mars 1853.
        (Il y fut adjoint une Salle d'Asile en Avril 1862).

13 † Harcourt (Calvados), fondé le 12 Septembre
      1853.
          (Un Asile fut fondé pour les malades et les vieillards
          le 15 Octobre 1860).

14 o Ranville (Calvados), fondé le 12 Septembre
1853.

15 † Moult (Calvados), fondé le 1er Octobre 1855.

16 Tessy-sur-Vire (Manche), fondé le 15 Octobre
1855.

17 o Saint-Manvieu (Calvados), fondé le 22 Septembre 1856.

18 o Nesles (Seine-et-Oise), fondé le 4 Octobre 1856.

19 o Bavent (Calvados), fondé le 4 Octobre 1857.

20 † Saint-Georges-d'Aunay (Calvados), fondé le 9
Septembre 1857.

21 † Saint-Germain-de-Tallevende (Calvados), fondé
le 1er Mai 1858.

22 † Saint-Sever (Calvados), fondé le 6 Septembre
1859.

23 † Gouvix (Calvados), fondé le 13 Septembre 1859.

24 o Champ-du-Boult (Calvados), fondé le 6 Septembre 1860.

25 † Esquay-sur-Seulles (Calvados), fondé en Septembre 1860.

26 Airan (Calvados, fondé le 8 Septembre 1862.

27 o Littry Calvados, fondé le 14 Septembre 1863.

28 † Urville (Calvados, fondé le 2 Août 1865.

29 o Lion-sur-Mer (Calvados, fondé le 27 Décembre 1866.

30 † Colombières (Calvados, fondé en Septembre
1867.

31 † Grainville-sur-Odon Calvados, fondé le 5 Septembre 1868.

Établissements fondés après la mort de la Fondatrice

32 o Port-en-Bessin (Calvados), fondé le 31 Mars 1871.

33 † Saint-Brice-sur-Forêt (Seine-et-Oise), fondé le 5 Septembre 1871.

34 † Langrune-sur-Mer (Calvados), fondé le 1er Octobre 1871.

35 † Saint-Sylvain (Calvados), fondé le 18 Avril 1874.

36 Saint-Cornier-des-Landes (Orne), fondé le 20 Décembre 1878.

37 † Luc-sur-Mer (Calvados), fondé le 8 Septembre 1882.

38 † Bernières-sur-Mer (Calvados), fondé le 12 Septembre 1884.

39 † Saint-Aubin-sur-Mer (Calvados), fondé le 29 Septembre 1884.

40 Sarcelles (Seine-et-Oise), fondé le 8 Janvier 1888.

41 † Noisy (Seine-et-Oise), fondé le 29 Septembre 1890.

42 † Domont (Seine-et-Oise), fondé le 18 Mai 1891.

43 † Argences (Calvados), fondé le 3 Novembre 1891.

44 † Touques (Calvados), fondé le 1er Mars 1895.

45 † Trévières (Calvados), fondé le 21 Septembre 1895.

46 Newhaven (Angleterre), fondé le 22 Octobre 1895.

47 Caen (Calvados), fondé le 29 Septembre 1896.
   (Pensionnat Notre-Dame).

48   Lisieux (Calvados), fondé le 18 Avril 1898.
       Pensionnat Saint-Pierre.

49   Falaise (Calvados), fondé le 17 Novembre 1899.
       Pensionnat.

50   Saint-Pierre-sur-Dives (Calvados), fondé en
       1900.
       Pensionnat.

Explication des Signes

o   Indique que l'Etablissement a été abandonné ou laïcisé par
       suite du décès ou de l'infirmité des titulaires des Ecoles
       publiques.

†   Ceux qui sont précédés d'une † ont été fermés le 20 Juillet
       1902, par la Circulaire Préfectorale du 11.

l   Les 4 Postes communaux marqués de ce signe, ont été
       laïcisés en Juillet et Août 1902.

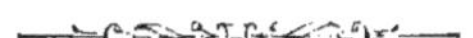

TABLE DES CHAPITRES

SAINT-LO

IMPRIMERIE JACQUELINE

23, RUE DES IMAGES, 23

SAINT-LÔ
IMPRIMERIE JACQUELINE

9 782329 512204